思想觀念的帶動者

文化現象的觀察者

本土經驗的整理者

生命故事的關懷者

心靈工坊 PsyGarden

*SelfHelp*

顛倒的夢想，窒息的心願，沈淪的夢想
為在暗夜進出的靈魂，守住窗前最後的一盞燭光
直到晨星在天邊發亮

2nd ed.

# How Can I Forgive You?

The Courage to Forgive, the Freedom not to

# 教我如何原諒你？

【全新增訂版】

珍妮絲．亞伯拉罕．史普林 Janis Abrahms Spring Ph. D.
麥可．史普林 Michael Spring —————— 著
許琳英 —————— 譯

# 【來自各方的讚譽】

「我要原諒那個曾經傷害我的人嗎？」

這個疑問常是許多受害者心頭上的重擔。特別是我們的社會文化總是鼓勵人要「放下過去，展望未來」。因此，受害者時常深陷一種迷思：只要無法原諒，就是一種罪。

本書作者對於原諒的本質，提出相當創新的洞見。我在讀完這本書後，更加明白：原諒與否的決定，從來都不是受害者單方面需要思考的，加害者亦有無法迴避的責任。此外，受害者並沒有原諒的義務，重要的是，受害者能否真誠面對自己的感受，並且理清自己做下這個決定的原因。最後，受害者如何在做下決定之後，為自己的選擇負起責任，並且重新投入、享受自己的人生。

要而言之，《教我如何原諒你？》除了能幫助受害者增進對於自己的認識與了解之外，它也將引領受害者對自己產生寬恕與疼惜。若你正受困於是否要原諒那些曾經傷害你的人，誠摯邀請您一起閱讀這本書籍。

——吳東彥，「創傷、發展與療癒」粉絲專頁創辦人、諮商心理師這本書是瑰寶，兼具實用性及啟發性，而且十分明智。彷彿一絲新鮮空氣，揭露了原諒啟迪人心的新意，並且提供清楚步驟，化創傷為智慧。

——瓊恩．波利森科博士，《關照身體、修復心靈》（張老師文化）作者

如果你因背叛的議題而苦苦掙扎，或是面對要不要、以及如何原諒的挑戰，這本書是針對這個主題最有幫助，同時讓人耳目一新的著作。

——海瑞亞．勒納博士，《生氣的藝術》作者

古老的挑戰，嶄新而原創的因應之道，為加害及受傷的雙方提供臨床經驗淬練出來的私人祕笈。我們每個人都應該讀一讀《教我如何原諒你？》。

——哈維爾．韓瑞斯博士，《相愛一生》作者

終於有一本書，寫來教導伴侶如何實踐真正的原諒，而不是急著達成表象的和平。這本書能幫助夫妻建構之前不曾存在過、奠基於深刻了解與信任的婚姻。

——約翰．高特曼博士，《關係療癒》（張老師文化）作者

任何人曾經在私密關係中遭到背叛或受傷，這本書是等你來挖掘的寶藏。史普林博士剖析了關於原諒的一切陳腔濫調，從更寬廣的關係光譜，涵蓋了母女、父子、師生和夫妻關係，來檢視原諒的精義。她探討在逐漸醒悟的過程中，雙方的情緒是如何錯綜複雜地交互影響，

並且提供資訊充足且令人安心的指引來面對。作者對於人類普遍困境的洞察，開啟了讀者的眼界又切中要害，我們都得深深感謝她。

——佩姬．派普，《不適配的夫妻》（心理出版社）作者

《教我如何原諒你？》是非常重要的著作，讓受到傷害的人能展開療癒的歷程，同時不失自尊和尊嚴。

——亞倫．貝克醫師，認知行為治療學派創始人，《仇恨的囚徒》作者

針對人們應該如何處理傷痛，史普林博士提出了嶄新、不流俗、實際且有用的觀點。她大膽挑戰了時下許多鼓吹不計代價原諒一切的著作。不論同意與否，你都會受益於閱讀本書。

——艾維瑞特．沃思頓博士，《原諒與和解》作者，原諒研究運動主持人

清晰、洞察真相的著作……精闢闡釋關係中原諒扮演的微妙角色，超越一般自助性書籍。

——《出版人週刊》

# 目次

## 第四部　真誠原諒

【推薦序一】

# 寬恕不一定是美德，請原諒自己不能原諒

周志建（資深心理師、故事療癒作家）

當你心裡充滿了恨意，卻要強迫自己去原諒一個人，這是一件很殘忍的事。

我很喜歡《教我如何原諒你？》這本書，終於有人可以好好談「原諒」這件事了，眞好。

原諒其實不是一件頭腦運作的事。

頭腦的原諒是表面的原諒、虛僞的原諒，那是假的原諒。這種壓抑情緒、沒有處理情緒的原諒，在這本書裡稱之爲「廉價原諒」。

要小心，這種頭腦的廉價原諒對你的創傷療癒幫助不大，甚至可能會造成二度身心傷害。

做個案二十餘年，讓我經驗到：「**情緒過不去，理性出不來。**」這也是我從敘事治療慢慢

走向創傷「情緒療癒」的原因。

多年來的創傷治療經驗，讓我明白到：「**眞正的寬恕原諒來自愛與慈悲**。然而，除非你好好的去恨，把憤怒的情緒發洩出來，否則內心的愛與慈悲永遠出不來。」所以，處理情緒、把受傷的情緒釋放出來是重要的。

創傷療癒是一個漫長的旅程。療癒的歷程，也是個案重新把自己愛回來的歷程。老實說、這需要時間、非一蹴可幾。

同時我也發現：除非你先原諒自己，否則你不可能原諒任何人。除非你先跟自己和解，否則你不可能跟任何人和解。順序搞錯了，你再努力都徒勞無功。

眞正的原諒不是來自頭腦、而是愛。它是自然而然產生的，就像炭火燒盡、煙消雲散一樣，再自然不過。

我的臨床經驗告訴我，寬恕的歷程包括：

1. 故事敘說、深度對話
2. 經驗重現、情緒釋放
3. 產生新理解、新觀點

4. 愛自己的具體行動、

5. 最後寬恕原諒自然產生。

這五個寬恕歷程剛好跟本書觀念不謀而合。

切記，在還沒有療癒好自己的創傷之前，請不要輕言原諒。在寬恕他人之前，請你先寬恕自己。**「原諒自己不能原諒」**是創傷療癒最重要的關鍵。

另外，往往最難做到原諒的，是童年遭遇家暴虐待、被自己父母傷害很深很深的個案。「爲什麼我這麼倒楣會出生在這種家庭？遇到這種父母？」這是很多個案心裡的疑惑與痛處。

老實說，這個問題沒有答案。確實，父母不是我們可以選擇的。多年的諮商經驗讓我發現，如果要幫寬恕找到新出口，除了一般心理治療外，有時我們還得另闢蹊徑，從「靈性層次」來看待創傷經驗。

你有沒有想過：或許，這是我們靈魂的選擇。

「爲什麼我的靈魂要做這個選擇？」你一定要問。

我也不知道。或許，此生我們來到這世上有些「人生功課」要學習吧？

站上更高的靈性層次、去看待生命的苦難，參透人生的無奈，那個「答案」往往是在你經歷百般痛苦折磨的自我療癒後，才會幡然了悟的。這是我個人療癒的經驗。

如今回首自己的創傷療癒經驗，讓我相信一件事：「**人生所有的苦難都是有意義的，所有的發生都在幫助我們提升靈魂層次、使自己生命更加完整。**」

眞的，在你還沒療癒好自己之前，請你先不用去原諒任何人。

你唯一要做的是：「先好好療癒自己、把自己愛回來」。

請相信，老天自然會還你一個公道，你所受的苦，都不會白白浪費，有一天你自然會做到書裡所講的「**如實接納**、**眞誠原諒**」。

等到這一天來臨時，回首創傷、你不再有淚、不再有恨。

此時，你會有「坐看雲起時」的雲淡風輕。

此時，勿需原諒了，因爲仇恨早已煙消雲散。

【推薦序二】

# 你真的可以選擇不原諒

王思涵（馨思身心精神科診所臨床心理師、台灣存在催眠治療學會理事）

## 你真的可以選擇不原諒。

如果書名能改成這樣就好了。

這是我見到《教我如何原諒你？》這書名的第一個念頭，雖有些冒犯，但所幸帶著謹慎與好奇的心閱讀完畢之後，確信這個想法並沒有違背作者寫書的本意，而鬆了一口氣，甚至可以提前預告拿起這本書的你，在任何人際關係的創傷中，作者相當認同不需要「迅速且輕易的」給出原諒，書中將此稱爲「廉價原諒」。

也許有些人看到這幾個字時，內心已經湧上了不舒服的感受，但我想再強調一次：你確實可以不用急著原諒任何人、任何事。

談論到需不需要原諒，就涉及到這段關係對每個人的意義。書裡多數的個案遭遇這個困難的處境時，往往是原諒者與被原諒者之間有相當緊密的人際關係，例如：親子、伴侶、手足、其他親友、過去的自己等等。在一段對你有意義、或是曾經有意義的關係裡，關於原不原諒的議題會特別令人糾結。

原諒與被原諒的發生，很難透過一個人獨自完成，它和創傷的復原類似，通常都涉及到事件兩造、周遭人際支持，與文化脈絡、社會處境、治療歷程等等。我們或多或少可以認同、甚至體驗過，在東西方的宗教及社會文化脈絡裡，人們還是經常受苦於「被期待」做出原諒的舉動，無論是表面的，還是內心深層的。

透過在臨床上的經驗與觀察，可以感受到現今社會的氛圍中，對於所謂「和解、原諒」仍有著急且草率的期待。若一個孩子被另一個孩子搶走心愛玩具，兩人打鬧爭執，有所謂的「大人」過來，通常會試圖「主持正義」、判定對錯，下一步就是希望他們和好。倘若其中一個孩子表示不願原諒，或是另一個孩子不願做出請求原諒的行爲，便容易引發在場處理者的焦慮。本書作者在導言中提到一則孩童爭吵與和好的故事，故事中父親如何看待孩子們的行爲及作者對這則故事的看法，是一個可以做爲我們思考與參照的案例。正如作者所言，故事裡的孩子們之所以能快速和好，是因爲一方並未惡意傷害另一方。但在其他狀況下，當這類傷害事件發生，許多人會不自覺期望雙方要往和好的方向走，當大人沒得到預期結果時，就試圖威逼或好言相勸，以達到「社會文化內建」對和好的期待。

但事情眞的如此「應該」嗎？

當我們能允許某些事情不需要立刻發生，例如不馬上原諒也可以時，才能眞正觸碰到受傷的人最深處的感受。有些傷發生在事件當下，像是小孩子心愛的玩具被搶走的時刻、對方不把玩具還給自己的時刻、發現自己無能爲力搶回玩具的時刻、發現自己孤立無援的時刻。

有些的傷害則發生在事件之後，像是大人不分青紅皀白的要求某一方退讓道歉，結果內心的委屈與需求沒有被看見。還有最重要的，在沒有想明白自己能不能原諒的情況下，被大人建構的「社會常規」影響，學到一個沒頭沒尾的道歉原諒，或是過於厚重的道德束縛。

在實務的治療現場，我曾遇過許多人陷在愛恨交織的痛苦中無法自拔，無法接受自己、也無法離開曾傷害自己之人。這時他們要的並不是「要原諒」，而是需要好好去談原諒與不原諒之間的矛盾拉扯，與受苦的經驗。在治療室之外，即使個案已經稍稍學會「可以不急著原諒」，但身邊那些勸他要快點想開的親友，又往往只接收到這句話的字面意思而急得跳腳，引發更多的緊張。

為什麼要先選擇不原諒？

原諒到底是爲了誰？爲何要做？

原諒不須和任何決定勾連在一起。沒有搞清楚原諒眞正的意涵時，任何人提「要原諒」就僅僅只是一個將受苦者推開的空泛詞彙而已。我常常眞誠告訴眼前的個案：

「你可以愛他，同時也可以恨他。」

「眞的可以。」

當兩個或多個迥異的感受得到並存的允許，個案被禁錮到無法呼吸的靈魂也就跟著鬆開，進而能在心底空出寧靜之地去沉澱，進而討論原諒與否。如同作者提及的概念，原諒的發生需要梳理自我感受、需要將認知與現實接軌，需要彼此共同爲了原諒這件事做努力，才有機會走到關係轉圜的新階段。**看見眞正的傷害，持續滋養力量，才有餘裕談原諒。**

任何關係困境，都可能隱含我們未曾深思的情緒與傷害。

作者珍妮絲·史普林博士運用大量案例，仔細說明原諒的各個面向，鼓勵讀者透過更多不同角度，了解原諒與不原諒之間的拉扯矛盾。這裡談到的原諒分爲四種類型，並提供清晰的十個步驟。我建議大家在閱讀的時候，先不急著核對自己或旁人是哪一種，單純順著作者的陳述，慢慢體驗彷若治療的歷程；每個步驟閱讀起來都很清晰且實用，讓人有機會邁向如實接納與眞誠原諒。

當然，並非看完書以後，人人就都能懂得如何原諒了。我們需要也有必要明白，在這段困頓的歷程中，是什麼讓自己如此難以下抉擇，是什麼讓我們受苦，又是什麼讓我們無法得到眞正的內心平靜。特別值得一提的是，本書不只記載 happy ending 的案例，也有許多在原諒的道路中無法繼續走下去的人們。我們必須承認，不少人在經歷創傷之後，需要透過不原諒來讓自己有力氣活下來。生命中所有改變都需要勇氣，改變也意味著可能必須犧牲一些一直緊握不放的事。

如果此刻透過書本開啓的視野，你明白自己仍卡在某個動彈不得的關係裡，你可以嘗試求助，相信在某個地方會有緣份，遇見如同作者一樣能夠理解你、陪伴你走過生命低谷的治療師。期望有朝一日，我們都學會如何更好的理解彼此，在傷害中照顧好自己，在傷害過後活得平穩且有尊嚴，是我推薦這本書的原因。

一本書經過將近二十年能夠再版，擁有四十三年臨床工作經驗的作者還加寫了後記，這件事本身就足夠引發我強烈的好奇心，熱切地想要趕快看到後記，猜想著如此身經百戰的治療師，會如何爲自己多年前寫下的文章再做延伸。看完後記，我並沒有失望，內容寫實但溫潤，即便自己有多年的處理關係議題的經驗，依然感覺受用。這部分的驚喜，就留給讀者在文字展讀中慢慢揭開。

【二〇一一年版推薦序】

# 原諒的心，需要不斷學習

林惠瑛（東吳大學心理學系兼任副教授、台灣婚姻與家庭輔導學會理事長、資深婚姻諮商師）

「小三」是個流行名詞，小三是誰並不重要，伴侶／夫妻是否能在外遇風暴之後重建信任、恢復親密才是當務之急。倘若婚姻關係僅因一方出軌行爲而瓦解，則情感基礎本來就不穩固，經不起考驗。然而大部分的婚姻關係都有愛情、親情及恩情的基礎，有愛有恨，受傷的一方心知無法離開婚姻家庭，卻放不下悲痛與怨恨，而不忠的一方明知該回頭，卻拉不下臉來懺悔道歉，雙方都因自尊與防衛心作祟而在重修舊好的路上拖拖拉拉，徒增折磨，或乾脆翻臉成仇分手不說再見了。

美國著名的臨床心理學家，珍妮絲·史普林博士，曾出版過一本洛陽紙貴的有關外遇後復合之婚姻寶典《走出外遇風暴：如何重建信任與親密》（*After the Affair-Healing the Pain and Rebuilding Trust When a Partner Has Been Unfaithful*）。她在最後一章闡述「學習原諒」的主題，認爲原諒與愛一樣，既是概念，也是感覺，更是行爲。它是從外遇曝光後伴侶／夫妻分享痛苦走向破鏡重圓的路途中，緩慢、漸進的過程中的一部分，是必須透過日復一日的努力，逐漸贏得的自願奉獻。愛是需要學習的，愛人與被愛皆然；原諒也是要學習的，原諒自己、原諒別人以及學習自己如何被原諒。聽起來很玄，行之亦難，但它的確是外遇風暴後重見陽光的重要關鍵與歷程。

史普林博士累積其二十五年的心理治療經驗寫了這本《教我如何原諒你？》，將她目睹的個人案主／夫妻案主在關係中掙扎的歷程淋漓盡致地呈現在讀者眼前，告訴受傷的一方，你可以選擇原諒或不原諒；不忠的一方也可以選擇要求原諒或不被原諒，此爲人之常情。但是她強調，原諒或不原諒並非單純的二分法或選擇題，她帶領讀者看清有關原諒及被原諒的諸多錯誤假設，認識原諒的眞正本質，並深入了解自己的行爲，探索其根源。所作所爲都是要讓自己成爲一個更成長的個體，才能讓自己往後的生活自在好過，或與對方一起努力來共度後半生。

《教我如何原諒你？》書中關切的不只是外遇風暴後的伴侶／夫妻，也包括所有的不忠實及人際連結的破壞之善後處理。作者列舉她所經手過的案例，描述案主在與伴侶、朋友、手足及父母，甚至與治療師的關係中受到何種傷害，分析其心路歷程，其認知改變及有所行動，將本書四部曲「廉價原諒」、「拒絕原諒」、「如實接納」及「眞誠原諒」的差異、好處及壞處，充分表達。一般讀者必然心有戚戚焉且受感動，而助人專業人員則會因熟讀案例，知悉治療手法而蒙利。

在關係中受傷的一方當然受苦最多，她／他若能如實接納則是療癒的第一步。本書作者用了許多篇幅教導受傷的一方藉由如實接納的十步驟清除負面情緒，重獲心靈平靜，但她也同時關懷傷害者，她主張只有經過受傷者與傷害者互動的行為，眞誠原諒才會產生，而此眞誠互動是有條件的，亦即傷害別人的一方，爲求原諒，必須做一些事來爭取原諒，努力從所傷害的人身上贏得救贖，也致力於讓她／他感覺好一點。因爲自己爲了療癒所傷害之人所做的努力，也有助於療癒自己。

身爲心理學教授及助人專業實務工作者，我非常喜愛這本書。因爲認知行爲學派是我熟悉且經常使用的治療學派，而史普林博士正是亞倫．貝克（Aaron T. Beck）大師門下的嫡傳弟子，她將認知行爲理論應用於她的原諒學說之中，將認知行爲學派的技術呈現於案例之中，且以技術爲本設計了許多實用的家庭作業／練習，引導案主達到認知改變、新行爲啓動的目標。

從心理專業的角度來看，作者擅長於偵測出案主／一般人在受傷後／傷人後的心境及自動化思考，除了提醒讀者挑戰自己對於發生的事實是否有錯誤的認定外，還明確地指出許多對於感情關係、自己及原諒概念的錯誤假設，詳加說明，鉅細靡遺，而她精心整理的邁向如實接納的十大步驟則引導案主／大眾在現實生活中，承擔起自己復原的責任，並超越傷害，於療癒後與過往和解，相當實用、正向且有效。

本書的另一特色是史普林博士的文筆，她既能引用心理學家、文學家及哲學家等之語錄或研究來支持她的論點，引經據典、博覽學術文獻，又能活潑生動且提綱挈領地描述個案的經過及案主的改變，文字深入淺出，明確易懂，且內容紮實，引人入勝。一般讀者讀完本書，等於上了十堂認知行爲心理學的課程，認識了它在受傷關係中的應用，也了解了原生家庭對個人一生的深遠影響；而助人專業人員則是經閱讀而複習，除了增長專業知識及技術外，也學習到如何協助有關關係議題的案主。

身爲讀者，我尤其深受書中有家庭關係議題的案例所感動，如受傷的母親如何聰明地化解她與兒子的誤會；小時受性侵的女兒長大後如何原諒父親，讓父親道歉，與她及與自己和解；同性戀女兒在父母的不諒解與摒棄後如何藉寫信給父母來抒發情緒，說出需求與期待，即使她知道父母不可能改變，而她卻可以因原諒而療癒。另外還有一生受母親輕蔑凌辱的女兒如何在母親過世後學會如實接納，因她了解母親已無法贏取她的原諒，而她也不用把母親想像得比實際更好。當她學會容忍母親的缺失，化解自己心中痛苦時，傷口就癒合了。諸如此類，每一個案例都扣人心弦，發人深省，感人至極！

最後，我以摘錄史普林博士在《走出外遇風暴》第九章中的一段話來結尾：「重返一段讓人心力交瘁的陳舊關係，努力修補損害，這一點都不吸引人。但是在分享這麼多過往之後，在努力針對你們倆的所有缺陷達成協議後，你們現在可能覺得更有連結，比以前更接納對方，對未來關係將如何轉變，更能懷抱著明智而有遠見的願景。」只有在你從頭到尾讀完這本《教我如何原諒你？》之後，你才能透過原諒學說徹底地了解，也接納以上語錄。

《教我如何原諒你？》是本好書，人人必讀，看了感動，讀了實用，讓我們人手一本，認眞閱讀吧!!

# 致謝

有任何比跟人生伴侶合寫一本書，更親密的舉動嗎？麥可，我再一次原諒你，把我相信是出色（不，是完美）的段落從原稿中抽出來，要求我重新思考你那代表性的四個問題：「這有意思嗎？重要嗎？接得順嗎？可以用一個字而不是兩個字來闡釋嗎？」我原諒你（幾乎）總是正確的一方，儘管著實讓人氣惱。爲了找出好方法轉化及落實抽象的心理學概念，這樣的合作非常美好，充滿了親暱的爭執。

謝謝HarperCollins出版社的蓋兒．溫斯頓（Gail Winston），負責這本書的傑出編輯，謝謝妳的敏銳和好脾氣。謝謝經紀人伊莎貝爾．布里克（Isabelle Bleeker），很高興與妳合作。

康州橋港羅德夫夏隆會堂（Congregation Rodeph Sholom）的拉比以色列．史坦（Israel Stein），謝謝你深廣的智慧和溫馨的鼓勵。我曾辛苦尋覓一位拉比，能幫助我包紮傷口，並且啓發我建立說得通的原諒模式。我在你身上找到了，你是擁有天賦和原創力的思想家，也是溫暖和摯愛的朋友。

康州新迦南第一長老教會的蓋瑞．威爾本牧師（Gary Wilburn），謝謝你接待我，即使你完全不認識我。你慷慨歡迎我進入你的辦公室，分享你關於原諒不從俗和人性的想法。你的教堂有幸擁有這樣一位精神領袖，如此誠摯關懷信衆遭受的磨難，同時爲人際間的苦楚尋找深刻的靈性解答。

有時候靈感得自始料未及的來源。麥可跟我都同意，我們租來完成這本書的兩棟房子提供了適當的場景，造就我倆最具生產力和創造力以及最快樂的時光。我們要感謝瑪莉和丹·馬飛爾夫婦（Mary and Dan Maffia），讓我們使用他們在鱈岬美麗的房子；還有賓州亞得里的艾蜜莉和亞伯特·法斯布萊納夫婦（Emily and Albert Frossbrenner），在感恩節假期讓出他們的寫作小屋，同時堅持邀請我們上他們家享用節日大餐。

在個人和專業層面上，有許多導師形塑了現在的我。我曾經遠遠仰慕海瑞亞·勒納（Harriet Lerner）溫暖、有趣和智慧的話語，現在我們成爲親密的朋友，她督促我信任自己的意見。亞倫·貝克（Aaron Beck）訓練了我在認知行爲治療領域的專業，給予我架構幫助人放掉傷痛的情緒。還有傑佛瑞·楊（Jeffrey Young），允許我將他的基模治療模式（schema therapy model）納入原諒的歷程。我謝謝你們在我寫作這本書時擔當的核心角色。

當然，沒有個案就不會有書。承蒙你們的慷慨，讓我目睹並參與你們膽氣十足的歷程，去探索自己面對私密傷口的眞實情緒反應。你們爲我示現了心理治療師珍，賽佛（Jeanne Safer）的智慧，她曾說：「有時候，人們眞正需要的是獲得不原諒的認可，去感受他們眞實的感覺。」你們為了尋找健康而人性的解答（不是非得原諒不肯悔改的加害者），你們的掙扎啓發了我，提出反其道的選項：如實接納。你們教導我，你們決定不原諒，「不見得會封閉和解之路；反而可能是讓和解得以完成的一步。」

你們也教導我，有時受傷一方眞正需要的是獲得去原諒的允諾——將原諒重新架構為勇氣十足的舉動，而不是出於絕望或自我否定。

最後，我要謝謝倡導原諒的專家，他們奠下了基礎。大家都說，心胸較開放的人更容易原諒。我希望觀點受到我挑戰的專家心胸夠開放，能原諒我，並且繼續與我對話——共同努力探索，讓人經歷現實生活中受到侵犯的切身之痛後，能找到可行的原諒模式，安然度過風暴，並超越不幸。

【導言】

# 原諒對你有利嗎？

有一則精彩的故事，描述兩個孩子在沙池玩耍的情景。一個孩子生氣了，大吼大叫地丟下他的玩具卡車跑開。等他跑到附近的鞦韆時，轉過身來對玩伴咆哮：「我恨死你了，我再也不要跟你說話了！」大約十分鐘過後，他們開始丟球玩，開懷大笑，享受歡樂時光。他們的父母觀察到這樣的互動，其中一位父親搖搖頭，既佩服又驚訝地跟另一位父親說：「孩子是怎麼做到的？他們怎麼能這一分鐘吵翻天，下一分鐘又相處得如此融洽？」

「很簡單，」另一位父親解釋，「他們寧取快樂，而捨正義。」

我喜歡這則故事。它充分展現了人類心靈是如此慷慨大度，確認我們有能力轉圜，解決微不足道的爭執，專注於人生中真正重要的事。我們是需要彼此的社會性動物，天性就是傾向於修復人際之間的裂縫，而不是懷恨在心或記仇。我們絕大多數人想要原諒，而且樂於原諒。

沙池的故事問題在於，那是孩子在無足輕重的牢騷之後和解。那並不是發生在兩個大人之間，其中一方有意且惡意地傷害了另一方，迫使受傷的人要努力解決如何原諒，或是與加害者和解。這會是複雜許多的故事。

有些人相信，我們有義務原諒，無條件而且絕對奉行；要成爲高尚的人，原諒就是核心指標。然而，我們大多數人無法實踐這麼高的道德原則，除非是在理論上，或是會覺得如果我們原諒，那就委屈了自己。我們做不到（也不願意），只是把傷害撣掉，假裝什麼事都沒發生，而且擁抱傷害我們的人。無論我們接受過什麼樣的教導，一個迅速、單方面、停止吵架和好的回應，似乎不怎麼眞實或正確。爲了完成眞誠原諒，我們往往需要更多。

## 原諒的意義是什麼？

我們大多數人在成長過程中，被灌輸了一些値得商榷的假設，需要加以澄淸。讓我們好好檢視一番。

**有問題的假設一：原諒對你有利。當你原諒了，你就能掃除內心的毒害，恢復你的健康。當你拒絕原諒，你就會生病而且痛苦。**

原諒被推銷成有益身心的新萬靈藥——是包治各種病痛的療癒藥膏：無論是憂鬱、焦慮、長期的恨意、高血壓、心臟病、中風、癌症或免疫失調，都能藥到病除。據說原諒還能修復破碎的心、斷裂的關係，以及毀損的自我意識。「要撫平加害者留給我們的痛苦，原諒是唯一療方，也是療癒對方造成的傷害的唯一途徑。」李維斯・史密德（Lewis Smedes）在《原諒的藝術》（*The Art of Forgiving*）一書中如是說。

我的個案們教導我的並非如此。目睹他們從人際間的傷害復原，讓我明白：

★你可以療癒自己，清除腦海中的情緒汙垢：怨恨、憤怒、傷痛和羞恥——無論原諒與否；

★你可以釋放掉自己的苦毒與報復的執念——無論原諒與否；

★你可以獲得心靈的平靜，接受既成的事實——無論原諒與否；

★你可以選擇復合，毋須降格以求——無論原諒與否。

你可以為自己，同時靠自己之力做到上述一切，即使加害者毫無歉意，甚至拒絕承認你的痛苦，也不願意給予你的傷口任何一點安慰——甚至就算他已經過世了。

《教我如何原諒你？》告訴你怎麼做到。

## 有問題的假設二：面對侵犯，原諒是靈性和道德上唯一合宜的回應。

在成長過程中，我們認定，想要發揮愛心和道德情操來生活，原諒是其中的關鍵。然而我學到的是，你其實不一定要原諒，就可以憐憫、同理，甚至同情傷害你的人。你可以看清他是有缺陷的凡人，以他不配接受的仁慈來對待他，同時了解他爲什麼做出這樣的行爲——完全不需要原諒他。

道德上和靈性上，你不再需要原諒毫無悔意的加害者，或是繼續愛他。你有自由保留原諒，只給予有勇氣承認自己的過失，以及能得體地幫助你解除其所造成的傷痛的人。我願意把話說得更絕決，如果你原諒不道歉的加害者，你就無法恢復**你的**人性尊嚴；而對方必須努力來贏取你的原諒，才能恢復**他的**人性尊嚴。

## 有問題的假設三：你只有兩種選擇：原諒或不原諒。

大多數自助書籍都強調因襲的成見，即使加害者不悔改，你也只有兩種選擇：原諒或不原諒。你被迫擇其一，要不抹煞自己的痛楚，原諒不值得原諒的人；要不你拒絕原諒，然後發現自己被囚禁在「仇恨的牢籠」裡。

多年來，我不斷聽到個案陷入這樣的兩難，因而體悟到必定有另外的解方。原諒的論述需要一套詞彙來描述受到眞實傷害、有血有肉的人如何與不道歉的人和解。如同蘇珊．舒諾（Susan Schnur）拉比指出，這麼僵硬的規範——原諒或者不原諒——「嘲弄了背叛之後複雜的連續發展或解決之道。我們可能部分原諒、原諒卻依然懷恨在心、以原諒爲權宜之計，或者不原諒但言歸於好；我們可能哀傷著不肯原諒，或是理解了對方，然而只肯原諒背叛的某些部分；也可能變得冷漠；也可能變得疏離。」

我開始發想，如果我們可以找到方法，釋放掉內心層層疊疊的怨恨和傷痛，享受原諒帶給我們身心健康的所有益處，同時過著正直高尙的生活——而毋須原諒那位死不認錯的加害者——豈不是太美妙了？在過於溫情、和稀泥地原諒，與冰冷得無法穿透的不原諒之間，難道沒有其他的中道？譬如說：「你不一定要痛恨加害者，或是剜掉他一塊肉，但是你也不一定要原諒他？」

《教我如何原諒你？》描述了這條根本而嶄新的「中道」，我稱之爲「如實接納」。當加害者不能或不願投入療癒的歷程（當他不肯或無法加以補償），如實接納才是面對人際傷害時負責而眞實的回應。如實接納是自我照顧的方案，是送給自己的療癒禮物，你可以獨自完成，純粹爲了自己。如實接納對加害者並無所求。

如實接納幫助你：

★投資自身的健康，清除腦海中的情緒毒素；
★忠於自己，正視侵犯的所有殺傷力；
★在尋求公正解決的同時，克服報復的幻想；
★保障自己情緒和身體上的安全；
★復原和整合你珍貴的自我；
★客觀、誠實且平靜地看待自己和加害者；
★與加害者建立一段滿足你們個人目標的關係；
★原諒自己導致你受傷的缺失。

我所建議的是，只要我們願意，就可以選擇回到沙池中，即使對方不採取任何行動改正他的過錯。我們可以選擇切斷跟這個人的關係，或是維持部分而不完美的關係。我們不需要沉溺在傷害中，然而也不是非得遺忘，或者大事化小、小事化無。我們不是一定要愛或喜歡這個人，不過我們可以公平地看待他，選擇好好相處，如果這樣符合我們的最佳利益。在他面前，我們可以呈現自己最眞實的樣貌，同時接受他就是他，而他永遠不會成爲另一個人。如果他願意迎向挑戰，我們甚至可以給他機會表現好一點，來贏取眞誠原諒。

## 有問題的假設四：一切取決於受傷害的你，願不願意原諒。

大多數關於原諒的作品，都是特別針對受傷的你而寫，告訴你必須做什麼來**應允**原諒，而不是告訴加害者，**他**必須做什麼來**贏取**原諒。我相信，這種一心一意的強調，其實削弱、扭曲且貶低了原諒的歷程，並且創造出聖潔且抽象的概念，讓我們許多人備感壓力，無論任何代價都得接受。

然而，我們之中有些人吞不下這種想法，認爲這不實際、不眞誠也不公正，因而排斥。我們拒絕相信必須獨自肩負原諒的重擔，這既不是事實，也不正確。我們寧可不原諒，也不要單方面的原諒。

我想起有位個案，在我試著協助她從伴侶外遇的傷害中復原，建議她考慮服藥控制強迫性思考時，她的反應是不可遏抑的憤怒：「我必須處理我精疲力竭的自我感、我的嫉妒、我的屈辱，而現在妳要**我**吃藥？那**他**必須做什麼？讓**他**去吃藥吧！」

關於原諒，你們許多人一定有相同的感覺。多麼不公平啊！道德家或原諒專家宣講的對象通常不是傷害你的那個人。太奇怪了！他很少被叫來彌補過失。至少，不是應該你們雙方都被招來投入原諒的工作嗎？

我的書主要是講給你，受傷的一方聽的，讓你知道如果加害者不願意或沒有能力補償時，你可以怎麼做，好從徹底的不公義中復原。然而我也講給想要投入療癒歷程的加害者聽。事實上，有一整個章節是專為身為加害者的你而寫的，讓你知道必須怎麼做才能贏得原諒——或許在這樣的歷程中，你也能原諒自己。

**有問題的假設五：原諒是無條件的禮物，毋須努力贏得。**

即使加害者不道歉且不值得原諒，你，受傷的一方，應該將原諒贈與他，這樣的觀念根植於基督教倫理。在《新約》裡有無數訓誡，教導你「愛你的敵人」，饒恕傷害我們的人，因為那是仁慈和悲憫的行為。無論是不是基督徒，我們大多數人在成長過程中相信，原諒是對我們的要求，且沒有附加條件。

在這些教義背後有個假設，如果你需要加害者做什麼才能原諒他——如果你相信原諒必須贏取來而不是贈與的——你就還沒有完全成長為一個有道德的人。這種教訓是，你應該覺得慚愧和羞恥，竟然認為自己有權獲得補償。

我沒資格去辯論無條件原諒的倫理，但是我有協助個案二十九年以上的臨床經驗，在親身觀察人們如何療癒，以及需要什麼來療癒之後，我學習到受傷一方的反應不出下述三種模式：

★他們排斥原諒不求回報的觀念，因而拒絕原諒，因爲那似乎太便宜加害者了。

★他們認同宗教概念上的原諒，將原諒「贈與」不配領受的加害者，但之後卻覺得事情並未解決，甚至可能覺得自己受騙了，或是過於妥協。

★他們表示自己認同原諒的理想，但是落入現實生活的情境時，他們拒絕原諒。

我也注意到，無論是什麼反應，人們努力想要找出方法，在能保有完整人格和自尊的情況下原諒，而且他們希望支持不只是來自更高的力量，也能出自加害者本人。如果受傷一方想要加害者導正他們一手製造的生活混亂，就會被認爲是低人一等或發展不成熟，這種流行概念特別打擊那些缺乏健全權利意識的受害者。有些人會給予太過廉價的原諒。在那些自我意識較強的人看來，片面和無條件原諒的想法往往是誤導的——那是自我犧牲，或是自我獻祭。

如同我之前所說過的，你可以自主，爲了自己選擇放過不悔改的加害者，不再怨恨，也不想要傷害他了。你可以贈與他你的善意。你可以努力保持客觀、公正，甚至以同情的態度來看待他。你可以如實接納他，別無所求。不過，如果你打算給予他我所說的眞誠原諒，他一定得付出代價，並且加入你，兩人親密共舞。在這條不同流俗的原諒途徑上，唯有你們兩人同心修補傷害，才能辛苦贏得和解。原諒不是善心贈與的免費禮物；原諒必須努力去贏得。至於傷害別人的你，必須願意付出代價，行事謙卑，同時眞心誠意；而受傷一方的你，也要創造讓加害者出面承擔和彌補前過的機會。

## 有問題的假設六：我們都懂得如何原諒。如果我們打開心胸，原諒就會流出。

大多數自助書籍以抽象和激勵的方式，將原諒視爲「道德禮物」、「內心渴望」，或是「生命特質」——但結果卻是讓你懷疑這些話究竟是什麼意思、要如何才能發生。專家往往以如此崇高、絕對的字眼來定義原諒，使得一般人無法掌握其意義，因此他們反而袖手，斷定：「一個人必須有寬大的胸懷才能原諒——而我的心胸沒那麼寬大。」或者他們覺得被迫擁抱這個概念，因而做出一些無意義且機械性的善意姿態。

原諒的抽象概念負擔了太重的意義了——遠超過原諒所能承受。太多人從各種不同的參考架構來思考「原諒」——從受到崇高神學教義影響的學院派人士，到世俗的研究者，他們試圖將深奧的概念化約成能放在實驗室情境研究的單位。於是原諒演變成概念上的大雜燴，對於那些想要從痛苦中尋求解脫的人來說，只是造成困惑和壓力。人們找不到關於原諒具體且務實的願景——一個人性化而能實踐的願景。

在我的臨床工作上，我有機會獲得第一手觀察，見證人們如何苦苦掙扎，努力去原諒以及爭取原諒。我一直在傾聽和觀察眞實人生中人們遭受人際傷害之後如何療癒，因此我發展出來的模式也不斷在成長。你將要讀到的例子聽起來很眞實，因爲的確是眞人實事。

**有問題的假設七：自我原諒不要求身為加害人的你去補償你所傷害的人。自我原諒是給自己的禮物。**

自我原諒的論點帶我們深入未知的海域。自我原諒的倡議者往往將其描述爲內在的行動，是慈悲與愛的獻禮，讓你對自己向別人犯下的侵犯好過一些。如果由我來定義，自我原諒跟眞誠原諒一樣，都不是免費送你的禮物。自我原諒也不是在你的內心私密進行的歷程。我相信自我原諒若要有實質意義、由衷且眞誠，那就必須努力贏得。如果傷害別人的你想要原諒自己，你必須直接向你傷害的人承認過失，並且加以補償。如果已經不可能了，你必須採取其他悔過和彌補的行動，實際地大聲說出自己的錯誤，同時展現自己不會重蹈覆轍的承諾。

自我原諒並非只是爲了讓自己感覺良好。自我原諒是爲了讓自己成爲更好的人。原諒自己，同時努力向你傷害的人贏得原諒，必須齊頭並進。一旦你贏得對方的敬重和原諒，你就能敬重和原諒自己。

## 兩種無法發揮作用的原諒途徑

本書描述原諒的四條不同途徑：廉價原諒、拒絕原諒、如實接納以及眞誠原諒。後兩者我們已經稍稍觸及，都是適合的途徑。而前兩者則是無法發揮作用的原諒途徑。

### 廉價原諒

即使加害者無視你的痛苦，你可能因爲害怕他的憤怒或拒絕，或者因爲拚命想要保住關係，以至於你願意做任何事——甚至是原諒他。然而這樣的原諒是不成熟、表面的，而且對方不應得的。我說它廉價，是因爲在你還沒有處理好侵犯的衝擊，向加害者要求任何事情，或是思考清楚未來的處境之前，你就獻上寬恕了。

### 拒絕原諒

你可能因爲下述原因拒絕原諒：①你想要懲罰毫無悔意的加害者；②你把原諒和言歸於好或同情連結在一起，而這兩者你都還沒有準備好給予對方；③你以報復性的憤怒來抗議侵犯，把任何比較懷柔的做法（尤其是原諒），視爲軟弱的跡象。拒絕原諒讓你覺得掌握了權力和主導權，不過這是面對侵犯反射性且往往是僵硬和強迫性的回應，使你喪失生命活力，在自己燉煮出的滿滿一鍋敵意中煎熬著。

## 四種原諒途徑的比較

下表扼要說明了四種原諒途徑之間的差異。

| | 受傷一方化解了傷害 | 加害者參與療癒歷程 | 導向復合 |
|---|---|---|---|
| 廉價原諒 | 沒有 | 沒有 | 是的 |
| 拒絕原諒 | 沒有 | 沒有 | 沒有 |
| 如實接納 | 是的 | 沒有 | 不一定 |
| 眞誠原諒 | 是的 | 是的 | 不一定（通常是復合） |

# 我如何寫作和組織這本書

如果你們想要闢出一條原諒之路，本書爲你們雙方提供了具體、詳盡、一步接一步的指引。書中分成四個部分：①廉價原諒，②拒絕原諒，③如實接納，以及④眞誠原諒。第一、第二和第三部分主要是爲受傷的一方而寫。第四部分（眞誠原諒）分成兩個章節：第一章說明加害者要做什麼才能贏得原諒；第二章則闡釋受傷一方要做什麼去應允原諒。

在你手上的這本全新增訂版中，我添加了〈後記〉，文中個案分享了他們在關係中的掙扎，以及我所提供幫助他們療癒的具體建議和練習。

爲了清晰起見，我將當事人其中一位稱爲傷痛一方或受傷一方，另一人則是加害者，然而我心裡完全明白，在人際的傷害中，我們鮮少是全然有罪或是全然無辜的。再者，提到受傷一方時會用「她」爲代名詞，加害者則是用「他」。當然，性別不能決定誰有罪，只是用這種方式書寫會較容易閱讀。

我所描述的個案完全是眞人實事，全都根據我的臨床工作經驗，以及跟親朋好友的談話內容。有些人可能因爲我修飾過他們的故事，覺得受傷或被冒犯了；其他人則可能鬆了一口氣。請讀者明白，我總是變造名字和細節，而且我會拼湊出複合的人物素描，一來保護眞實身分，二來闡釋某些重點。

我的臨床案例包羅萬象，從嚴重的傷害到粗俗的冒犯都有——從蓄意、強暴的性虐待，到不小心打翻酒的笨拙舉止。無論如何，我不量化傷害的嚴重程度有兩項原因。首先，療癒所需要的關鍵性基本工具大體上適用於所有傷害。第二，每個人經驗到的傷害程度是非常主觀的認定——對你們其中一人而言只是一巴掌，或許對另一人來說卻是致命的打擊。

在我的第一本書《走出外遇風暴》出版後，許多讀者要我繼續寫下一本書。我為了報答這些讀者，在這本續作裡納進了許多不忠的案例。不過我現在還要擴大範圍，將所有重大的「人際連結的破壞」包括在內。例如：

★配偶因為你達不到他或她設定的不可能標準，而以輕視的態度對待你；
★朋友在你乳癌惡化時，不再與你來往；
★手足拒絕協助你照顧年邁的父母；
★父母因為陷入憂鬱或喝得爛醉，以至於無法關心你；
★治療師對你造成的創傷不亞於加害者本身。

## 根本的選擇

在我帶領專業訓練的工作坊時，我邀請治療師站到麥克風前面，談談什麼人傷了他們的心，以及他們如何處理這樣的傷害。我一再發現，我們每個人都在原諒某人的課題上掙扎著，恨意斷裂了我們重要的關係以及我們與自己的關係。我們都在尋求一個答案、一條新的途徑，協助我們從憎恨的腐蝕性影響中釋放出來，既可以吐露所有的不公不義，又能與傷害我們的人和解，也與自己和解。

我們大多數人也因爲明白自己曾經錯待過別人而掙扎。我們也想尋求方法，讓自己感覺更人性化和完整，不那麼疏離及築起心防。我們可能藉由感到委屈，來讓自己覺得自己是對的——透過偏見和自以爲看到的「眞相」來說服自己，同時怪罪我們傷害的人。但是，除非我們收拾好自己造成的損害，我們不可能自我感覺良好。

如果你曾經犯錯，我鼓勵你——事實上我希望能幫助你——召喚出你人格中的誠實、成熟和力量，向你傷害過的人伸出手，熱切而慷慨地努力付出，來贏得對方的原諒。如果你接受挑戰，我毫不懷疑，你絕不會懊悔。

如果你是受到委屈的一方，我會鼓勵你好好照顧自己，保持公正態度，尋求讓生命用它的方式來洗淨你內心的傷口。我提供了兩條可行的其他選項——如實接納和真誠原諒——希望能給你原諒的勇氣，也給你不原諒的自由。

# 第1部

# 廉價原諒

不是出自肺腑只求維持和平的舉動，解決不了任何事

廉價原諒是迅速且輕易赦免對方，既不處理情緒，也不解決受到的傷害。這樣的原諒是強迫性、無條件和單方面的修好企圖，不求任何回報。

當你拒絕原諒，你是固執地抓住自己的憤怒。而當你廉價地原諒，你只是放掉自己的憤怒。

當你拒絕原諒，你是對未來可能的復合說「不」。而當你廉價地原諒，你尋求的是不計任何代價，包括你自己的完整人格和安全，以保住關係。

廉價原諒發揮不了作用，因爲這只是創造出親密的幻覺，沒有面對或解決任何事，而加害者也沒有付出任何努力來贏得原諒。避而不談自己的悲痛和憤慨，你就無法承認或意識到別人對你造成的傷害。

如果你太輕易就原諒了，你很可能就像人格專家羅伯特・艾蒙斯（Robert Emmons）所說的「總是牽掛要和別人維持仁慈、和諧的關係。」這種界定了你的人格特質可以說是「寬大爲懷」。雖然有些人會把「寬大爲懷」視爲美德——艾蒙斯認爲這是「靈性智能」（spiritual intelligence）——我卻認爲「寬大爲懷」可能會剝奪你的自由，讓你不能以眞實、利己的方式回應傷害。「寬大爲懷」也可能損害你的健康，我們之後會看到這樣的例子。當你覺得自己被逼著原諒，無論是什麼狀況，你所給予的將不是眞誠原諒，而是七折八扣的替代品。

# 太廉價就給予原諒的人

廉價原諒來自幾種模式。你可能在其中一種模式認出自己。

## 迴避衝突的人

這是最普遍的型態。由於過度屈從和寬容，爲了保護儘管可能已經支離破碎的關係，你傾向把傷害置之不理。表面上，你行事如常，好像沒什麼不對勁。但內心深處，你可能正在淌血。迴避衝突的人停留在關係中，不出聲，也缺乏健全的權利意識。你順從的行爲——你傾向將自己的需求擺在別人的需求之下——往往根植於下述三種恐懼之一。

### 1. 你害怕加害者將會以憤怒或暴力來報復。

如果你在成長過程中，面對的是經常發脾氣的父母，你可能學會保持沉默——隨順才能好好相處。這種模式很可能持續到你成年以後，如同我的個案瑪莎的狀況。「我父母生起氣來非常嚇人，」她告訴我，「我記得那天媽媽翻倒乒乓球桌，爸爸醉醺醺，拿著槍追著她跑。我把自己鎖在房間裡，好幾天都吃不下也睡不著。跟他們住在一起，我學會小心說話，最好不要引起注意。我痛恨他們兩個人，所以十六歲就結婚了，只爲了離開那個家。直到今天我還是不太會處理憤怒。憤怒令我害怕。我甚至從不允許自己覺得憤怒。天曉得我的憤怒跑到哪裡了。」

**2. 你害怕加害者將會拒絕你或拋棄你。**

你也可能因爲害怕被拋棄而訴諸廉價原諒，因爲你的自我價值感依附在他身上。這種「病態的依賴」，好像糖尿病患者對胰島素的依賴，是無法選擇的，是維持生命的必需品。

四十七歲的按摩治療師凱西就是這點的好例子。她拚命想要抓住丈夫傑克，沒有留下處理自己需求的空間。「我認爲自己是愛情中毒，」她告訴我。「不然爲什麼我還會留在這樣一個病態的關係裡？傑克喝太多酒，欺騙我，用語言傷害我，有時候是身體暴力。上星期發生的事應該是喚醒我的警報，但是我把這警報器關掉了。我們去度假，正在看錄影帶，而傑克在喝酒。我問他：『你打算怎麼解決晚餐？』他脫口而出：『妳毀了我的人生！』然後呼我巴掌，告訴我他多麼痛恨我，接著又開始痛罵我害他錯過電影的結局，還有他多麼想殺了我。已經過頭了，妳不會這麼說吧？然後他開始哭，告訴我他恨自己，不知道爲什麼會對我這麼殘忍。我明白如果我神智清醒，我會離開他。但是我困在這裡，試圖當他的好太太，就像我努力要當媽媽的好女兒一樣。我媽媽曾經告訴我：『如果不是爲了妳妹妹，我沒有理由活下去。』這說明了我在她心中的地位。我猜，我仍然試圖讓她（或者某個人）來愛我，儘管他們跟我一樣一團糟。」

凱西需要跟丈夫保持連結，才能肯定自身的價值，所以她不斷爲傑克的行爲找藉口。「都是酒精的關係，」有一次她告訴我，「酒精讓他變得暴力。」或者，「是他的自卑感作祟——這是他喝酒的原因。他把對自己的痛恨投射在我身上，但其實他不是有意要這麼壞。」在他掌摑她、對她咆哮多麼痛恨她之後不久，凱西告訴我：「我們比之前更親密了。」

爲丈夫的暴力和失控行爲找藉口，欺騙自己他有能力改變，使得凱西困在危險的關係裡。然而沒有了丈夫，她就沒有了自我，這比傑克貶抑的言語或身體的虐待更讓凱西害怕。

## 3.你害怕為自己發聲，可能會傷害到加害者。

廉價原諒的另一項理由是，你擔心如果跟加害者就事實對質，將會傷了加害者。過分保護對方的感受，而不顧自己的感受，你誇大了對方的脆弱，以及自己造成傷害的能力。

一名叫做珮琪的個案就是受苦於這種對別人的過度關心。十七年來，她滿足先生泰德追求新奇性愛的需求，容忍他耽溺於色情方面的窺淫癖好。她還讓丈夫去見他所謂的「性愛增強顧問」，在這名女人的辦公室裡裡相見。她一度同意和同好群交。「這樣子，我就沒有理由欺騙妳或是離開妳了。」泰德這麼告訴她。

有一天，泰德要求珮琪打扮成妓女模樣，到酒吧勾引別的男人，讓他在一旁觀賞。縱使不樂意，她還是勉爲其難上陣。實際上她沒有跟任何人一起離開酒吧，但是接下來好幾個星期，她發現自己的心情愈來愈低落，而且非常厭惡自己。儘管如此，她仍然決定一如往常地原諒泰德，然後希望從二十九歲的女兒蘿絲那邊得到贊同。珮琪跟女兒說：「這麼多年來，我爲了保持家庭完整，而留在妳父親身邊，我希望獲得妳的同情和支持。」

蘿絲冷淡的反應狠狠敲醒了她。「我快要三十歲了，」蘿絲表示，「不要把責任推到我身上。不管妳要做什麼都是爲了妳自己，不是爲了我。妳眞的希望我感謝妳爲了我犧牲妳自己的人生嗎？爲了我的幸福而放棄了妳自己的幸福？這是我不需要的禮物，謝謝妳。妳多年來想要教導我的就是這個嗎？我應該留在婚姻關係裡，努力維持下去，無論我的另一半對待我多惡劣？這是我應該從中獲得的教訓嗎？」

女兒的回應讓珮琪大受打擊，她接受治療，開始質問爲什麼自己無法畫出底線——爲什麼她會如此不顧一切地想要讓泰德快樂，因而爲他犧牲了每一點自尊。「我忍太多了嗎？」她問我，「爲什麼我不大聲說出對我重要的事？」

珮琪挖掘她的過去，回答了自己的問題。「我十歲時父母分開了，」她告訴我。「那是鬧得很不愉快的離婚，把一個家庭拆得四分五裂。我夾在中間左右爲難。他們問我要跟誰住。我知道如果我離開媽媽，她絕對不會原諒我，所以我選擇了媽媽，然而卻毀了我跟爸爸的關係。坦白說，也毀了我跟媽媽的關係。於是我發誓等我長大後，要爲自己的家庭創造完然不同的氣氛。我發誓我的婚姻會不一樣……」

珮琪認爲她必須爲女兒或是某些更大的好處保住婚姻，這種想法對她不再說得通了——就算曾經有點道理。「蘿絲已經長大了，擁有自己的生活，」珮琪跟我說。「我發誓要創造充滿愛的家眞是荒唐可笑——我不可能自己一個人營造出幸福的婚姻。」

我很希望給這個故事有快樂的結局，但是珮琪決定中斷治療，而不願忍受日漸清晰的自我覺察所帶來的焦慮。她仍然跟泰德在一起，太輕易、也太廉價地就原諒他的行爲。珮琪在童年學到的應對模式是那麼根深柢固，已經無法停止了——這也提醒我們，能夠洞察自我挫敗的模式，並不表示我們就會有意志力或勇氣去改變。

當然，還是有可能發生什麼事讓珮琪想清楚，並且堅定信念，她必須驅逐內心的魔鬼，爲自己採取行動。不過，首先她必須懂得健康的自私有其價値，並且告別自己經常扮演的濫好人角色。

習慣原諒別人，或許不只是肇因於跟父母的互動關係，如珮琪的狀況，也可能是順服社會大衆和宗教信仰，例如：「如果你說不出好話，那就什麼話都不要說。」還有：「原諒別人，你也會得到原諒。」我們從小就被耳提面命這些教訓，長大後仍然影響了我們的行爲。而我們通常沒被教要是如何處理憤怒，或是當有人試圖傷害我們時，湧現出來其他難以控制的情緒。沒有人告訴我們哈佛心理學教授卡洛・吉力根（Carol Gilligan）針對青少女的研究所發現的事——當我們放棄說出在關係中受到的侵犯，我們不只失去了聲音，還失去了自我。

## 被動攻擊的人

如果你是迴避衝突的人，你已經準備好以自己爲代價來原諒別人。如果你是被動攻擊的人，你也會很快就原諒——你壓抑自己的需求，靜默不語，並且傳達一切都很好的錯誤印象。然而內心深處，你可能沒有認命，依舊抗拒和憎恨，同時忙著放冷箭，破壞你以浮面虛假的原諒之語所換來的和平。

你是間接地、甚至是顚覆地行事，這樣是透過疏忽的方式來反抗。你不公開也不直接抗議別人對你的錯誤對待，故意表現得無動於衷，但是以暗中搞鬼的方式來報復，同時忽視他們的要求，在身體和情感上迴避他們，結果讓他們挫折萬分。你決定表現出原諒的態度，其實是爲了操控；這是你報復的方法，讓自己覺得握有權力、主宰大局，而且占了上風。儘管你可能假裝送上另一邊的臉頰，暗地裡卻尋求以牙還牙。正如心理學家史考特．魏茲勒（Scott Wetzler）所寫的：「被動攻擊的人可能裝得甜美或柔順，然而在表象的氣質底下，隱藏著不一樣的內在核心。他其實是憤怒、小器、嫉妒和自私的。」

被動攻擊的人往往是在幼年發展出這種關係的暗地模式。如果你的父母斥責你挑戰他們的權威，你可能學會嘴巴上答應別人的要求，卻陽奉陰違。如果你的父母在你表現得脆弱時——例如在你哭泣或請求幫忙時——羞辱你，你可能成年後會害怕依賴任何人，只信賴自己。由於相信關係不過是場權力競賽，你可能不願讓別人識破你的言行舉止，也不會洩露內心的盤算。你可能將合作與臣服混淆了，以及將依附誤以爲是失去控制權。

丹就是被動攻擊的好例子，他掩飾了自己的敵意，表面上看來是個好好先生。他和妻子艾蜜莉花了四年時間，使用治療不孕的藥物想要懷個孩子。終於他們體外受精成功，艾蜜莉生下健康的男寶寶。根據丹向我解釋的，生產後艾蜜莉把他排除在生活之外，將全部注意力轉移到兒子身上。丹的報復是把自己的注意力轉向年輕的辦公室助理。

一年後，在治療中，丹承認孩子誕生時，他感覺到自己是多麼暴躁易怒，而且地位下降。「我愈生氣，就變得愈安靜，」他告訴我。「上個母親節，我跟艾蜜莉說，我搞錯日子了，跟大學時代的好朋友約了去打高爾夫球。那位『好友』當然就是我密會的女孩。我承諾會在三點前到家，但是六點才走進家門，我連聲抱歉，緊緊擁抱艾蜜莉，送她一些玫瑰，然後在電視機前繼續呼呼大睡。」

就像迴避衝突的人，丹只是維持和平的幻象——而且代價高昂。因爲害怕別人占上風，或是不把他當一回事，丹以他唯一感覺安全的方式來堅持自己的重要性——暗中對抗。直到今天，就像大多數強迫性想要維持和平的人，他仍然苦苦掙扎想要在關係中保有自我，然而既欠缺展現個性的力量，又沒有協調衝突的人際技巧，他不曉得該怎麼辦。他臉上掛著微笑，內心卻騷動不安。表面上，他原諒一切；私底下，他什麼都不原諒。

以被動攻擊的模式來修好，是一隻手給予，另一隻手拿回來。外表上他低聲下氣，接受責備；內心裡他自認無辜，竊笑自己詭計得逞。「我和父親進行一場意志力的戰鬥，」我的個案吉姆告訴我。「但是我學會在他的戰局中打敗他。不管我做了什麼，他都要求道歉。有一次我晚回家，他大發脾氣，怒罵我：『你覺得抱歉嗎？告訴我你很抱歉！』他一直堅持。最後我跟他說：『我抱歉……』然後，以只有自己聽得到的聲音低語：『門都沒有。』『門都沒有』變成神奇字眼，是我證明自己的方法，是我在父親專制統治下的生存方式。」

## 自我犧牲的人

自我犧牲的人，在信念上總是把別人放在前面。他樂於表現得慷慨大度，而且努力不要心懷怨恨。他可能嘗試仿效聖人般的悲憫和原諒美德，通常把別人的需求看得比自己的更重要。迴避衝突的人往往覺得自己是為了謀和才屈從於人下，而且不得不然；跟迴避衝突的人相反，自我犧牲的人則享受寬恕的滋味。

正如傑佛瑞．楊和他的同僚在《基模療法》（*Schema Therapy*）一書中指出的，如果你有自我犧牲的傾向，你經常是「傾聽別人而不談論自己，總是照顧別人，但要為自己做點什麼卻有困難，注意力集中在別人身上，當注意力聚焦自己時就會感覺不自在，而且如果想要什麼東西，習慣間接而不是直接地提出要求。」

那麼，自我犧牲的人樂意原諒，有什麼廉價或虛假的地方呢？如果那是針對某個特定傷害思考過後的回應，而不是盲目、本能地想要以身殉道，就沒有什麼不對了；如果你已經認眞面對過其他選項，也允許自己有一些回應的自由，就沒有什麼不對了。只有當原諒是機械性、一體適用的反應，而不區分內容或情況時，才會變得廉價或虛假。

讓我插進一段輕鬆的註腳，以我跟親愛的朋友及同事米雪為例，每次我們計畫相聚時，往往彼此都會展現自我謙讓的利他主義。以下是可能發生的狀況。米雪打電話約我：「妳要不要跟我在新開的印度餐廳碰面，一起吃晚餐？」我停頓一下，說：「太棒了。什麼時間妳比較方便？」她回答：「七點以後任何時間我都可以跟妳碰面，不過如果這個時間對妳太早了，我也可以約晚一點。」我說：「好，那就決定七點十五分。」（事實上這對我來說眞的是太早了。）我們掛上電話，幾分鐘內她又打過來。「我聽到妳遲疑了一下，」她說。「有什麼問題嗎？妳想要去別的地方嗎？」我回答：「好吧，事實是，我上次去那家餐廳時吃壞了肚子，不過我很樂意再給它一次機會。」她回答道：「不行。那我們去妳喜歡的那家義大利餐廳。」然後她掛上電話。我又打回去：「說眞的，我很高興去試試妳建議的地方……」然後沒完沒了。將兩位自我犧牲的人湊在一塊，他們無法擬定行動計畫，趕上晚餐時間。

兩個人都想考慮對方的需求，而且彼此感覺良好，不會造成什麼嚴重的傷害或是無法運作（除了耗神之外）——除非情況許可，否則他們無法以較內在導向及滿足自我的方式來回應。如果遇上眞正重要的事情，我和米雪無法表態說，「我眞的比較喜歡這樣，而不是那樣。」這就需要用上羅伯．凱倫（Robert Karen）所說的「一種自然的利己主義」（a natural selfishness）——這是一種讓你大聲說出自己需求的能力，以及相對於你願意爲自己付出的程度，設定好願意爲別人付出的底線。

自我犧牲的人是否在道德上高人一等呢？我自認為沒有資格回答這個問題，不過我要說，對某個人有利的事，可能對另外一個人反而有害。從我的臨床經驗中，我也了解到，那些絕對奉行自我犧牲的道德律，而沒有認眞思索過其意義的人，往往極度痛苦。一個人當下未經思考的反應，通常不是他最好的回應方式。

五十三歲的葛萊琴是一所天主教學校的行政人員，她努力想要過正直的生活，言行舉止皆良善，又不會耗盡她的活力，或是犧牲自己的基本需求。在母親因為白血病突然過世時，葛萊琴身體孱弱的九十歲父親問到能否搬來與她同住。葛萊琴那時剛離婚，從事兼職的工作，還要照顧家裡的三個孩子，因此她發現自己左支右絀。但是她欣然答應了。「我這一輩子都接受教導要付出，善待別人，」她告訴我，「這是我的信念，我也這樣教導孩子。我怎麼能夠不讓父親搬來跟我一起住呢？」

葛萊琴的父親搬進來三個月後，她的姑姑珍妮絲被診斷出罹患了帕金森氏症，也詢問葛萊琴是否能住到她家。「只要一個月，」珍妮絲強調，「等我把東西收拾好，一切準備好，就可以搬進有人照料的療養機構。」

葛萊琴接受了。一個月過去了，又一個月，再一個月。葛萊琴提議載珍妮絲四處看看，尋找當地適合的療養機構，結果珍妮絲斷然拒絕：「不行，我現在不可能離開。我還沒準備好。」

葛萊琴安撫珍妮絲，她要住多久都可以。「我怎麼能把她趕走？她是我的親人。」葛萊琴告訴我。

不過葛萊琴感覺被利用、榨乾了，她生自己的氣。她明白，在某種程度上，她被人占了便宜，可是她無法畫出界線，或是爲自己說話。跟珍妮絲不一樣，葛萊琴就是無法說不。

「不只是他們要求我這，要求我那，」葛萊琴抱怨，「是我沒時間爲自己做任何事了。如果我帶孩子外出吃晚餐，我根本無法享受，腦海裡想著我應該帶爸爸和姑姑一起來。如果我帶男伴回家，他們會和我們共處一室，直到男伴離開。他們不會想到該回自己的房間，而我開不了口這樣要求。父親沒有讓我有罪惡感；是我自己有罪惡感。姑姑則是不同的故事。她覺得有權利要我照顧她，當我不理她時，她就會不高興。而我信她那一套，我會覺得自己很差勁。我是個糟糕的人。我希望讓每個人快樂，但結果我自己呢？」

就像其他自我犧牲的人一樣，葛萊琴的問題不在於她的謙恭、容忍或是寬宏大量。她的問題是沒有能力以自己的利益爲出發點來行動，允許自己有彈性回應的空間，納入自己的個人需求。她的姑姑對她的需求不敏感，葛萊琴也是如此對待自己。因此，就像其他自動謀和的人，葛萊琴目前還籠罩在道德無上命令的羅網裡——陷在充滿「必須」和「應該」的沼澤中，無法脫身。

# 廉價原諒的好處與壞處

## 什麼是廉價原諒的好處？

有五項理由讓你可能被廉價原諒吸引：

**1. 廉價原諒或許能讓你保持跟加害者的關係。**

廉價原諒或許能讓你維持表面的和諧，讓關係繼續走下去，或者至少保持現狀。有些研究者支持下述論點：能原諒對方嚴重情感傷害的伴侶，可能會擁有比較幸福的婚姻。我質疑這種觀點。

**2. 廉價原諒或許能讓你自我感覺良好，甚至自居正義，有道德優越感。**

如同富蘭克林所言：「傷害對方讓你居於敵人之下；報復只不過是跟敵人平起平坐；而原諒會讓你高過於他。」

**3.廉價原諒或許保護你，不用面對自己在衝突中的共謀角色，也把責任撇得一乾二淨。**

自我覺察可能是痛苦的。廉價原諒讓你能在蒙昧中十分滿足。

**4.廉價原諒或許能把犯錯的人推向悔悟之路。**

你懷柔的做法或許會激勵對方，以同等慈愛的方式對待你——道歉，補償他對你的惡劣對待。你的饒恕可能會引發他的罪惡感和歉疚感，因此他變得比較和善或有禮。

**5.你相信原諒有益於你的健康。**

廉價原諒似乎會回報你健康方面的重大益處——將你從揮之不去的執念中釋放出來，減輕你的焦慮和沮喪，並且降低你的血壓和心率。我們將會看到這些益處有很大的爭議。

## 什麼是廉價原諒的壞處？

讓我們檢視一下上述每項好處都會伴隨一項壞處。

## 1.廉價原諒可能保住了關係，但是毀掉你們發展出更親密連繫的機會。

當我最初開始諮商不忠的議題時，如果受傷一方的配偶告訴我：「我會原諒我的伴侶，我只想要拋開過去、向前邁進。」部分的我會偷偷感謝她，讓我的工作變得更輕鬆。但是我已經從中學習到，要警覺這種表面的姿態，不要輕易採信。強迫性的謀和或許能讓你和伴侶保住關係，然而就只是這樣了——你們不會更親密。當你們不討論或解決錯誤的侵害——當你掩飾他的過失，不要求他負起修復信任和安全感的責任——療癒並不會從天而降。潛伏的問題會靜靜地梗在你們之間。

我在《早安，美國》節目上訪問過一對夫妻，他們就是這種狀況。約翰剛剛發現，他的太太瑪莉在唯一的孩子離家上大學後不久，有一段短暫的外遇。在幾百萬觀眾面前，瑪莉對於傷害了先生表達出深深的懊悔。約翰是一位退役的空軍中尉，很快接受了她的道歉，心平氣和地伸出手來。「我不需要再談論這件事了，」他告訴她，「我已經原諒妳了，就讓事情過去，向前走吧。」

我立即的建議是：「小心，不要這麼快就原諒。」在我看來——當然嘍，在這樣的節目裡，請來的專家必須在四分鐘的時間安排內，分析出一輩子這麼長的關係中種種複雜細微之處——第一時間就展現原諒，是最不可能幫助這對夫妻的事情了。瑪莉發生外遇的原因是她感覺寂寞，先生疏遠了她，這種情況又因爲孩子離家益發嚴重。**原諒是約翰能給她最廉價的禮物**。他沒有什麼損失。瑪莉現在需要的，不是迅速修好，而是對話——開誠布公地談話，談談瑪莉的自我，以及她對約翰的需求，這樣他們才能培養出親密的連繫。瑪莉希望被了解，也希望更了解約翰。約翰敷衍了事地送出和解大禮，只會使原來的狀況加倍惡化——兩人之間更沉默、更疏離——延續了他們功能失調的關係模式。

有些研究的確顯示，原諒伴侶的夫妻擁有更幸福的婚姻，然而或許不是**原諒的舉動**本身創造了更好的婚姻，而是當原諒是努力贏得時，兩人之間來來回回的**和解協議**發揮了作用。當加害者以行動證明他了解自己對你所造成的傷害，而且真心感到不安，也努力補償時，你就更有動機放掉怨恨，邀請他回到你的生活裡。

### 2.廉價原諒或許讓你覺得在道德上比加害者優越，但是你這種貌似神聖的高姿態，很可能妨礙你們更加親近。

你們有些人可能矇騙自己相信，你寬宏大量的贈與讓你在靈性層面上高過加害者一等。「我是謙卑又仁慈的人，有能力原諒，因而更接近神，」你告訴自己，「即使像你這樣滿身缺點的人，我也能夠加以原諒。」

不過，你的仁心可能是建立在搖搖欲墜的基礎上，而且隱藏了你眞正的動機。你必須問問自己：「我的原諒是高尙、謙遜的行爲嗎？或者只是操控的姿態，意圖確立自己的優勢？」如果是後者，你就剝奪了自己的機會，阻止加害者來爲你療傷止痛，讓你覺得獲得關懷，同時贏得你的善意。

**3.廉價原諒阻礙了個人成長，讓你沒有機會好好省視自己，這樣的洞察原本可以幫助你們發展出更滿意的關係。**

如果你太快原諒，就不會去探討自己該負的責任。與我在《早安，美國》節目中交談的那對夫妻闡明了這點。那位丈夫約翰只是讓妻子——和自己——擺脫困境而已。故事就畫下句點了。他並沒有面對問題，或許是他讓妻子失望了，助長了她的寂寞。他提議的不過是暫時停火，而不願協商永久的和平。

**4.廉價原諒可能給了犯錯的人綠燈信號，讓他繼續錯待你。**

廉價原諒或許不只不能導致加害者悔改，還可能增加他再次傷害你的可能性。研究已經發現，在受虐婦女中，那些根據報告最容易原諒伴侶的人，也更可能繼續遭受虐待。如果加害者從來不必承擔侵犯你的後果，而且永遠可以期待你源源不絕的憐憫，爲什麼他不會重複罪行呢？

### 5. 廉價原諒可能會讓你在情緒和身體上都病了。

我們常常聽到原諒在生理上的好處——釋放掉憤怒與和解——但是絕大多數這類發現都很容易遭到錯誤詮釋。這些研究呈現的是原諒與更健康之間的**關係**，而不是原諒**導致**更健康。研究顯示，眞正讓你覺得更好的，是減少長期敵意與痛苦的程度，而這並不是出於廉價原諒，而是來自於如實接納或眞誠原諒。只有廉價原諒的話，你會埋藏或否認你的憤怒，並沒有解決它。

在《行爲模式與性格決定癌症：癌症心理學》（*The Type C Connection: The Behavioral Links to Cancer and Your Health*）一書中，莉迪亞・提摩蕭（Lydia Temoshok）和亨利・卓爾（Henry Dreher）主張，相較於會關注負面感受並且學會好好處理的人，C型人格——那些長期忽視自己的負面情緒，因而迅速原諒的人——更容易罹患癌症。提摩蕭和卓爾對照C型人格和A型人格，C型人格「在任何情境下——無論壓力多麼大，承受什麼樣的侮辱或危險——都會表現出強迫性、硬撐到底的好人模樣」；而A型人格充滿敵意，不容易原諒別人，比起其他人更容易罹患的是心臟疾病。

提摩蕭和卓爾進一步表示，C型人格不會生氣，「並不是源自內在意識的平靜感……在他們的表象之下，有一大堆沒有表達的憤怒、小心翼翼守衛的焦慮感，而且在許多例子當中……根深柢固的絕望感受。」

心靈和身體如何相互影響，仍然是個謎。我們不清楚壓抑的情緒是否、或是如何導致腫瘤。不過已經有此假說，一輩子傾向壓抑憤怒和其他強烈情緒，會嚴重損害我們的細胞組織，弱化我們對某些疾病的免疫力。伍迪．艾倫在他的電影《曼哈頓》當中，以別人無法仿效的神經質風格指出了這點。當他的女友（黛安．基頓飾演）為了他最好的朋友甩了他時，伍迪．艾倫拒絕爆發脾氣，黛安．基頓衝著他咆哮：「為什麼你不生氣？這樣我們就可以把一切攤開來，我們就可以開誠布公地解決問題。」

「我不會生氣，好嗎？」伍迪．艾倫回答，「我的意思是，我有將一切內在化的傾向。這是我的毛病之一。我——我長腫瘤來取代。」

如果我們接受的觀點是生氣證明了道德人格上的軟弱，以及缺少情緒控管，我們就會讓自己外表看起來一切安好，而疾病在身體裡面滋生。

# 深入了解廉價原諒

## 承認你的痛苦讓你有能力去化解它

當你的權益遭到踐踏時，感到憤怒可說是健康和適當的反應。生氣喚醒了你，刺激你去行動。沒有憤怒，你可能就會缺乏勇氣說出自己的心聲、追求公平正義的解決之道，也不能保護自己免於更進一步的傷害。當別人傷害你時，如果你不允許自己感覺憤慨，誰會保護你不去承受他的侮辱？如果你不明白自己受到衝撞而傷痕累累，或是不明白自己的憤怒，誰會鼓勵你質疑這段關係的價值？去畫出底線，大聲宣告「夠了，我已經受夠了」？誰是你的依靠？誰會永遠對你不離不棄？誰會為你發聲？誰會為你要求公平的權益？沒有能力感覺憤怒和沒有能力感覺疼痛一樣危險，會讓你完全無法防衛。

我的個案羅娜就是廉價原諒的典型。她的丈夫湯姆在第三次外遇之後，承諾要忠實，她再次讓他回到身邊，還眞的嘴巴唸唸有詞：「湯姆是我的丈夫。我嫁給他，是好是壞，都要不離不棄。我已經做了承諾。我為了孩子會信守承諾。湯姆很軟弱，他需要我，我是唯一還相信他的人。如果我離去，他可能會自殺。他能去哪裡呢？他已經在女人身邊轉來轉去，失去了他努力工作所獲得的一切。」

羅娜覺得扛起她的道德與家庭責任是正確的，但是她從來無法說出「我想要」——一次也沒有。她無法感覺自己的怒氣，正視它，或者發作出來——一次也沒有。即使湯姆繼續欺騙她，甚至把性病傳染給她，害她不孕，她還是為他難過，幫他找藉口，而且打從心底讓他回到身邊。

羅娜必須維持和平。她的回應沒有什麼神聖或高貴的地方。如果她曾經探察自己的感受，我想她會發現，除了必須人性化地對待湯姆外，她也必須真實地對待自己。如果她知道「如實接納」也是一個選項，她就可以往這個方向努力，同理湯姆的心境，不羞辱或評斷他，但同時也能尊重自己的需求。她不一定要原諒湯姆或是與他修好，也不必置孩子或自己的幸福於險地。

如果你的模式是不計任何代價都要原諒，那麼你將需要鼓起勇氣和有意識的努力，來接收自己的感受，並且讓別人聽到你的心聲。這麼做的報酬是，你將會給予犯錯的人一個機會去了解你的內心在淌血，進而走上前來為你包紮傷口。

有能力大聲說出真實的自我，說出你是多麼受傷，還有你的需求，這是親密的定義中非常核心的部分。正如海瑞亞·勒納在《可以溝通真好》（*The Dance of Connection*）一書中雄辯滔滔的陳述：「透過語言我們才能懂得另一個人——也讓別人懂得你。『**懂得**』是我們對親密關係以及跟他人的連結最深層渴望的核心。我們與生命中最重要的人的關係要如何開展，就取決於我們是否有勇氣找到自己最清澈的聲音。」

當然，加害者可能不會以支持的方式回應你的悲痛，不過，如同勒納進一步的忠告：「即使別人聽不見，我們還是需要聽見自己發出的聲音，大聲說出自己的眞正想法。」如果你太過警覺說出心聲的危險，又太不警覺保持沉默的代價，你將會跟加害者的作爲一樣，不把自己當一回事，結果就是如他所願，你感覺自己受到輕視，喪失了應有的權利。

## 我受到侵犯嗎？——或者是我自己的想像？

有些汲汲於和平的人幾乎不可能說出他們的心聲，原因是他們不確定自己是否眞正受到侵犯。特別是父母酗酒的小孩，以及遭受暴力或性虐待的受害者，他們往往成長在試圖說服他們**傷害並沒有發生**的世界裡。在《錯不在你》（*The Courage to Heal*）一書中，艾倫·貝絲（Ellen Bass）和蘿拉·戴維斯（Laura Davis）指出，當其他人、甚至是直系血親，指控創傷的受害者的性虐待記憶是報復性謊言、或是被誤導的瘋狂想像時，這會如何使受害人再度經歷創傷。記憶遭到質疑的受害者往往一輩子都在懷疑自己親身經驗的眞實性——假裝自己從來沒有受到傷害，而且學會不要信任自己的直覺或是看到的事實。這種反應跟侵犯本身的殺傷力是相同的。

我的個案南希在否認母親酗酒事實的家庭中長大。「絕大多數時間，媽媽都是躺在床上，極度憂鬱，把世界關在外面，」南希告訴我，「可是接著她就會發一陣酒瘋，把家裡搞得天翻地覆，大吼大叫，亂摔東西。第二天，沒有人會說一個字。我們——父親跟五個小孩——只是圍坐在餐桌旁，而母親則一個人被撇在臥室裡。眞是讓人毛骨悚然。我會看看四周，心裡狐疑：『發生的事眞的發生過嗎？我是不是神智不清了？爲什麼沒有任何人提起呢？爲什麼每個人都假裝我們是個正常的家庭？』」

## 你完全搞錯了——問題在你身上

有些人或許會否認發生在你身上的事，或者讓你相信**你**是有罪的那一方——**你才是**犯錯的人或壞蛋。你可能很快就學會，要和他們和平共處，就必須靜默不語，吞下他們的侮辱。

「小學時有位修女，因爲上鋼琴課時我彈錯一個音符，就用地理課本痛打我，於是媽媽要我花更多時間練習，」我的個案丹妮絲告訴我，「當我的男朋友猛捶拳頭敲破臥室牆壁時，媽媽問我：『妳做了什麼激怒他？』當我告訴她爸爸把舌頭放進我嘴巴裡時，她叫我閉嘴，說我的舌頭比爸爸的舌頭還要危險。不管什麼事發生在我身上，她都讓我覺得是我活該，是我自己造成的。我學會不要興風作浪，認定自己沒有權利抱怨。」

## 廉價原諒的根源

如果你想要打破自己不假思索尋求和平的模式，那麼回顧自己的早年生活，辨識出形塑你的關鍵經驗，或許會有幫助。你在成長過程中是否如此害怕衝突，因而無法承認受到侵害，更別提期望加害者給予補償了？是否父母的遺棄讓你深深受創，所以你不顧一切想要守住關係，不管這樣的連結多麼浮面或不健康？你是否被教導得如此他人導向，結果你無法欣賞自己，除非你在為別人服務？你是否帶著過度的責任感長大，對於別人的需求和感受過分敏感？

或許有位家庭成員生了重病或情緒失調，你被迫以小孩身分「扮演父母角色」，隨時準備好犧牲自己來照顧別人。或許你的父母好批評或是愛控制，於是你學會放棄自己的需求，以避免羞辱。上述兩項經驗雖然天差地別，同樣都可能導致你長大後壓抑自己的需求，並且太快原諒了，也太自動就放棄自己的利益了。

你的行爲根源或許還可以回溯到你的家庭或社群信奉的道德和宗教的訓誡。你可能被教導高尚的人會原諒，如果你渴望追隨上帝行走的路，你就別無選擇。

無論任何代價都要原諒的壓力，或許是透過表面上無害的訊息而灌輸到你心裡的。我有位個案一再聽人說：「鳥兒在小小的巢裡都能相安無事；爲什麼我們人做不到？」這些家庭的命令在我們小時候就深深埋藏在我們內心，終身跟我們在一起。

你的生物制約是另一項變數。舉個例子，低濃度的睪固酮可能促使人較消極或羞怯，並且讓你傾向於垂下雙臂，迴避衝突，而不尋求報復，甚至連承認自己受到傷害都做不到。

我的個案菲麗絲將她廉價原諒的模式直接回溯到她與母親的關係上。菲麗絲必定在治療中告訴我相同的故事不下十次——這個故事傳神地捕捉到她在成人自我發展過程中的形塑經驗。「我母親習慣幫我挑衣服，」她開始回憶，「她說她比我更清楚我穿什麼好看，我喜歡什麼樣的衣服。即使只是個小孩子，我意識到她多麼需要我愛她，與她融爲一體。她告訴我她母親多麼惡劣，永遠偏心姊姊——我們這麼親密對她是多麼重要。她的『親密』概念就是掌控，而我的概念則是任由她支配。到最後，我懷疑自己有沒有能力清楚自己身爲一個獨立的人的感受或想法。我無法對她說不。面對我丈夫史提也是同樣狀況。多年來我努力做他的好太太跟小妻子，完全掏空自己，我精通各種手腕得以留在這位難以相處又自以爲是的男人身邊，卻完全忽視自己的痛恨和絕望。生養兩個孩子以及三十年的婚姻之後，我才發現他與他的私人訓練師交往了十年。他資助她念完心理學領域的博士課程。我跟他說，我需要他和我一起接受治療，釐清這一切，但是他堅持這段外遇已經結束了。『我的甜心，我的寶貝，』他叫得親熱，請求我不要離開；某個程度上，我問自己：『爲什麼我不能就是相信他？爲什麼我不能就是停止發脾氣，原諒他，然後繼續過日子？』一部分的我想要尖叫，另一部分的我想要讓他開心。要讓自己從這一團混亂當中脫身開來好難。這就是爲什麼我在這裡，想跟你進行諮商工作的原因。」

如果你跟菲麗絲一樣，有太輕易就原諒的習性，或許你回應的不是特定的人際互動，而是幼年的模式。爲了抓出這些模式，我鼓勵你仔細檢視自己受到傷害時的固定反應。問自己：

★我是否強迫性地尋求修復關係，不管是什麼狀況，也不顧自己的感受？

★別人對我不好時，我是否會責怪自己？

★我會替加害者找藉口嗎？

★我是否會壓抑或是否認受到侵犯？

★我是否不能覺察自己憤怒或絕望的情緒？

★我是否說不出自己的反對或需求？

★我是否常常覺得無能爲力、動彈不得、受到操控、被人扼殺？

★我是否將饒恕加害者作爲維護我的掌控權、支配地位或道德優越感的方式？

★我是否不加區分，希望對每個人都慷慨大度，結果沒有人接收到我的慷慨？

★有人傷害我時，廉價原諒是不是我典型、機械般的自動回應？如果是的話，眞的適合我用在這個特定情境嗎？或者我應該考慮其他手段？

你可能會發現，反映出你個性的回應不一定是最健康的——有時候給加害者有道歉的機會，並且尋求你的原諒，是比較合理的。

這就是高中老師茹絲在兒子喬許侮辱她時的做法。「我傳電子郵件給他，問他女友安德莉會不會喜歡香奈兒的香水作爲生日禮物，」茹絲告訴我，「他的回答簡短扼要。『這款香水不就是妳和妳媽媽習慣使用的嗎？爲什麼我會想要我的女友聞起來跟妳們倆一樣？』我覺得挨了一巴掌——不只是因爲這樣的侮辱，還因爲我母親幾個月前才過世。」

茹絲向我透露她的傷痛，卻什麼都沒跟兒子說。她在成長過程中必須照顧心智障礙的妹妹，使她成爲粉飾太平的人——永遠體貼和同情別人，她按照設定好的程式行事，否認自己受傷的感受。茹絲過度牽掛別人，拚命想要獲得情感，她透過別人贊許的眼神來定義自己，甚至是傷害她的人。

茹絲一如既往，已經準備好甩開她的難受，回去改考卷，這時她想起自己的父親——「一位和藹可親，不會說重話，也從來不跟人起衝突的人」——很久以前因爲她對母親的惡劣行爲斥責過她。

「當時我念高二，跟一位非常好的對象——至少那時看起來是如此——第一次約會，」茹絲說道，「我很怕媽媽因爲沒受過什麼教育，會說出什麼愚蠢的話，破壞了我跟這名男子的機會，所以我叫她待在廚房，門鈴響時不要去應門。爸爸聽到我說的話，狠狠訓了我一頓。『妳實在太超過了，這樣侮辱妳的母親，傷她的心，』他責罵我，用我從來沒聽過的嚴厲語氣，『這個女人爲妳犧牲一切——妳對她只能感謝。妳再也不准這樣跟她說話！』」

這件意外發生在三十多年前，然而在茹絲講給我聽時，她仍然因羞愧而臉紅了。「爸爸是對的，」她說，「而且我尊敬他說這些話。這對他而言一定不容易，太不像他的作風了。」

茹絲的念頭從父母轉到兒子身上。「我知道不好好管教他，不是在幫自己，」她說，「爲什麼我這麼焦慮要原諒他？我是否認爲他會生氣，因而不再愛我？我是否認爲我的憤怒會擊垮他，害他永遠恢復不過來？」

下一次晤談時，茹絲告訴我：「我做了平常不會做的事。我打電話給兒子，留言給他，他的評語深深傷害了我。我告訴他，更恰當的回覆應該是：『謝謝妳的提議，媽媽，我會問問看安德莉喜不喜歡香奈兒。』我等了一天他的回應，但無聲無息，令我有點不安。不過第二天早上，我得到非常慎重的道歉。「媽媽，收到妳的訊息了，很抱歉，妳把我關於香水的那番話理解錯了。我是開玩笑的。我猜這個玩笑一點都不好笑。謝謝妳的好意，有想到安德莉。愛你的兒子。」

茹絲的感受從被兒子完全排斥在外，轉成引以爲傲，他有品格能夠承認自己做錯了，而且致歉。她也對自己感覺良好，沒有提供自己典型的廉價原諒。「喬許通過考驗，」她告訴我，「我也過關了。」

如果你跟茹絲一樣，不由自主地想要當和事佬，我鼓勵你不要聳聳肩，就把情緒拋在一旁，要好好關注自己的感受，跟加害者分享你的情緒，給他機會，了解他是多麼錯待你，並且加以補償。這樣的歷程不只是對你表示尊重，也是尊重加害者修正的韌性和眞義，他會珍惜補過的機會。我希望你能找出勇氣，朝這個方向努力。

「健康的關係，」黛娜・克羅立・傑克（Dana Crowley Jack）在《面具背後》（*Behind the Mask*）中寫道，「需要的是相互配合（同在一起），然而同時也需要主動出擊（加以對抗）。」換句話說，你必須挑戰「貶抑的互動模式」，並且體驗到你有權利在「我們」之中保有「我」。廉價原諒繞過傷害——也放棄了任何與自己或是加害者發展出健康關係的機會。

# 第2部

# 拒絕原諒

## 讓你埋葬在仇恨之中的強硬回應

當有人刻意傷害你，你或許會拒絕原諒，因為不原諒似乎是最能肯定自我的做法。你僅知的另一種回應方式——原諒——可能讓你覺得太過寬宏大量了。你表露自己的憤怒，宣告：「我的感受很重要——如果你不在意，那麼我在意。而且為了證明這點，我將不會輕易饒恕你，不會給你機會補過，你休想脫罪。不管你說什麼或做什麼，我將會繼續輕蔑和責難你。我將要讓你知道，你不可能傷害了我而不受懲罰，你的行為是無法原諒的。」

## 以攻擊或疏離來回應

拒絕原諒通常會採用兩種形式。第一，你可能逮到機會就攻擊加害者，將你滿腔「譴責的怒火」一股腦地射向對方，讓他遭受到你認為他對你施加的痛苦和侮辱，你從這樣的權力和激動中獲得近乎虐待狂的快感。第二，你可能不理他，試圖以你的漠不關心來摧毀他。你用沉默充分表達了你的藐視。

不管是哪種方式——透過攻擊或是疏離——你的目標是好好教訓他，讓他逃不開你的懲罰。不管是哪種方式，你希望剝除他的人性尊嚴，重新劃定權力的平衡，恢復自己的正當地位。「報復的勝利，」著名的心理分析大師凱倫·荷妮（Karen Horney）指出，成為「唯一值得奮鬥的目標」，而且是透過取得權力去挫敗、羞辱或利用傷害過你的人，而達到目的。

只要你處於拒絕原諒的模式，你的憤怒就沒有轉圜餘地；情感完全卡死了，沒有情感出得去，也沒有情感進得來。如果加害者表現出悔恨，你的怒氣不會減輕。如果他拒絕懺悔，你很可能覺得被踐踏兩次——第一次是傷害本身，第二次是他不肯認錯。他無視你的痛楚，可能比傷害本身讓你受創更深。「爲什麼我應該原諒拒絕道歉的人？」你抗議，「爲什麼要由我負責修好？如果我不想再度受到傷害，我不是應該關閉我四周的界線，把他排除在我的生活之外，永遠逐出我的心靈空間嗎？」

## 拒絕原諒的根源

我們每個人都有拒絕原諒的時候，但我們的回應通常會跟觸怒我們的行爲成比例。我們會怒氣上升，然後逐漸平息。然而，我們之中有些人，拒絕原諒並不是對單一侵犯行爲的孤立反應，而是一輩子的回應模式。這種模式可能是天生的——一種基本的人格特徵。也可能是學習來的，主要是根源於殺傷力強大的童年經驗，不過也可能來自對原諒意義的負面假設。

## 可能阻止你原諒的先天因素

我不知道有任何正式研究發現了拒絕原諒的化學基礎。不過初步的數據提出，充滿敵意的反應傾向與一些神經化學物質的變化相關，例如「過量的荷爾蒙，如睪固酮，或是神經傳導物質不足，如血清素或多巴胺。」近來的研究認爲，有些人擁有「高度反應的交感神經系統，以及回應較慢的副交感神經系統」，他們在面對侵犯行爲時，可能體驗到並反應出更強烈的憤怒和傷痛，導致拒絕原諒的回應。

美國賓州大學精神醫學教授亞倫·貝克醫師在研究仇恨與暴力的根源時，找出了適應和演化的解釋，用來說明我們面對想像或眞實的威脅時，被導向的本能反應。他指出，在史前時代，對任何有毒的刺激過度反應，具有生存上的價値。面對危險，一個迅速且不受控制的回應，可能就是生與死的差別。

以原諒爲主題的研究人員假設有一種人格特徵，他們稱之爲「報復心」——有這種傾向的人會採取攻擊行爲對抗一個被察覺的加害者。展現出這種特質的人多半較負面、更容易被冒犯、較缺乏同理心，也更不會原諒。

## 可能阻止你原諒的習得因素

如果你傾向拒絕原諒，很可能你不斷延續過往功能失調的互動模式。下面有三個例子：

★如果在容易受影響的年紀，你一再受到身體或情感上的打擊，可能長大後，你會尋求藉由輕蔑別人而賦予自己力量。任何人以最輕微的方式讓你感到軟弱或無助，你可能就會永久跟他切斷連繫。

★如果你成長在斷絕關係和懷恨在心是家常便飯的家庭中，例如你母親永遠不准她的姊妹踏進家裡一步，那麼拒絕原諒可能成為你面對衝突的僵化回應，即使對方應該獲得更好的待遇也是如此。

★如果你成長在嚴格、壓抑的家庭中，必須屈服於無情的羞辱，你長大成人後，可能會變成慣用懲罰措施，拒絕原諒別人。被逼著按照規矩過日子，遵守強硬的是非觀念及不切實際的高道德標準，你可能最終成為壓抑情感的人，無法自然表露情緒，也缺乏溫暖的情感，對任何人，包括自己，只要無法符合你的嚴苛標準，你都沒有耐心。如果你不願意「斟酌情況，允許人的不完美，或是同理別人的感受」，你的自然反應就會是拒絕原諒。

父母不是唯一會教導你絕對不要原諒的人，流行文化也可能軋了一角。如果你受到的教導是「娘娘腔才會原諒」，或者「如果你原諒，別人會把你踩在腳底下」，你可能厭惡跟任何人和解——即使冒犯你的人非常努力想要撫平你的冤屈，或者你自認所受的委屈事實上是被誇大了或不正確的。只要你從有損自己名譽的角度來看待原諒，拒絕原諒大概就是你唯一可行的選項了。

對於一樁你認定的侵犯行爲，往往是你所賦予它的**個人意義**，最終決定你表現出的情緒與行爲回應。如貝克在《仇恨的囚徒：憤怒、敵意與暴力的認知基礎》（*Prisoners of Hate: The Cognitive Base of Anger, Hostility, and Violence*）中指出的，對於發生的事情，你那「災難性」的曲解和錯誤認知，可能創造出某種心智架構，把你禁錮在敵意之中，或是驅使你揚起鞭子。

## 拒絕原諒的人

現在讓我們檢視傾向於拒絕原諒的兩種人格型態：自戀人格與A型人格。你符合其中任一種描述嗎？

## 自戀人格

慣常於拒絕原諒的人往往有我們稱之為「自戀型人格疾患」（narcissistic personality disorder）的問題。自戀人格相信他們「理當擁有特殊的權利和特權，無論是否靠自己的努力贏來。他們既苛求又自私，期待別人對他們特別好，卻不認為自己有互惠的責任。如果別人沒有按照他們的意願行事，他們就會表露出訝異和憤怒。」

如果你是自戀人格，當別人拒絕順從你的安排行事時，你可能經常覺得受傷而氣憤。你誇大了自己應該享有的權利、地位，導致你認定別人不過是你抬高自己的工具，活在世上的目的只是為了服務你。既然你不認為別人是單獨的個體存在，有他們自己的需求、渴望和感覺，你很可能會利用別人，也看不出為什麼這樣的利用會爆發衝突，反而責怪別人製造了衝突。

如果你在自己身上辨識出上述這些特質，你可能是倚賴別人的仰慕才能維持自尊不墜的人，而且對是否有人威脅到你唯我獨尊的意識過分敏感。任何貶抑或個人失敗的經驗，都可能切出一道深深的傷口，讓你感覺不只是受到輕蔑，而且是徹徹底底被人一筆勾消了。不願承認你是多麼需要別人來填滿內心的空虛，你可能反而貶低他們，擺出高人一等的姿態。原諒不是你的選項──你自視太高，而且不懂得什麼是謙卑。

「謙卑，」羅伯特．艾蒙斯寫道，「是把自己跟其他任何人看成基本上是平等的稟性，即使在美貌、財富、社交技巧、智力或其他才能方面的確存在客觀上的差異……謙卑是有能力不偏不倚地看待自己的才華和成就，懂得接納自己，了解人的不完美，以及既不自大，也不自卑。」缺乏這些特質，你大概就不太可能原諒別人。

如果你欠缺謙卑，相信對方得承擔全部錯誤，而你是完美的、不可能犯錯的，那麼你就很難原諒對方。如果你能接受某種程度的共犯責任，或許你會更仁慈地回應，然而這樣會動搖你對自己浮誇的看法，要求你付出超過你所能給予的。

我們絕大多數人感覺自己被錯誤對待時，或者說當我們感到不公平時，通常會在下述三種回應中游移不定：接納、原諒和報復。然而自戀人格感覺別人錯待他時，他相信唯一的選擇就是報復。任何人膽敢藐視他的權利，掙脫他的控制，或者威脅了他自以爲完美的信念，他看不出有其他替代方案，只能反擊回去，以報仇雪恨。

自戀人格不太可能受到我這些話的影響，因爲他太可能去讀這些。他也無法忍受自我省察或批評的不舒服，他追求的是仰慕，而不是自我認識。他與諂媚他的人建立關係，捨棄不肯這麼做的人。會來接受治療的人，往往是自戀人格身旁那些捨命依戀著他們的人，他們努力想要讓自己夠好，試圖道歉，與那些長久以來不肯悔改也拒絕原諒的人修好。

## A型人格

有些研究者發現了A型人格和自戀型人格之間的關聯。就像自戀人格一樣，A型人格也是權力導向的，充滿敵意，又帶著優越感，對於小挫折有過度反應，防衛心強，而且無法建立親密關係。如果你是A型人格，你的爲人處世往往缺乏耐性、自我中心又處處苛求，同時傾向把別人推開，讓他們很難向你道歉，或是關懷你受傷的感覺。你爲了自己的冒犯行爲而去責備對方，是因爲你缺乏洞察力看清自己的錯誤，也鎖上了原諒的大門。

四十五歲、身材壯碩的保羅是華爾街的交易員，他既是A型人格，也是自戀人格。對他而言，每一天都是跟別人算帳的機會。復活節也不例外。有一次，保羅全家人一同前往波士頓觀看塞爾提克隊的籃球比賽，他在一家擁擠的速食餐廳前停下腳步，想要在比賽前快速填點肚子。他一身黑衣，梳著龐克頭，看起來既強悍又不好惹。保羅和孩子終於排到了前頭，這時一對老夫婦插隊到他們前面。他把安排座位的服務生叫過來，指著他的錶。「沒問題，」服務生向他保證，「您是下一位。」但是當桌子空出來時，那對老夫婦占了位子。保羅勃然大怒，他從口袋掏出一疊百元美鈔，對著服務生的臉揮舞。「你看見了沒？」他以挑釁的語氣說，「這是我吃一頓午餐花的錢，你知道我是幹什麼的嗎？我殺人。你讓我非常不爽。」

幾分鐘內，保羅和家人就有空位了。

「我知道孩子在看著，所以努力保持冷靜的口氣。」保羅後來告訴我：「如果孩子不在那裡，我不知道自己會做出什麼事來。這傢伙真的惹毛我了，他讓我感覺自己是隱形人，好像我人不在那裡——就像我爸對我的態度一樣。」

我鼓勵保羅將自己在速食餐廳經驗到的情緒一層一層剝開來，努力了解他的反應究竟從何而來，又是如何重演了他根深柢固的回應模式。將來，或許他可以用不同的方式面對衝突——依舊傳達出他的惱怒，然而不會失控或嚇到孩子。他從回應下列問題開始著手。如果你跟保羅一樣，有著不肯原諒的行事風格，很有可能你大多數的回答都是肯定的：

★我是否太容易就覺得受到侮辱和冒犯？

★我是否跟別人有太多的衝突？

★我是否太快下結論，把別人的一言一行看成是針對自己的，而以傲慢或憤慨的態度反擊？

★我是否傾向把怨恨永遠埋藏在心裡？

★我是否會跟傷害我的人切斷關係，而不費心思索發生的事情究竟真相是什麼？

★我是否發現道歉永遠不夠讓我釋懷對方的冒犯？

★我是否安於受害者的角色，看不出來一樁傷害不只是別人對我做了什麼，也有可能我應該負起部分責任？

★我是否會夢想摧毀對手的各種方法？我是否用報復的幻想來填滿時間，讓自己感覺強而有力、高人一等，而且掌控全局？

# 拒絕原諒的好處與壞處

## 為什麼拒絕原諒會吸引你？

拒絕原諒可能成爲具吸引力的選項，至少有三個理由：

**一、讓你感覺不容易受傷。**

拒絕原諒讓你沉浸在別人無法打敗自己的氛圍裡，於是你可以把「無能的感覺換成全能的感覺。」當你拒絕原諒時，你藉由羞辱你指控羞辱你的人來聚集力量。在你眼中，「不原諒的人」是把大鐵鎚，而原諒的人則是乞求挨打的鐵砧。

藉由反擊傷害你的人所感覺到的力量，或許不完全是錯覺。你可能迫使他三思，不要再度傷害你，同時降低他企圖這麼做的頻率。當然，你可能升高衝突，激怒他再次攻擊你；但是你強悍的報復姿態也可能威嚇了他，讓他知道誰是老大。

## 二、讓你可以將自己的失敗怪罪到別人頭上。

拒絕原諒讓你將自己的失敗怪罪到別人頭上，並且把你在心裡對自己的咒罵（最終你得面對，而且原諒）一股腦兒轉移到他們身上。這樣可以幫助你防衛，擋住一旦有人太靠近，看到你那未經虛飾的眞實面貌時，你會感覺到的羞恥與屈辱。「我的問題，根源都在你身上，」你堅持，「不在我身上。**你**造成我的不幸，**你**害我失敗。都是因爲你，我沒有更好的工作、更多的朋友、更多的金錢、更多的幸福、更多的自由、更多的歡笑，更多的一切一切。因爲你，我喝酒、嗑藥、外遇，早上爬不起來，找不到自己的方向，沒有像樣的生活。」活在「懷恨的狀態」，你堅持自己是無辜的，而傷害你的人活該承受每一種想像得出來的懲罰。你很方便就將自己所有的麻煩怪到他頭上，然而問題可能是**你**，是你沒有能力主動出擊、求救、拒絕。

**三、讓你得意洋洋，取代了內心的空虛。**

無論你是大膽報復，或是疏遠對方，拒絕原諒讓你產生活著而且興奮的快感，同時不必跟自己打架。如羅伯．凱倫以反諷語氣指出的：「沒有人能夠對於扮演受害者及成功復仇的喜悅免疫。」

## 為什麼拒絕原諒是面對侵犯時功能失調的回應？

當你拒絕原諒，也就啓動了自我防衛來面對痛苦——這是你處理自己憤怒的方法——但是最終會讓你淪於冷漠和怨毒。拒絕原諒事實上剝奪了成功的希望，讓你無法恢復自重自愛，重新感覺情感與身體上的安全，也不能爲傷害提供公正的解答，因此這種方式不會有結果，或者會以昂貴的代價結出苦果。你以爲拒絕原諒可能有的獎賞，一開始似乎非常誘人和健康，最後證實是不利的，至少呈現在三方面：

**一、拒絕原諒斷絕你跟侵犯者進行對話、以正面方式解決衝突的任何機會。**

當你把侵犯你的人逐出生活，你否決了他回應你的委屈、贏取原諒的機會。拒絕考慮他過去對你的意義，而且今日可能依舊有其意義，你也否決了自己任何和解的機會。在人際關係上，有太多無心的怠慢和誤解，說不定只要你們能開誠布公地探討彼此的歧見，就能改變情勢，軟化你的態度。記住，如果你選擇展開對話，不表示你非得修好或原諒，但是你可能可以讓侵犯你的人進門，讓悲傷離去。

## 二、拒絕原諒或許能讓你恢復傲氣，但是斷絕了個人成長和理解的機會。

當你拒絕原諒，你將所有的過失怪罪到侵犯你的人身上，讓自己看來無懈可擊。然而這種自以爲完美的傲慢矯飾，很可能遮掩了搖搖欲墜的內在。如凱倫．荷妮之言：「神經質的自傲是抬高身價的自尊，並非建築於實存的長處上，而是想像中的優越感。」以貌似神聖的憤怒包裹自己，從來不質疑自己可能有錯，你斷絕了審視自我的機會——這些機會可以讓你學習、改變和成長。

在你拒絕原諒的背後，可能是不敢面對自己的軟弱和失敗的恐懼。舉個例子，你可能責備別人排斥你，卻看不清楚，其實是你相信自己不值得別人來認識你，造成了你疏遠別人。你也可能指責別人總是要你屈從，卻看不清楚，你如何無法說出自己的意見和設定界線。你可能覺得自己受制於別人的種種要求，卻不知道如何放鬆以及創造自己生活的平衡。

因憤怒而盲目，你成爲指摘別人如何讓你失望的專家。你可以寫出堂皇巨冊，陳述你的父母、小孩或朋友如何讓你失望，然而你往往覺察不出自己如何冒犯了別人，對方才以不相上下的好鬥模式自我防衛或反擊。你堅持別人應該寬宏待你，但是自己卻無法以同等的氣度看待別人。

**三、拒絕原諒可能讓你感覺較不空虛，卻也在身體和情感上毒害了你，讓你與生命隔絕。**

當你拒絕原諒時，注入你血液裡的毒液或許會讓你感覺不那麼空洞、更有活力，而且精神比較振奮，不過也可能造成你「心靈上的荒蕪」——你了無生趣，看不見那些你應該感謝的人，阻絕了溫柔、美麗和喜悅。你或許會追求獨自享受的慰藉（書本或散步），或是與老朋友相處，然而憤怒很可能是迴盪在你內心的唯一感受。執著於報復，你以防衛和自我保護來完成自己的基本需求，卻沒有時間滿足自己「更高的」需求：平靜、創造力、愛與連結。

透過仇恨，或許能讓你感覺自己活著，但是也可能讓你的身體生病，或者更容易病痛上身。愈來愈多研究證實長期的負面情緒，例如怨懟、譏諷、不信任和敵意（通通都是拒絕原諒所表現出來的情緒）會搾乾你的精力，腐蝕你的身心健康。最近一項研究發現，受測對象接受指示，重溫拒絕原諒別人的經驗，結果血壓會升高，同時增強了交感神經系統的運作。如果這些生理影響是長期而強烈的，可能會折損你的免疫系統，提高罹患癌症或傳染性疾病的風險，或是促使冠狀動脈組織鈣化，導致心血管方面的疾病。

拒絕原諒可能不只使你和傷害你的人切斷關係，也會讓你遠離那些沒有對你造成傷害的人。不信任就像從傷口中滲出的血，汙染了碰觸到的一切。病態沉浸在傷害裡，你可能會把每個人都推開，甚至是那些關懷你、想要幫助你療癒的人。無法對他們敞開心胸，就連只是承認你欣然接受他們的支持也做不到，你可能雖然站得穩，卻是孤立的。

想要安頓好自己，讓自己變得堅強，需要的不只是向外發射你的怒氣。你必須轉向內在，好好理解這個傷害，如此才能繼續你的生活。你必須伸出手來，與你身邊或是願意在你身邊的人發展出更能滋養彼此的連結。舔自己的傷口和包紮自己的傷口是兩回事，破壞性的憤怒也有別於建設性的生氣。如果你不了解其中的差異，拒絕原諒就成爲你存在世上的理由。

放棄拒絕原諒的驕慢是很困難的工程。你必須卸下自己的傲氣，學習謙卑，同時停止怪罪別人，承擔起自己該負的責任。荷妮說得精彩：「走上這條路意味著——恕我冒昧——變得更人性化了。這可能表示得放棄孤芳自賞、自以爲與衆不同，而成爲平常人，就像沒有特殊特權的其他人一樣；成爲芸芸衆生的一份子。」

我們多數人都曾受過似乎無可饒恕的侵犯，拒絕原諒似乎證明了我們的勇氣和智慧——我們的力量、自重，以及要求公義的權利。不過，事實是，拒絕原諒只能爲我們的傷口表面敷上一層薄薄藥膏，或許會帶給我們短暫的權力快感，卻不能產生清明透澈、深思熟慮而且站得住腳的回應。也不能將我們的心思從侵犯我們的人身上釋放出來，或是提供仇恨以外的任何東西，讓我們重建受傷的自尊。拒絕原諒帶給我們虛有其表的保護，而不能眞正讓我們更堅強一點，或是在人性上更圓滿。

到頭來，拒絕原諒只不過是負面的力量，是我們不投入認眞生活的手段。拒絕原諒是面對傷害極為狹隘、劃地自限和鐵石心腸的回應，餵養了仇恨和屈辱，讓我們得以避開最大的挑戰——與自己和解，進而能夠感覺完整，以及生之喜悅。

第3部

# 如實接納

送給自己的療癒禮物，無所求於加害一方

如果傷害你的人不在了，或是不肯悔改，如實接納是面對侵犯勇氣十足且肯定生命的回應。如實接納完全取決於你，無所求於任何人。跟廉價原諒或拒絕原諒不一樣，如實接納的基礎是個人的抉擇，你決心要掌控自己的痛苦，在傷害中尋找出意義，同時摸索出適合你與加害者的關係。

朱蒂絲．赫曼（Judith Herman）在《從創傷到復原》（*Trauma and Recovery*）中指出，你不必為自己遭受的傷害負責，但是你必須承擔起自己復原的責任。換句話說，你的自由不在於抗議侵犯的不公，或是強求加害者的關心。你的自由（或許也是你唯一的自由），在於決定如何好好活著，並且超越傷害。不要低估這樣的自由：那是廣闊無比的自由。隨著這份自由而來的，是決定如何繼續度過餘生的力量。一旦你把療癒的職責操在自己手上，你就賦予了自己力量，同時與過往和解。

## 邁向如實接納的十步驟

如果你準備好如實接納對方：

★步驟一：尊重自己感受到的全部情緒。
★步驟二：放棄報復的需求，而是持續尋求公正的解決之道。
★步驟三：停止執迷於傷害，並且重新投入生活。
★步驟四：保護自己免於更多的虐待。
★步驟五：從加害者個人掙扎的角度來建構其行爲。
★步驟六：誠實反省自己是否助長了傷害行爲。
★步驟七：挑戰自己對於所發生的事實是否有錯誤的認定。
★步驟八：將加害者跟他的侵犯行爲分開來檢視，權衡他的優缺點。
★步驟九：審慎決定要與加害者維持什麼樣的關係。
★步驟十：原諒自己的缺失。

## 一則案例

讓我們看看山姆的例子，他學會如實接納，但不原諒他有情感障礙的父親。

「自我有記憶以來，爸爸就不理我。」山姆回憶，「我對他唯一的用處是可以跟朋友炫耀，就像那一次我們的曲棍球隊得了冠軍，爸爸不是給我大大的擁抱，而是四處吹噓他的兒子最厲害。我十一歲時，他跟我說媽媽得了關節炎，但其實是癌症。當時我正在比賽，他的一個業務員在邊線大叫：『回家去，你的媽媽死了。』我從來不曾感覺這麼孤單過。即使在葬禮上，爸爸也沒有過來安慰我。他完全沒有察覺我會有什麼感受。」

山姆終於獲得父親的注意，透過他所知的唯一方法：犯罪和毒品。外表上，他擺出強悍和剛毅的姿態；內心裡，他感覺失落和不被愛。他沒有探究原因。等到他終於與父親對質母親逝世之際發生的事時，已經是結婚成家之後了。「為什麼你派個陌生人來宣布這樣天大的事？」他問，「你怎麼會這麼不關心？你到底在想什麼？」

「我怎麼知道？」他父親回答，聳聳肩就打發了他。

這真是令人悲傷、膚淺的回應——一個男人沒有能力接應兒子的傷痛，就這麼輕描淡寫地帶過去了。

現在山姆開始努力發展對自己的嶄新看法，擺脫他父親待他方式的影響。他開始珍惜自己討人喜歡和獨特的地方。在追尋自己的存在時，他轉向內在，學會不把父親的行為看成是針對他的。「爸爸一直是活在自己的世界、自得其樂的人。事實上他對每個人都是這種態度，不只是對我如此。」他提醒自己。

山姆不再把焦點放在他向來是多麼受忽視，而是開始把精力投注在關照自己，去做那些能夠建立他自尊的事。他努力親近妻子、妹妹和朋友。他開始跑馬拉松，培養出對音樂的愛好。

在治療中，山姆奮力了解父親的局限。「爸爸的父親拋棄了他，」他告訴我，「在他母親工作時，爸爸就和其他四個小孩跟祖母留在家裡。或許當他說『我怎麼知道』時，他說的是實話。或許他不知道如何安慰我；或許他甚至不知道什麼是安慰。」

我請山姆想想看，他是否有可能助長了父親的行爲。「我是個難搞的孩子，脾氣暴躁，不會洩露自己有任何情感上的需求。」他承認，「我不容易教養。我大概給了他這樣的訊息：『去照顧妹妹吧。』」

山姆徹底思考他想跟父親維持什麼樣的關係。他權衡了痛恨他、切斷跟他在生活上的連繫等有何利弊得失。他應該大發慈悲嗎？保持接觸會有什麼結果？抗議父親是如何錯待他，對山姆有任何好處嗎？他眞的想要終其一生感覺自己遭到背叛和遺棄嗎？

在父親過世之前，山姆到醫院探望他，同時學會欣賞他令人欽佩的特質：他的幽默、拒絕向肝癌屈服的頑強，還有不願讓他的疼痛成爲別人的負擔。

臨走前，山姆跟父親說：「爸爸，如果你能夠承認，我小時候感覺有多麼孤單，以及媽媽死後，你從來不能多關心我一點、多多陪伴我，那麼就能幫助我跟你更親近。」他的父親看著他，說：「看在耶穌基督的分上，放下十字架吧。」

父親下葬時，山姆為自己哀傷，難以自持——他悲傷自己忍受了這一切的失落和剝奪，轉錯了那麼多彎；同時他原諒自己看不見自己內心的良善，以及身為人的所有潛力。

他想原諒父親，卻做不到。這個男人沒有能力了解他所造成的傷害，對山姆的痛苦也沒有顯露絲毫的悔悟。不過山姆決定停止為此痛苦，繼續他的人生。他決心自己掌握療癒的力量。以他的遭遇來看，山姆終於找到符合現實和眞實的解決之道，撫平了內在和情感上的傷痕。他能給予父親的是如實接納——達不到眞誠原諒的地步，但是讓他能走向父親伸出手來，尊重他的優點，容忍他的局限，享受他覺得自在和眞實的關係。

現在讓我們詳細說明，如何透過如實接納，你也可以復原受傷的自我，並且與傷害你的人了卻恩仇。

## 步驟一：尊重自己感受到的全部情緒。

透過如實接納，你確實領受了加諸於你的惡行嚴重性，同時完完整整說出侵犯。對自己的委屈你拒絕釋懷，直到你能夠掌握其意義，並且了解對你所造成的影響為止。你或許需要一再重溫那傷害，直到全部的眞相都被聽見。

在這段時間，你可能會經驗到種種失落——你對自己以及加害者的認識瓦解了；你對人以及周遭世界的看法也粉碎了。無論你失去或改變了什麼，你都必須承認，同時悲悼。

有些人是憤怒的專家，卻感覺不到悲傷。如果你是這樣的人，憤怒是更容易激發的，會讓你感覺自己是正當且安全的。然而，憤怒往往沒有說出全部的故事，甚至連最重要的情節都沒有觸及。如同詹姆士．鮑德溫（James Baldwin）所言：「我想人之所以如此頑固，守住他們的仇恨不放，其中一項理由是，他們意識到一旦仇恨消失，就得被迫處理傷痛。」

也有些人傾向於封鎖憤怒，卻感覺沮喪。如果你是其中之一，對於別人施加於你的傷害，你可能輕描淡寫地告訴自己：「許多人受的傷害比我經歷的狀況糟多了。我有什麼資格抱怨？」但是人生並非競賽，你的痛苦與其他任何人的痛苦分量是一樣的。你必須清楚並重視自己如實的感受，深刻領略，絕不逃避。無法承認感受並不是謙卑，而是自我否定。

有個方法可以幫助你體認所有的感受，在自己內心闢出一塊地方，在那裡所有的情緒是安全的——你爲自己創造出能夠同理且支持的環境，無論什麼樣的情緒在你心裡翻攪，你不評斷、不否定，也不會置之不理。一旦你承認自己的感受，並且允許自己擁有這些感受，你就能夠開始視所有感受爲正常。你這一輩子可能都被人教導情緒是危險的、是軟弱的徵兆，你或許已經學會隔絕自己的情緒。但是現在，你必須擁抱情緒，心裡篤定，如果有人侵犯你，你以強烈甚至衝突的情緒回應，絕非瘋狂，也不是只有你會這樣。

在針對悲傷的研究中，心理學家傑．艾佛朗（Jay Efran）說了一個小男孩的故事，他在商店走丟了，看不見母親的身影。這個孩子發瘋似地在走道間奔跑，尋找媽媽。終於看到媽媽時，他投入她的懷抱，開始哭泣。艾佛朗提出問題：「為什麼這孩子只有在找到媽媽之後才哭？」他的解釋是，重逢的那一刻，孩子才感知到自己的恐懼，而且為自己悲傷。對他而言，對我們每個人也都一樣，有能力同理自己（感受到自身的痛苦，意識到我們所忍受的），是讓我們得以再度完整的關鍵步驟。

我的個案凱蒂從五歲到十五歲，長達十年來一直遭受繼父的性侵。現在她二十五歲了，跟布魯斯訂婚，布魯斯聲稱要好好照顧她。「我愛他，」凱蒂告訴我，「但是每次我讓他跟我做愛，次數不多，我發現自己事後會哭泣。我不知道自己有什麼問題。光是想到我的人生是多麼亂七八糟，就讓我火冒三丈。我不知道為什麼我會有這些感受。」

我告訴她，我認為她心裡很清楚。「妳生氣，是因為妳的繼父偷走妳的童貞。」我說，「他奪去妳自然回應人際碰觸的能力，以及欣賞自己身體的能力。當妳在性愛後哭泣，就在那一刻，妳領略到妳被剝奪的一切。妳看到自己如何被蹧蹋，而妳並沒有錯。妳怨恨，妳也為自己難過。妳在哭泣時釋放這些情緒，這是撐住自己和感受痛苦的方法——對自己仁慈。拜託，不要太過自我批判。這是健康的，允許自己擁有這些感受。這是如實接納的部分歷程。我希望那一刻不久就會來臨，最終妳不只如實接受侵犯的經歷，也如實接納自己的自然回應。」

如同凱蒂，絕大多數人永遠不會忘記創傷，傷口會一直在那裡。他們也不應該忘記。我們的心靈有其運作方式，從來不會忘記任何事情，而且這有利於我們的生存。從過往的經驗中，我們學到教訓，辨識出敵人，預期到傷害而得以避免。健康不是來自從我們的心靈中拔除痛苦的事件，而是見證我們的傷痛，承認其影響，悲憫我們自己，哀悼我們失去的，然後賦予新的意義，並且跟他人創造出新的連結——或許也包括加害者。

## 步驟二：放棄報復的需求，而是繼續尋求公正的解決之道。

當有人刻意對你使壞，想要回施他帶給你的痛苦，絕非異常。不過你應該提醒自己，通常能帶來恆久滿足的，不是報復對方，而是讓自己的傷害獲得了解與確認。你不太可能從頑抗到底的加害者身上得到這些，無論你多麼殘忍地懲罰他都沒用。

報復也必然會激怒加害者，開啓冤冤相報沒完沒了的循環，怨懟與暴力不斷升高。你的心靈很可能成爲戰場，氾濫著各種徒勞的復仇幻想，阻礙你享受能夠創造歡樂或意義的生活。

透過如實接納，你學會放掉這種反射性的蒼白怒氣——這種想要造成傷害或一報還一報的盲目需求。你會明白，透過報復或許可以表達你的痛苦，但是不會澆熄你那些熊熊燃燒的念頭或感受，或是恢復你在這個世界的位置。到最後，你將發現傷口仍然沒有癒合，而爲自己的憤怒添加更多柴火並不會帶來心靈的平靜，或是解決任何事情。

**報復的目標是送加害者上十字架；如實接納的目標則是讓你最好的自我復活。報復是他人導向；如實接納則是內在導向。**當你克制自己的執念，加害者對你就變得沒有那麼重要了，**你對自己才是重要的。**討回來或是扯平了，都沒有好好活著來得重要。

記得，當你如實接納一個人時，你不一定要讓渡尋求正義或公正懲罰的需求。決定要如實接納不忠於你的另一半，或是劈腿你最好的朋友而要跟你離婚的伴侶，不會阻擋你採取法律手段——雇用一位能幹的律師，幫你爭取經濟方面和孩子的監護權上你能獲得的最佳安排。如實接納不見得非要尋求正義或補償，但是也不排除這些選項。分析到最後，關鍵的議題並不是加害者是否得到報應，而是你是否獲得了自由，情感上不再依賴他，而且從他的錯誤中走出來。或許採用尼采的建議是有幫助的，把加害者貶低到如此無足輕重，你實在不必在他身上浪費精力。

步入中年的小說編輯瑪莉，從電子郵件中發現她先生與鄰居的太太上了床。她決定讓每個人都知道這件事——包括鄰居的小孩。她打電話過去，在答錄機上留言：「嗨，孩子們，你們知道你們的媽媽是妓女嗎？」

「爲什麼我不應該破壞她的家庭，就像她破壞了我的？」瑪莉問我。這是非常容易理解的人性反應，問題是這違反了瑪莉的道德核心規範，而且無助於減輕她的傷痛。她兩度感覺到羞恥——一次是因爲丈夫，一次是因爲自己。

「我知道那是個錯誤的決定，」她後來告訴我，「因爲那讓我渾身不舒服。」

如同瑪莉，你或許希望把帳算清楚，不過我建議你先問問自己：

★到最後，我追求的是什麼？我希望加害者感受到我的痛苦嗎？如果我反擊讓他受傷，對我有什麼好處？除了報復之外，有沒有其他方法能讓我得到我想要的？

★最終來看，只要我恢復了自尊，還有過著美好生活的能力，傷害我的人得到什麼報應，重要嗎？什麼樣的回應最能幫助我重新奪回我的尊嚴、自我敬重，以及掌控這個世界的感覺？

★如果他拒絕承認我的痛苦，我還能去哪裡尋找安慰和支持？

沒有唯一或最好的方式來回應侵犯，因此我鼓勵你放慢腳步，直到你找到解答，既信守了自己的原則，又能昇華你的痛苦。我也建議你，追求個人療癒來平衡追求報復。感覺自己擁有力量和保護，比較不可能是來自報復的行為，而是來自人格的完整和安全的感受。你的目標應該是更少感到驚惶害怕，更少感到傷疤，以及更多的掌控感。如果你想要回你的人生，你必須小心，不要變得過度聚焦於懲罰加害者，反而忽略了這個歷程會如何懲罰你。

## 步驟三：停止執迷於傷害，並且重新投入生活。

強迫性思考是掌控了你、強行侵入，而且不斷重複的念頭，讓你陷入苦惱，折損了生活品質。如果你為克制強迫性思考苦苦掙扎，不妨問問自己：「這些揮之不去的念頭能達到什麼目的？我已經重新體驗發生過的事情千百遍了，如果我再去體驗千百遍，我會快樂一點，或是內心少一點糾葛嗎？我絕對無法再一次擁有當下此刻——這是我想要消磨當下此刻的方式嗎？」

你多半會發現，你的強迫性思考把你困在自己的腦袋裡，分散了你對生活諸事應有的關注。強迫性思考會破壞你的健康和心情，提高你的血壓和心率，並且增強你的焦慮、憤怒和憂鬱感受。強迫性思考也會加強你以狹隘、或許是扭曲的觀點來看待發生的事情，讓你更難以了解或接納真相。

透過如實接納，你做出有意識的決定，要從那些喋喋不休的念頭中逃脫出來，重新取回你耗費在覺得被背叛的能量——你卸下憤怒，再度擁抱生命。透過如實接納，你拒絕羞愧或怨恨上身。你的個人福祉變得至關重要。你終於能夠更喜歡自己，勝過仇視對方。

如果你已經跟自己進行過太多的對話，或許你尚未跟你應該談談的人（也就是傷害你的人）有足夠的對話。但是如果他不能或不願傾聽你的痛苦，你並不需要他的幫忙，也可以控制自己的強迫性思考。在下面的練習中，我會討論如何做到。

重要的是，不要將「放掉無益的反芻」跟「這傷害無關緊要」的想法混爲一談。當你努力克制自己的強迫性思考時，你確認了傷害的衝擊，但你也確認自己會盡一切力量來維護健康。你不一定要用正面感受取代負面感受，然而你的確拒絕停駐在負面感受裡，或是任其支配。

這裡提供一些具體的策略，用來控制或限制你的強迫性思考：

★**挑戰你的負面想法**。擺脫負面想法的一個方式是直接面質，面對任何錯誤或不適合你的想法，都要積極反擊。我的個案黛安在與密友瑪雅的晚餐之約泡湯後，就是這麼做的。晚餐前一天，黛安在瑪雅的答錄機上留言，詢問她希望在哪裡碰面。瑪雅回覆了她的訊息：「我實在很抱歉，但是我明天無法跟妳聚餐。我正在幫兒子完成他的大學申請書，還有三個星期就要截止了。我已經忙昏了，讓我們改成下個月見面吧。」下面表格列出黛安的負面想法，這些負面想法讓她有什麼感受，以及她如何嘗試以比較建設性的思考來回應。

| 負面想法 | 產生的感受 | 建設性的回應 |
|---|---|---|
| 她不重視我們的友誼 | 受傷、丟臉 | 我把瑪雅的拒絕看成是針對我，而且太快下結論了。在我們訂約時，她就告訴我因爲她生活中的種種壓力恐怕無法履約。她難以爲自己找點樂子，而且覺得對兒子有責任。過去她一向是友善和溫暖的。 |
| 我根本不應該打電話給她，發現她沒興趣跟我見面。 | 憤怒、受傷 | 這是一個「應該」的陳述；是我對友誼應該如何維繫的想法，跟對錯或現實不一定相關。這樣思考可能讓我失去一位好朋友。我可以跟她把事情談開來。 |

這項練習幫助黛安修正她那些功能失調的想法，並且平息這些念頭。這可能也能幫助你。

★**質疑自己面對傷害的慣性反應**。你對這個傷害的回應可能是基於你典型的方式——這些方式更表明你在面對侵犯行爲時的一般回應模式，而不是加害者實際上對你做了什麼，或是意圖做什麼。我鼓勵你問問自己：「我是否有強迫性思考的傾向？如果我不是爲這樁冒犯行爲傷腦筋，我是不是會苦惱另一樁？我不斷在腦海裡反覆播放細節，或許不只是因爲我受到嚴重傷害，而是心靈陷於痛苦之中，不知道如何釋放？」

★**藥物**。某些藥物可以讓你的腦袋清楚，幫助你集中精神，並且減輕你的焦躁和憂鬱。藥物也可以幫助睡眠，於是你在白天就更能夠正常運作，心思靈敏。我們已知腦袋裡某些化學物質的缺乏會讓你陷入強迫性思考，因此你可以從藥物中獲得補充，矯正這種化學物質的不平衡。精神科醫師勞倫斯．羅瑞費司（Laurence Lorefice）推薦了選擇性血清素再吸收抑制劑（SSRI's）之類的藥物，例如：百憂解、樂復得、帕羅西汀等，通常可以用來協助舒緩強迫性思考。

你應該明白，藥物不是用來帶走你的痛苦，或給你不實在的快感或和善感覺，而是穩定你的情緒，讓你能以更健康與平衡的方式來回應傷害。你可以請你的醫生爲你開處方藥，或諮詢精神科醫師，尤其是專長於精神藥理學的醫師。

★**分散注意力**。不要老是困在自己的腦袋裡，你可以開放感官，積極將自己的焦點轉向外在，關注周遭世界發生了什麼事。舉個例子，你或許會瞧見兩個人在餐廳裡互動，透過想像他們的對話來自娛。你也可以找樂子解悶，玩拼字遊戲、學習樂器，或是唸書給孩子聽。重點是，參與能讓你擺脫痛苦思緒和回憶，並且帶給你掌控感、愉悅和有益福祉的活動。

★**中斷念頭**。這是另外一種技巧，積極打斷自己不斷循環的強迫性思考。你可能開車時突然意識到，自己浪費了之前的十五分鐘，重新體驗令人懊惱的往事。透過「中斷念頭」，你問自己：「我是否第一次釐清了什麼？我在解決問題嗎？」如果你發現自己只是在陳年舊事中打轉，重溫惡劣的感受，而且一無所成，試著將自己的注意力導向別處。有些人或許會發現這樣做很有幫助，以朋友的身分，用溫柔、同情的口吻告訴自己：「停止！把手給我，我們要走出這裡。我們可以專注在哪些更有趣或提振精神的事情上呢？」

★**社會支持**。強迫性思考發生在心靈私密的地方，是可怕的孤立狀態。爲了讓自己走出來，你不妨找關心你的朋友來陪伴你，他們能夠提供正面回饋，提醒你你並非如加害者讓你感覺的那樣沒有價値或卑劣可鄙。即使你認爲自己太關注自我了，不是好夥伴，你也應該督促自己，走向那些幫助你對世界和自己有更美好感受的人。有人傾聽、支持和認可你的痛苦，會帶來莫大的療癒力量。加害者人或許不願向你伸出手，但是其他人會——這些人能擁抱你的痛苦，推崇你的眞實面貌和美好良善。

★**正常看待自己的回應**。你的強迫性思考或許是適宜的——讓傷害占據全部心思沒有什麼好羞恥或瘋狂的。「我有什麼問題？」你或許會問，「爲什麼我不能拋開過去向前邁進？」你可能會覺得自己的心靈被圍困住，敵人攻占了你的腦袋，你沒有辦法趕走他。你需要提醒自己的是，對於創傷事件強迫性的反覆思索是常態，明白自己不需要超凡入聖，或許有助於你接納自己，感覺自己比較正常，同時以自己的時程讓傷害逐漸平息。

★**放鬆、觀想和靜坐**。控制自己的強迫性思考，達到平靜（平衡）狀態的另一個方法是：放慢你的呼吸，放鬆你的肌肉，以祥和的念頭或意象充滿自己的心靈。有好多本優秀的作品介紹了這些技巧，包括赫伯・班森（Herbert Benson）著作的《哈佛權威教你放鬆自療》（*The Relaxation Response*）、羅彬・卡莎爾金（Robin Casarjian）的《原諒：膽氣十足的選擇，追求心靈的平靜》（*Forgiveness: A Bold Choice for a Peaceful Heart*）、蘇・班頓（Sue Benton）和朱・丹鮑姆（Drew Denbaum）合著的《元氣十足：鍛鍊氣的身心靈健康操》（*Chi Fitness: A Workout for Body, Mind, and Spirit*）。在《當下，繁花盛開》（心靈工坊）一書中，喬・卡巴金教導了佛教的禪修，喚醒你的心靈專注於當下，同時加深你「禪定的能力」。

★**刺激控制**。透過這項技巧，你允許自己強迫性思考，但是設下限制，規範進行的時間、地點以及可持續多久。在配額的時間內，你放任自己，卯足全力；然而在限定之外的時間，你振作自己，把注意力轉向其他地方——不過在這之前，要先問問自己：「這樣的反芻帶來什麼好結果？有多麼令你滿足？」你多半會發現，你的時間最好是用來專注於眼前的事，而不是浪費在過往。

★**愛護自己**。要打斷自己的強迫性思考，有個辦法是進行一項愛護自己的計畫。如俗語所說：「活得好就是最好的報復。」問問自己：「我怎麼樣讓自己感受到關懷和完整？」可以採取的行動包括：接受治療、和朋友來往、回學校上課、運動、禱告等等——只要能讓你感覺有價值、有力量、踏實、勝任、快樂和自豪，就是適合你的活動。

## 步驟四：保護自己免於更多的虐待。

如實接納具有暴力威脅的人，並不表示開放自己接受更多的虐待。事實上，如實接納的歷程促使你採取防範措施，保障自己的安全。必要的話，要建立確實的屏障，例如：改變每天固定的行程，避免和傷害你的人撞個正著，換工作，搬離你的房子或城市，甚至取得人身保護令，讓他不能靠近你的生活空間。

我們應該明白，如實接納不一定意味著復合。你可以接納對方，但是禁止他進入你的生活。

## 如果你太輕易就原諒

在廉價原諒的情況中，你害怕遭人拒絕的恐懼占了上風，凌駕於你渴望保護的需求，結果你無法築起防線，阻擋未來的身體或情感上的傷害。為了展現你的仁慈，撫平衝突，你避開了關鍵的基本問題，例如「這個人對我是健康的嗎？」「我應該把自己的幸福託付給他嗎？」「我憑什麼認定這個傷害過我的人不會再度傷害我？」如果你不計任何代價，都要恢復彼此的連繫，你就無法承擔處理自己感受的過程，或是仔細看清楚加害者和他的侵犯。

跟心理治療專家凱倫・歐莉歐（Karen Olio）一樣，我不贊同《我說不出來：一本關於性虐待的童書》（*I Can't Talk About It: A Child's Book About Sexual Abuse*）這本書的作者，她堅持孩子必須原諒性侵她卻不肯道歉的父親。歐莉歐主張，倖存者「必然已經因為性侵引起的自責情緒而痛苦掙扎」，她們為了無法原諒這件事還得感覺內疚或是自己有缺失，實際上無異於再度受創。

這就是珊迪的問題。她在父親毆打她，而母親老是怒氣沖沖的環境中長大。她的父母在她九歲時離婚。她嫁的男人艾德傾向於把事情悶在心裡，然後爆發，就像她父親那樣。他會丟盤子，鬧得雞飛狗跳。當他用手打破紗門時，她畏縮了。她會是下一個嗎？

珊迪最渴望的莫過於保持家庭完整，但是她也需要為自己和自閉症的兒子提供安全的庇護。

她親身體驗過與暴力共處的危險，然而她愛艾德，也學會掩飾丈夫的真面目——以維持和平，繼續過日子。

一天晚上，她驚慌失措地打電話給我。「艾德剛剛打了兒子巴掌。」她傾瀉而出，「艾德對他吼叫，要他穿上睡衣，準備好上床，而我猜他動作不夠快。我好害怕，不過或許是我想太多了。」

珊迪不擅長生氣。這情況讓她嚇壞了，不過要拆散家庭讓她更害怕。我勸她要小心，「如果妳忽視正在發生的事，妳可能會將自己和兒子置於險境。」我警告她。

終於，珊迪停止質疑自己保護兒子和自己的權利。她看清楚自己一直爲艾德找藉口，淡化危險的威脅，事實上助長了問題。艾德有許多讓人喜愛的特質，但是跟他在一起，她再也無法感到安全了。「我不知道結果會如何，」她告訴我，「不過我已經聯絡了律師，同時取得了強制令，禁止他進家門。」

## 如果你拒絕原諒

如果你拒絕原諒，同時無法化解昔日的過錯，你的傷口會繼續淌血，也可能影響了你跟別人的關係。舉個例子，如果你斷絕跟冷漠、不曾關懷你的父母來往，而且從來不曾與自己的傷痛和解，你或許會把自己「情感上的敏感與渴求」投射在孩子身上，不自覺地要他們承擔起重負，滿足你未曾獲得的認可需求，結果反過來讓他們感覺跟你在一起不安全。你冒的風險是將「不公不義的循環債務」強加在第二代身上。

## 步驟五：從加害者個人掙扎的角度來建構其行為。

你深入加害者的內心，依情依理來了解他，這不會讓他的行爲站得住腳，卻可能讓你擺脫是自己造成這一切或就是活該倒楣的錯誤假設。當你如實接納對方，你也提醒了自己，沒錯，這個人**對**你做了一些事，但是他所做的事不一定跟你**有關**。

葛洛莉亞．史坦能（Gloria Steinem）曾經在康乃狄克州一間私立女子學校演講，但當場一個女學生承認她從來沒有聽過這位鼎鼎大名的女性主義者。當被問到是否覺得受到侮辱時，史坦能回答：「她是否知道**我**是誰並不重要，只要她知道**她**是誰就夠了。」上帝祝福充滿自信的史坦能女士，她提醒我們不要任別人規定我們對自己的感覺。

### 以同理心取代羞恥感

當你回溯加害者的人生，發現他被毀損得多麼厲害，以及他是如何把自己經歷過的虐待或忽視加諸於你身上時，你會開始了解為什麼他會有這樣的行為。你會恍然大悟，他生下來就擁有一副牌，隨著時間他得到更多張牌，而現在他拿手上所有的牌跟你對打。如果你不在那兒，或許他會用同樣的一手牌跟別人對打。你對他的認識愈多，愈了解他是跟你不一樣的人，就比較不會把他的行為看成是針對你的。一旦你不把他的行為當成個人攻擊，就比較不會感覺羞恥。

當你認為他的行為與你相關，是因為你毫無價值、盡是缺點，而且沒有可愛之處，就會引發羞恥感。然而當你了解，他的行為跟**他**有關——源於他的天生氣質、他的創傷經驗，以及他面對生活壓力的回應模式，羞恥感就會消散。你可能不得其門而入，無法搜集到關於他的眞相，不過為了讓自己克服羞恥感，提出一些假設會有幫助。這一章就是要幫助你發展這些假設。

退後一步，看看他是如何與自己的惡魔搏鬥，或許會是你復原和回歸自我的經驗——讓你重新恢復內心的平衡和自尊，成為自己經驗的書寫者，並且放掉強迫性思考。我想起曾經有位個案諾瑪，她罹患妄想型思覺失調症的母親常常毆打她們幾個姊妹。明白母親如此沒人性地對待她們，是因為她生病了，而不是如母親引導她相信的：諾瑪是沒人要的垃圾，這給了諾瑪力量，超越創傷，好好活著，並且釋放掉羞恥感。

一旦你了解加害者的局限，你多半會停止期望他能給你超過他所能給予的。不再與他因過往所造就的幽靈戰鬥，你就能給予自己他無力提供的關懷和愛。看到他個人的歷史攤開在你眼前，你可以讓自己擺脫那些強迫性思考：「他怎麼能這樣？」「他怎麼敢這樣？」同時了解他的所作所為分毫不差地反映了他這個人。

當你以清楚而誠實的眼光檢視他，並且看清楚他也一樣在受苦時，或許最終你會把他看成是受害的同伴。你可能會首度領悟到，他受的損傷是多麼嚴重和無可挽回。他不再只是犯下無可饒恕行為的壞蛋，而成為有血有肉的人，內在滿是交戰——與他的焦慮和不安全感交戰——引發了他傷人的行為。具備了這樣的智慧，或許你可以掙脫他的掌控，大步走開。

## 他會如此錯待你的潛藏因素

讓我們首先檢視，在傷害發生的當時，有哪些生活事件和外在因素，可能擾亂了他情緒平衡。你不妨先問問自己：「他的世界發生了什麼事，影響了他的自我意識，讓他感覺如此脆弱，只顧著自己，因而這樣對待我？」

人可能會因為剛剛遭逢可怕的事，而變得粗暴或麻木。我記得參加一場募款餐會時，有人為我引介一位女士，她看起來令人費解地冷漠。後來我才知道，她的丈夫不久前為了在客人大腿上跳豔舞的女郎離開她，她知道我寫過一本談外遇的書，覺得與我見面彷彿是受到公開羞辱。

有數不盡的理由可以解釋，爲什麼一個人可能因爲跟你毫無相關的原因傷害了你。有人或許因爲經濟上的擔憂，例如股票市場重挫或退休基金的損失，而變得焦慮或易怒。也有人或許因爲才剛跟姊妹或情人吵過架，整個心思被占滿了，所以關注不到你。還有人對你咆哮，可能是因爲他努力要趕上書籍合約截稿日期的壓力而爆發，或是擔憂正在治療癌症的朋友。

也有一些可以追溯的內在因素。有些是與加害者的認知錯誤有關——「你認爲你比我強」或是「你想要控制我」之類的錯誤假設，可能導致他錯誤地詮釋你的行爲，因而採取不適當的回應。

另外需要考慮的因素是他的個性。他通常是害羞的，或善於交際？焦慮或是隨和？暴躁彆扭還是容易滿足？消極被動或積極進取？用什麼事都跟自己相關的眼光來看待別人，是很正常的，但是傷害你的人有一大堆長久以來的習性，多半是在遇到你之前就形成的，有些可能有生理上的基礎，有些則是種族或文化形塑的。你可以選擇要不要把他的行爲看成是針對自己，而你不可能改變他的原貌，他一直都保持這樣的本色。

第三個要探討的因素是他的健康。他是否感覺頭昏，或是不舒服？酒精或藥物是否改變了他的行爲？他是否重聽？這些值得斟酌的因素都可能影響了他的行爲。

至於他習得的回應模式呢？人應對壓力的模式，是透過不斷回應形塑人格的生命經驗所逐漸培養出來的，而形塑一個人的生命經驗通常發生在童年階段。將他放入個人破損的人生脈絡中來看他，不一定會讓他的行爲變得更入眼，但是可以讓你不必背負超過你份內的罪責。我希望你能閱讀〈附錄〉，更深入了解這些功能失調的應對策略。

記住，如實接納是送給自己、不是送給傷害你的人的禮物。你進入這個歷程，主要是爲了將自己從傷害造成的創傷中釋放出來。你的目標不必是爲他難過、同情或憐憫他、找出理由饒恕他、發展出對他的正面情感，或是祝福他；當然也不是爲了替他對你做的事情裹上糖衣，或是讓你的回應打個折。

下面這個道理我說再多次也不夠：你試圖去了解他施加於你的錯誤對待，絕對不會免除他應該爲他的行爲所應負的責任，或是賦予他權力來傷害你；也不會剝奪你追求正義或公允懲罰的需求，只要你相信那是正當的。了解他行事的動機並不會減輕他的錯誤，或是讓他的行爲不那麼傷人。不過這方面的認識或許可以協助你，回應時更合乎比例原則，報復心不那麼強，也不會陷入強迫性思考，或是滿懷歉意。你對他的行爲有新的洞察，或許也能幫助你不再感覺那樣任人蹧蹋，對自己生活更具穩固的掌控力。但是，你絕對不能混淆，你願意了解他並不等同於你原諒他了。

## 當你太輕易就原諒時

當你太輕易就原諒時，很可能你會成爲酌情減刑的大師，在加害者受傷的往事中，上窮碧落下黃泉，挖掘出蛛絲馬跡，用來證明他對你的行爲並不是他本人的過錯。

「他是那些他不應該承受也無力掌控的情境下的受害者，我怎能要求他爲了對我所做的一切負起責任？」你這樣告訴自己，忽視了事實是：儘管我們的人生或許已爲我們裝好了子彈，還是要有人去扣扳機。當你鑽入這類事實當中，例如他的體質天生就容易酒精上癮，或是生下來就有身體障礙，你就看不清楚生理上的現實不一定就是個人的宿命。一筆勾消他傷人的行爲，你就免除了他的一切義務。事實上，他應該以他也期待你給他的同樣尊重來對待你。因爲他遭受過的傷害而寬宥他的作爲，這是假原諒。過度認同他，並且加以合理化：「我們每個人都有傷口。我們全都是罪人，需要獲得原諒。我們接受的教養使我們變成這個樣子。每個人的道路都是艱辛的，每個人都有他的故事。我是誰，可以評斷這一切？」這也是虛假的原諒。

我不是主張這種大慈大悲的原諒途徑不含任何眞理和智慧。但是你必須充分理解和感受他對你的傷害，以此來平衡你的悲憫心。我請你給予自己同樣的眞誠關懷，如同你給予他的；在乎**你**受的罪，如同你在乎**他**受過的罪。設定優先順序，免得你以爲如實接納是廉價原諒的替代品。

## 當你拒絕原諒時

有些拒絕原諒的人不願走這一步。「不要要求我浪費時間去撿拾別人的垃圾。爲什麼我得關心他**爲什麼**要傷害我，或是他的父母如何忽視他？這是我的職責嗎？掏出我的同情心，悲憫故意傷害我的人？或是爲他的罪行尋找藉口？去死吧他的故事！」

這樣的反應完全可以理解。一旦你把他看成受害者，而不只是加害者，你很可能就會同理和同情他。以單方面的角度看待他是個邪惡或差勁的人，讓你可以輕鬆地保持距離，增強自以爲正義的憤怒，然後把他拋掉。當你用更複雜的方式理解他，看待他是有缺陷的凡人，努力掙扎著要超越自己困頓的過去，好好活下來，你就更難把他歸檔或譴責他。

你們有些人已經下定決心永不原諒，容我請問你們：如果對傷害你的人了解得更多，就會讓你同情他，你非得視之爲妥協嗎？加深你對他的了解有什麼危險嗎？你可以變得更溫和，而不必感覺自己軟弱或愚蠢，或是讓別人踐踏你。你可以百分之百確定他對你的行爲是錯的，同時因為他忍受的各種苦難而觸動你的同情心。

## 步驟六：誠實反省自己是否助長了傷害行為。

當我們感覺受傷或生氣時，很容易挑別人的毛病。「都怪你，」我們堅持，「是你害我有這種感覺。」然而事實是，我們惱怒別人，不一定表示他有罪。有時候我們的怒氣是屬於自己的，在我們的內心和腦海裡孕生，由我們的個性、受到的挑釁，以及面對衝突誇大的回應所餵養。沒錯，對方可能做了什麼事冒犯我們，但是或許還不到我們的強烈回應所假定的惡劣程度。我們的反應有可能完全不恰當，或者甚至是被誤導了，而這種誤導是危險的。

承認自己的問題——撕裂自己的防衛，並且誠實檢視自己——可能是痛苦的工程。然而這個歷程可以教導你，你不光是受害者，甚至或許應該獲得原諒的人其實是你自己。

影響加害者以什麼樣的方式對待你的因素，或許同樣影響了你對待他的方式。一樣地，這些因素有部分可能是外在的。你不妨問問自己：「當傷害發生時，我的生活裡發生了什麼事，或許影響了我的情緒，讓我感覺更容易受傷、更失控，也比較缺乏彈性，因此我的反應不恰當？這些生活事件是否讓我失去平衡，導致我採取了無情或者其他攻擊性的行動？」

內在因素也可能形塑了你的回應。對自己提出下述這類問題會有幫助：「我的個性如何影響了我的反應？我的個性又如何影響了別人對待我的方式？」舉個例子，如果你天性羞怯，而傷害你的人誤以爲你針對他，因而假定你不喜歡他，這是他的過失，不是你的。你沒有傷害他，他關於你的錯誤假設讓他受傷。但是如果你很羞怯，而且沒有說出來，然後當別人表現得對你不感興趣，或是不尊重你的地位時，你感覺受到冒犯，那麼你就必須質問自己，你在哪些方面造成了自己的痛苦。或許是你自己的沉默（而不是他的行爲），讓你陷入這樣的處境。

還有你那些關於自己和這個世界的不健康想法，這些固著的想法或許是建立在你飽受迫害的童年經驗上？它們是否軋了一角，讓你受到錯誤對待？這些固著想法往往先於侵犯行爲，甚至早於你跟侵犯者的關係，而且創造出我所謂的「不設防心理通道」（channels of psychological vulnerability），讓你動不動就感覺受傷。實際上，是你的高度敏感（擔憂遭人拋棄或受人嘲笑），導致你錯誤認知或錯誤反應了眼前的事件。

## 你如何誘使別人錯待你

我們根據自己對世界和屬於個人的假設來對待別人，誘使他們以同樣的態度對待我們，結果創造出自我實現的預言，這個現象是很有趣的。舉個例子，如果你相信「好人難出頭；我的力量就在於我的強悍」，你可能會表現出侵略性，因而引發別人敵對的回應，證實了你的信念，在這個卑鄙小人充斥的世界，你必須「剛硬」才能通行無阻。

「受傷的一方」派克正是說明這點的好例子。他從小學會用自己的旺盛鬥志來對抗父親的語言和肢體暴力，他把這個模式帶入自己的婚姻。在防禦他的攻擊十七年之後，妻子瑪姬表示「受夠了」，於是離開。一年後，他打電話給前妻，請求她說明導致他們離婚的原因。「為了我個人的成長，我希望妳告訴我，我是如何把妳趕跑了。」他說，「如果妳願意，我們可以在我的治療師面前進行。我不會爭論或為自己辯護，我承諾只會寫筆記。」

瑪姬選擇在電話中談，她洋洋灑灑列出她的抱怨清單，派克記下來，帶到治療師面前：「派克，你讓人心生畏懼，不只是我，孩子也同樣怕你。你並沒有真的打過我，但是那個威脅永遠存在。你會說嚴厲和惡劣的話，你認為別人都虧欠你，而且只要強悍就能我行我素。或許你達到目的了，但是在你的關係上付出了昂貴代價。」

派克知道瑪姬用批評來規避她自己的缺失，他相信她的缺失也是數不盡的。不過藉由開放自己，傾聽她的故事，他走出了無助的受害者角色，這個角色是欺壓他的父親強迫他扮演的，而他也面對了自己是如何驅使妻子棄他而去。

## 承認自己該負的責任

對於發生的事，你可能拒絕接受自己負有絲毫責任。你或許堅信是你**被**別人辜負了，而不是你**做**錯了任何事。但是責任的歸屬鮮少是截然二分——讓你可以宣稱「我是無辜的，你有罪。」傷害通常是系統性的，每個人的行爲都是對方行爲的反彈，每踏錯一步，就把你倆更進一步推向危機邊緣。

你很可能希望加害者先改正他的過失：「你改變，我也會跟著改變」是你訴求的舞步；或者「你傷害我，因此你得彌補，然後我將會決定我是不是想要恢復對你的情感。」這種態度往往導致婚姻破裂，如同阿諾和他妻子吉兒的狀況。

阿諾抱怨吉兒拒絕他求歡。吉兒則抱怨她累到沒有力氣燕好，因爲阿諾從來不幫忙照顧孩子。兩人都覺得生氣和受傷，而且自居是對的一方。阿諾必須了解的是，對吉兒以及許多女人來說，性愛的親密和情感的親密是不可分的，必須在臥房之外就開始下功夫。他幫孩子洗個澡就是在跟她求愛。不待要求就把洗碗機裡的碗拿出來歸位，會挑動她的性欲。在他幫忙更多家事之前，吉兒會一直賞他閉門羹。反過來吉兒必須明白，如果她願意在性愛方面滿足阿諾，他會感覺自己被需要，結果可能激發他的意願，投入更多心力照料家務。

當你們在對峙中僵持不下時，你很容易受制於當下的情緒，以及對自己有利的眞相版本。

爲了更誠實檢視自己，你需要退一步，觀察自己是不是做了什麼，引發對方令人不快的行爲。

這正是瑪莎必須做的，以挽救她跟二十七歲兒子的關係。她不斷抱怨兒子總是不打電話給她，也不陪伴她。她看不到的是，每一次他們在一起，她就抛出一大堆問題猛攻他，而且談的正是他最感焦慮和能力不足的話題——他的約會狀況和工作。他變得愈沉默，她就會給予更多的意見，直到怎樣呢？他掉頭離去，同時找藉口不再見面。她陷在自己的受傷情緒裡，無法覺察自己是如何趕跑了兒子。

## 挑戰你的「官方說法」

爲什麼有時候面對自身的議題是這麼大的挑戰？爲什麼不只是面對我們傷害的人，連對自己承認過失，也是這麼困難？一個理由是，這麼做會迫使我們抵觸自己的「官方說法」。官方說法是我們面對眞相時，事先修整過的個人版本，以保護我們，不必知曉我們內心對於自己有什麼樣的恐懼或不屑。

臨床心理學家羅伯．凱倫在《寬大爲懷的自我》（*The Forgiving Self*）一書中寫道，「爲了不用面對我們必須否認的個人弱點，或許最普遍的安慰方式，就是我們所述說關於自己一生的故事。我們有意識或無意識地以帶著宏大色彩的童話故事來安慰自己，讓我們感覺自己不像眞實狀況那樣脆弱。」

你認爲自己是了不起的父母，肯定比你的父母對你做的好多了，可能就是官方說法的一例。或許你的父親一天到晚忙著工作，很少給予你所渴求的關注。現在，長大成人的你以爲自己更有同理心，更常陪伴在孩子身邊。然後有一天，你二十歲的兒子對你大發脾氣，罵你自私，說你是他所認識最自私的人，突然之間你被迫選邊站——是他的說法對，還是你的故事對？你可能想要責怪他嚴重扭曲了眞相，這麼不知感恩——或許你在某種程度上是正確的。但是你也可能否認了另一塊眞相：或許你並沒有像自己想要相信的那樣，始終在他身邊，做他的靠山，或許你也跟自己的爸爸一樣，熱衷自己的事，冷落了孩子。未經修飾的眞相劈頭打來，你關於自己的珍貴核心信念很可能會隨之瓦解。

## 你膽敢要我面質自己的醜陋真相？

孩子不是唯一可能威脅到你關於自己美麗幻想的人。伴侶也有可能。你或許認爲自己是非常迷人的對象，他跟你結婚眞是太幸運了，然後突如其來地，他爲了別人離開你。多年來你告訴自己你不快樂，應該另尋出路，但是現在他離開你了，你得想辦法消化這樣的事實。你認爲自己是遭到剝奪和被忽視的一方，你的官方說法受到了挑戰。你想要怪罪他自私、軟弱，人格不穩定。但是現在他告訴你，他之所以離開，是因為你對他視而不見，彷彿他是隱形人。你突然體驗到跟小時候一樣被人拋棄的感覺。你很對方挖掘出這些埋藏在你過去的痛苦時刻，然而他的控訴是否有眞實之處？有沒有可能因為小時候發生在你身上的事情，讓你從來沒有把自己完全投注在對方身上，而且以你感覺受傷的方式傷害了他？這其中是否隱含了重大教訓，而你願意開放自己好好學習嗎？

你控訴傷害你的人，有時候他的罪責不過是見證了你的缺點和脆弱。你很可能覺得受到他的攻擊，然而你也可能同時感激他逼迫你面對透徹觀察——他洞悉了你過去受到什麼樣的傷害，而且今日持續受傷。

凱倫寫道：「悲悼就是再度去愛。」我認為這句話的意思是，當我們毫不畏縮地檢視自己，並且面對不完美的自我時，我們敞開自己，迎接可能到來的療癒機會。悲悼過去的傷害釋放了我們，讓我們能夠再度去愛，並且給予別人不曾有人給過我們的一切。

## 質疑自己「我是受虐者」的故事

「官方說法」中最難以回溯和重寫的一則就是「我是受虐者」的故事。身為受傷一方，你認定自己是受害者，就這麼簡單明瞭。你善於回想一生中受到的各種傷害，以及每一個利用、侮辱過你和讓你失望的人。你可能看不清楚的是，你太容易就覺得別人虐待你了。你太無節制地怨恨了。你扭曲了眞相，想像有人故意要傷害你，其實沒有人這麼做。

是什麼因素引發這種「官方」反應？可能是天生傾向，總是用負面或消極態度看待世間一切。也可能是認知上的錯誤，例如「凡事個人化」（你認定有人故意傷害你，而其實對方沒有這個意思）。也可能是你早年的生活經驗教育了你，認定別人會背叛你。不管是什麼緣由，結果就是你感覺自己長期遭受無所不在的虐待——「這種感覺，」心理分析大師凱倫．荷妮表示，「在程度和強度上超乎實際的激怒，而且完全不成比例，很可能成爲你體驗人生的方式。」

擁抱受虐的「官方說法」，讓你：

★把自己看成是善良、正直、公平和品德高尙的人。
★否認你的行爲對別人造成破壞性的影響。
★讓別人爲你人生中的一切錯誤負責。
★當你無法保護自己或讓自己露臉時，就躲在受到壓迫的防護罩下。

質疑自己的「官方說法」是讓人畏縮不前的任務，因爲這可能會揭開你的眞面目，然而也會帶來收穫，幫助你：

★澄清發生的事情──解開究竟是誰對誰做了什麼的糾葛。
★釐清你對冒犯行爲和加害者的感受。
★決定你要如何修正自己，營造更眞實且令人滿足的人際互動。
★超越童年創傷的影響。

眞正的挑戰是：誠實面對自己的缺點，然而依舊對自己心懷慈悲──喜愛自己，甚至原諒自己。

**步驟七：挑戰自己對於發生的事實是否有錯誤的認定。**

我們都會賦予生活中上演的各種戲碼意義。不幸的是，我們不會永遠記得要區分我們看到的眞相版本與實際發生的事實。指認出我們想法中扭曲的部分（將事實和我們附加上的意義區隔開來），是如實接納的關鍵歷程。這是非常艱辛的工程（需要許許多多的自我檢查，反覆咀嚼資訊），然而這將會幫助你以更客觀的方式回應，並且減輕你的憤怒或痛苦。

以下是一些最普遍的認知錯誤。

## 二分法思考

這種認知錯誤也就是「全有或全無」，或「黑白分明」的思考方式。根據這樣的思考模式，你傾向以嚴格區分的兩極對立角度看待別人：要不是完美，就是糟糕透頂。不是對的，就是錯的。不是好人，就是壞蛋。以這種方式將別人分類在兩極的範疇裡，當然就無法公平客觀，充分理解對方的複雜人性。過於苛刻的眼光導致人格謀殺，並且加強你拒絕原諒的決心。另一方面，過於正面的欣賞則將導致理想化，並加強你不計任何代價都要原諒的信念。

## 讀心術

如果你熱衷於偵測別人的心思，你往往會誤認自己知道對方在想什麼。瑪莎回應她先生大衛的方式就是典型例子。在大衛結束外遇後，這對夫妻接受治療以重建他們的婚姻。有一天，瑪莎找到一張他們在一次家庭野餐中拍攝的老照片。「我們看起來多麼快樂。」瑪莎緬懷當年的美好時光。她等待大衛回應，可是他卻一言不發。

之後，當瑪莎跟我獨處時，她表示：「他氣我又提起外遇了，可是他希望怎麼樣呢？他得了解，每一次我提起外遇時，我必定在腦海裡想過一百遍了。爲什麼他不能對我有點耐心？他以爲我是鐵打的嗎？他可能還愛著另一個女人。」

事實是，大衛最希望的莫過於恢復妻子對他的信賴。他什麼話都沒說，不是因爲瑪莎臆測的理由，而是因爲罪惡感讓他無地自容、不知所措。「我痛恨我自己，」他告訴我，「我毀掉她對我的信任，以及我們曾經享有的無數喜悅。我覺得自己壞透了。」

瑪莎錯誤詮釋了大衛的沉默，而且她的錯誤假設嚴重改變了她回應他的態度。我建議她問問自己：「我是否誤讀了他的想法和感受？哪些是我確實知道的？哪些純屬我的臆測？我能不能跟他說『你好像不太高興，心裡很煩，我不曉得你在想什麼』，來核對自己的想法？」

如同瑪莎，你必須直接確認事實，而不是用自己炮製的假設來塡補空白。在你能公平地回應加害者之前，你必須檢視你的想法是否言過於實，說的是自己的猜測，而不是對方的言行。

## 以偏概全

如果你以偏概全，就會從一個小細節衍生出太多結論，因而困在自己的信念裡：「他總是做這樣的事；他從來不會做那樣的事。」

吉莉對先生狄恩的回應說明了這一點。在狄恩選擇寧可完成寫給慈善機構的信，而錯過女兒游泳隊的頒獎典禮時，吉莉的厭惡之情油然而生。「我不得不質疑我是否嫁對了人。」她告訴我，「我們看重的價值似乎完全不一樣，我想要的配偶必須關懷家人，而且享受成爲家庭的一分子。當我需要狄恩時，他總是忙著別的事。」

吉莉過度聚焦於這樁令她不快的單一事件，使得她看不見全貌。狄恩擔任女兒曲棍球隊的教練、參加家長座談會，而且總是協助女兒完成家庭作業。一個負面的回憶就挾持了她和狄恩的關係。爲了保持客觀，她必須問問自己：「我是否把這片刻事件放入我們共處的所有時光中，透過完整的脈絡來理解？或者我抽離來看，下了以偏概全的結論？」

經由如實接納，你會考慮所有資訊，不光是證明你觀點的事實，也涵蓋抵觸你觀點的事實。你會視他爲一個完整的人，而不只是看到他的缺陷或美德。或許你最後決定，他對你的行爲實在太超過，抵消了他所有的好處。也可能你的決定剛好相反。不管你下了什麼結論，如果你看到的是完整的人，而不是單一行爲，你就會琢磨出更明智、對自己更有利的決定。

## 個人化

個人化是指你只從個人的角度看待別人的行爲，忽視其他所有可能的解釋——可能讓你感覺比較中立，更不受傷的解釋。

當你將一切個人化時，你把自己放在宇宙的中心了，姑且這麼比方吧，而且你的行爲舉止彷彿萬事萬物是圍繞著你旋轉。眞相或許是，對加害者來說你可能沒有那麼重要，因此你認定自己是他的憤怒或輕蔑的唯一標靶，其實是抬舉了自己。

有一天我走進麥迪遜大道上的高級時裝店，目睹了個人化的行爲在眼前上演。當時我爲了要看戲而需要購衣，一名店員走上前來招呼我，問我需不需要任何協助。我婉謝她，表示自己只想要隨意看看，她就走開了。站在旁邊的一位婦女轉過身來跟我抱怨：「我猜我不值得她們費心來服務。」

沒法子知道這位女士是不是認眞想要採購，或者店員到底有沒有看到她；如果店員瞧見她了，我猜想不論誰走進門來，她一定很高興能賺點業績。不過很清楚的是，這位女士以自己的個人意見來附會曖昧不明的情境，而且爲自己帶來不必要的情緒困擾。當然，是有可能那位店員的確認爲不值得浪費時間在這位顧客身上。果眞如此，這位顧客就該自問，爲什麼她要這麼在意這位店員，她根本不認得這位店員，而且很可能這輩子再也不會見面。

## 遽下結論

遽下結論表示你在尚未了解整個故事之前，就對冒犯行爲做出某些假設，結果沒有必要地讓自己傷心。面對模糊或不完整的資訊時，你自行加工拼湊，然後回應自己創造出來的議題。

在紐約世貿中心受到攻擊時，莎莉和馬克正在歐洲旅行。他們住在曼哈頓下城區的女兒下落不明，那一刻必定感覺彷彿永無止境。在他們火速趕回飯店，想要獲得一點訊息的路上，馬克長篇大論地談起這樁災難會如何破壞經濟，危及美元的地位。莎莉告訴我：「聽他這樣子講話，我都快吐了。這個沒有感情的怪物是誰呀？他怎麼能這麼不關心我們的孩子？」

馬克後來解釋：「我看到莎莉整個人傻了。在抵達飯店之前，我們也無計可施，因此我只是試著用談話塡補那可怕的空白。我一定聽起來很可笑，然而事實是，我自己也處在震驚的狀態。」

如同莎莉學習到的，除非你明白「加害者」的意圖，你不可能以建設性的方式來回應傷害。如實接納的歷程要求你尋找各種站得住腳、比較不傷人的解釋，而且不要太快就遽下結論。

## 「應該」的指令

關於人應該如何行爲舉止、對他人的期望，以及相信的世間正確道理，每個人都有自己的規條。這些規條會深深影響你如何回應加害者的行為。認知行為治療的創始人亞倫．貝克稱這些規條是「應該這樣應該那樣的指令」。理情療法的創始人亞伯特．埃利斯（Albert Ellis）稱之為「自己搞得非如此不可」（musterbations）——我們強加在別人和自己身上**必須**和**應當**的種種要求。專精寬恕議題的治療師佛烈德．拉斯金（Fred Luskin）的說法是，我們那些「無法強制執行的規條」；而亞倫．貝克的女兒，也是認知行為治療的專家茱蒂思．貝克（Judith Beck）稱之為「無上命令」。「對於別人應該怎樣的行為舉止，你有精確而固著的想法，」她寫道，「而當這些期待落空時，你會過度誇大情況有多麼糟糕。」

「應該」的指令包括：當我需要的時候，媽媽應該能夠給我情感的慰藉。父親應該對我的運動感興趣，來看我比賽。兒子應該感謝我為他買的所有東西。女兒應該希望我高度參與她的婚禮計畫。媳婦在我們家過節的日子應該和她回娘家的日子一樣多。上司應該了解我多麼努力工作，因此為我力爭加薪。兄弟應該花更多時間陪伴年邁的父母。姊妹應該打電話祝我生日快樂。鄰居應該把他們的寵物限制在自己的家裡，同時明白我的主張是多麼合理。

絕大多數「應該」的指令都是在為失望打底，因為要求他人付出的超過他們必須給予的。當有人無法符合你期待的標準，多半會傷了你的感情，於是你義憤填膺地責備——指責對方，而不是怪罪自己不切實際的期待。

為了矯正這樣的傾向，你必須認識到你的規條就只是**你的**規條，不必然是別人的規條。它們代表的是你的道德、你的需求和你的價值。世界上其他人沒有必要奉行。如果你堅持人們應該跟他們的表現不一樣，你注定要引發自己的挫折和苦惱。

亞伯特・埃利斯曾經提問：「人們為何剽竊你的作品，而絲毫不會良心不安？他們怎能如此安然，竊用你的想法而不引述你的名字？」他的答覆表現出這位理性情緒治療學派創始人的本色：「輕……而易舉！」

但願我們有更多人能像埃利斯那樣，沒有一大堆「應該」，以幽默來取代義憤，接受人們的本來面目，而不是自己希望的樣子。

意義治療大師維克多・法蘭可（Viktor Frankl）在挑戰世俗觀念的著作《活出意義來》（*Man's Search for Meaning*）中，提出了存在主義式的答案，回覆世界的不公不義。身為納粹大屠殺下的倖存者，法蘭可主張：我們無法命令別人用什麼方式對待我們，但是我們可以掌控自己的選擇，用什麼方式回應他人的對待。或許這是我們唯一的自由，卻是極為重要的自由，幫助我們在混沌的世界裡保持自主的意識。

請你銘記在心，你的痛苦或悲傷或許不是來自別人的行為，而是出於你自己的態度和信念。那麼，如果你期待得更少，是否較不會受傷？答案很明顯。當你堅持這個人就是這樣，也不允許比較寬容的人性回應時，你就更可能把他看成差勁甚至卑劣的人，並且感覺受騙了。如果你能把要求轉換成願望，學會區分你的想法和希望，當別人最終達不到你的期許時，你或許就不會那麼心煩氣躁了。

## 修正你的認知錯誤

爲了戳破自己的認知錯誤，請直接與加害者對話，斟酌他所提出的辯解會有所幫助。你不需要他的意見來接納他，不過如果他願意開口，而且不是傷人的言辭或盲目的自以爲是，爲什麼不聽聽他的說法？你可能會發現你的傷痛是建築在誤解上，根本就沒有什麼需要修補的，也沒有什麼好接納或原諒的。

在謝爾・希爾弗斯坦（Shel Silverstein）作詞的歌曲〈名叫輸的男孩〉（A Boy Named Sue）裡，知名歌手強尼・凱許（Johnny Cash）訴說一名男孩把人生耗費在他的錯誤假設的故事：這名男孩認定父親把他命名爲「輸」，意圖讓他的一生悲慘。男孩發誓要報復，他追蹤到漂泊天涯的父親，把他打倒在地。

父親爲自己辯護，說明他把男孩取名爲「輸」，沒有任何惡意的動機，而是要讓他變得強悍，才能在這個邪惡的世界生存下來。眞相震醒了兒子，將他多年的怨毒一掃而空。他丟下槍，擁抱父親，不過在這之前先起誓，如果他將來有兒子，他會將他命名為比爾或喬治，什麼名字都好，就是不要「輸」。

這首歌的歌詞純粹是逗趣，不過傳授了人際互動的深刻道理——有時候我們受傷，是因為我們對於別人的假設大錯特錯。以自己的痛苦來質問父親，「輸」發覺了眼前這位男子眞正的意圖，開始把他看成是有血有肉的人，而不是他過去認定的「骯髒野狗」。

如同「輸」，我們常常把自己在人際關係上受到的傷害鎖在內心深處，保藏多年後才發現，原來這些傷害是建立在誤解上，只要吹灰之力就可能澄清。太遺憾了，「輸」沒有早一點跟父親交談。

## 改正你負面思考的練習

要核對你的想法是否站得住腳，而且對你有益，不妨寫下你對於發生之事的「自動思考」。進入自己的憤怒或傷痛，不要試圖理性或冷靜思考，也不要編輯。然後，分別檢視每個想法，問問自己：

① 這個想法是眞的嗎？我可能犯了哪種認知錯誤？

②這個想法對我有益嗎？在我身上引發了什麼樣的感受和行爲？

③這個想法是不是我典型的思考方式？我有什麼樣的模式？

④關於發生的事，我是否需要更多的資訊？我可以在哪裡找到資訊？

下面是個案珊迪的例子，看她如何挑戰自己毫無益處的思考。

有一天她下班回家，發現一堆舊水管亂七八糟地堆在她乾淨、整齊的草坪上，因而勃然大怒。幫她置換地下管道的工人完成了工作，卻沒有把廢棄的水管帶走。珊迪火冒三丈，打電話過去留言，請他立刻清乾淨。一天過去了。又經過了一天。珊迪打了兩次電話，還是沒有任何回音。爲了控制自己的回應，她嘗試以下的練習。首先，她的自動思考是：「眞是個混球！我不敢相信他竟然以爲可以躲得過。我實在太愚蠢了，還沒驗收之前就先付款給他。今日社會沒有一個人可以信任。」

然後她一一挑戰這些想法：

①我的認知錯誤是二分法思考、遽下結論和以偏概全。「或許發生了什麼我不知情的事。我以前雇用過他，他向來是可靠且正直的。」

②我的想法無濟於事，只會讓我覺得被占了便宜、想要報復、遭人背叛，而且愚蠢。這些都於事無補，只會讓我想要反擊。

③我的想法是很典型的我。我不信任人，總是把人想到最壞。這種習性大概是從母親那裡學來的，她總是認爲別人欺壓她。

④我可以再打一次電話給他，請他禮貌回應。

珊迪採納了自己的建言，留下強烈但懷柔的口信：「我不了解發生了什麼事？」她說，「你向來會把工程做得很好，而且守信用。請你打電話給我，解釋你爲什麼不回我電話。」隔天她獲得回音了。「我很抱歉，」他解釋，「我出城去了，而且沒有檢查我的留言。我把水管留下來，是因爲我以爲妳會想要讓幫妳裝設灑水系統的人來瞧瞧，他搞砸了。當然我會過去把水管清走。」

珊迪掛上電話，想著我們每個人都應該銘記在心的教訓——核對我們的假設是多麼重要，這樣我們才不會沒有必要地傷害自己和別人。

## 步驟八：將加害者跟他的侵犯行為分開來檢視，權衡他的優缺點。

當有人傷害你的時候，對他產生負面情緒是很正常的。透過如實接納，你尊重這些感受，但是也試著將加害者從他的侵犯中抽離出來，在你們的關係脈絡中看待他的行爲。你不只是檢視你受到錯待的那一刻；你要檢視你們共處的所有時光，權衡一切的美好與不美好。這個歷程要求你忠實於自己的記憶，不要讓一樁壞事抹煞其他的好事。當然，唯有你們倆擁有共同的回憶時，才有可能這麼做。少了共享的經歷，除了傷害之外，就沒有什麼可以回應的了。

當他向來對你很好，而且你親身體驗過他的體貼，你很可能就會少一點批評和責備。可是當他對別人都很好，卻對你不好時，爲什麼你得欣賞他的良善呢？如果你母親惡劣待你，她對弟弟很溫柔這點對你重要嗎？加害者或許擁有討人喜愛的特質，可是如果你從未享受過，或從中獲得任何好處，你大概不可能因此軟化對他的回應。事實上，知道他有仁慈的一面保留給別人，或許只會火上加油，讓你更生氣，增強你不公平的感覺。

如實接納不要求你對加害者應該有什麼樣的特定感受，只是請你試著客觀看待他。同時請你防備極端思考的傾向——如果他傷害了你，只看到他的負面；或者如果他一向對你很好，你就除了美善，其他視而不見。如同知名精神分析師梅蘭妮．克萊恩（Melanie Klein）指出的，我們很自然地想要把這個世界分成兩個敵對的陣營——善與惡、對跟錯。由於無法持有「矛盾的觀點」，我們會把對象妖魔化或神聖化。只選擇一邊會助長幻覺，以爲自己把事情看得更清楚了，但其實或許正好相反。

約翰成年以後，大部分時間都在怨恨母親既冷漠又不懂得照顧人。「我不記得她曾經擁抱過我，即使是在我小時候。」他告訴我，「在我最好的朋友去世時，妳會以爲她總會安慰我吧，可是她還是保持距離。」

在母親過世很久之後，約翰仍然心懷怨恨，感覺自己被剝奪了愛，他不了解自己對母親的記憶只捕捉到部分事實。我鼓勵他列清單，一張寫下母親身上他不喜歡的特質，另外一張寫下他喜愛的特質。前一張清單加強了他認爲母親既冷酷又無情的形象，後一張則顯示她無條件愛他，支持他追尋自我，挑戰他的聰明才智，而且無論在他生病難過和歡欣鼓舞時，都陪在他身邊。

把兩張清單放在天平上衡量，約翰終於能以比較複雜和更多面向的觀點看待母親。他不再執著於母親的缺點，得以分析和釐清她對他的全部意義。「她從來就不善於運用肢體表達情感，」他惆悵地告訴我，「可是我相信，她仍然以她自己的方式愛著我。」

列出一個人的正面和負面特質，可以讓你用來練習增強關係，如同在約翰身上產生的效果。

這也可能讓你們的關係更疏遠。不過，無論這個歷程導引向何方都無妨。目的不必然是消弭傷害，而是以冷靜自持和深思熟慮的方式回應，既不淡化、也不誇大事情的嚴重性。

跟認識或曾經認識加害者的人談談，或許會帶來不同角度的觀察，提供證據挑戰你看待他的觀點。你或許會自問：「幹麼這麼麻煩？他傷害了我，不值得多浪費我一分一秒的時間。」但是，如果你想要克服自己的執念，繼續這段關係（如果你想要核對眞相，而且渴望了解得更多），爲什麼不聽聽別人的見解？

這就是麥可的做法。他總是以負面角度看待母親。「她穿高跟鞋和束腰，」他以不屑的語氣跟我說，「她痛恨草地和下雨。當那些『女孩』來家裡打牌時，她帶我出來跟朋友炫耀，彷彿我是什麼鑽石別針，或是在精品店買的新衣服。」

麥可目前是再婚，人生行至將近中年的尾巴。他在親人的婚禮上遇見阿姨，請她分享她對母親的回憶，麥可的母親已逝世多年。一開始只是與親戚在餐桌上的談話，結果轉變成修正事實的經驗，引導麥可走向如實接納。

「沒錯，她向朋友炫耀你，」他的阿姨回憶道，「但是你的確優秀，她非常以你爲榮。她對戶外活動不像你那麼在行，你絕對不會看到她穿上運動鞋，她搞不好連里昂比恩這個戶外運動用品名牌都沒聽過。但是她從來不畏懼生命。在大多數婦女都沒想過要申請大學的年代，她就讀了大學，三年就畢業。她和你父親一起去歐洲旅行，喜歡到處欣賞新的景色。她主持慈善機構，經營自己的事業，擁有許多忠實的朋友。你和你的成就帶給她很大的喜悅，她也鼓勵你去尋找自我。這是眞的吧？」

麥可點頭承認。如同我們許多人，他一直堅守著偏頗的眞相版本，不斷渲染他不喜歡母親的地方，而將他喜歡的部分拋在腦後。現在他開始質疑自己爲什麼以如此狹隘的眼光看待她。他體悟到並不是他對她的描繪錯誤，然而那是選擇性和帶有偏見的，而且裁掉了她身上那麼多美妙之處——不只是阿姨看到了那些優點，他也看見了。

## 繼續權衡好與壞

如實接納是持續進行的歷程。隨著時間，生活中的危機或情況的變化可能帶出加害者身上先前遮蓋住或未曾顯露的特質，讓你以不同的眼光看待他。你也同樣會改變和成長。這就是發生在我身上的事。修正了事實的經驗是死亡——我母親的死亡。

自我有記憶以來，她總是喜歡批評，難以取悅。當我告訴她我計畫中的假期，她的回應是：「眞是荒唐，妳這麼浪費錢。」當我告訴她我準備申請的博士課程，她唯一的評論是：「我不懂妳幹麼這麼辛苦。」

然而，在她人生走到盡頭時，她躺在醫院，生命因肺癌而一點一滴地消逝，她改變了。虛弱而且得依賴別人，讓她停止跟我別苗頭。我想我也一樣放棄對抗，將高舉的雙臂垂下了。她讓我留在身邊陪她，餵她吃飯，清理大小便。當她想要站起來時，會緊緊攀附著我。她謝謝我，我感覺獲得讚賞。我們關係的本質改變了，我成爲一直渴望成爲的好女兒，或許她也變成了自己向來想要成爲的慈愛、支持的母親。

她過世後不久，我開始詢問阿姨關於母親的事情。我終於了解到她小時候從未體驗過情感的支持，那是奢侈，因爲她的父母爲了賺錢餬口，已經忙得喘不過氣來。外公每天早上三點起床，前往曼哈頓下城，爲他們的雜貨店進貨。在家說意第緒語的外婆一天工作十六小時，負責看店和餵養一家五口。對話都是簡短扼要的。所謂的愛就是供應一家人溫飽，有飯可吃，有衣可穿。情感支持？我不相信我的母親了解這是什麼意思。當她講話時，她不會過濾或篩選，她既不講究遣詞用字的優雅，對自己話語的殺傷力也不敏感。她直來直往，缺乏人際關係的技巧——也就是今日我們所稱的情緒智商。

隨著時間，我漸漸從母親人生經驗的脈絡中了解她的強悍，接納她沒有能力展現她溫柔的那一面——直到人生的盡頭。現在我欣賞她盡了最大努力辛苦工作送我上最好的營隊和最好的學校，同時經營家庭布店。在一些重要的地方她缺席了，她沒能安慰我或是鼓勵我，也很少讓我覺得我帶給她快樂。但是她的心地向來光明正大，從不卑鄙或刻薄。當我想到她時，我希望記得的是她溫暖迎接我的情景。因爲她從未爲待我太嚴而道歉，而且似乎從來不明白或在意她讓我覺得自己多麼差勁，所以我無法誠實地說：「我原諒妳。」可是我能接納她，在我的記憶中和心裡擁抱她。

## 當你拒絕原諒時

當你拒絕原諒時，你從加害者對你造成的傷害這個單一角度定義他，排除了關於他的其他資訊，而這些資訊可能恢復他在你心中的地位。你把心力投注在痛恨他，以支持恨意的方式來建構他。質疑自己是否公平看待他的想法，讓你覺得是屈服的表現，干擾了你寶貴的時間。想要深入體認他在你的人生中扮演的多重角色（有的傷害你，有的提升你），任何這樣的努力都會讓你感覺困惑，不堪承受。只從憤怒激發出來的清澈冷眼中看他，似乎簡單多了。

有許多理由說明，爲什麼你會拒絕以較客觀和仁慈的眼光看他，不過下面這點或許最切中要害：**你看到的他，必須是你希望看到的樣子，而不是眞實的他**。你藉由區分他跟你的不同來定義他——**我跟你不一樣**。你放大他的錯誤，來襯托自己的正確。把他描繪得邪惡，突顯出自己的良善；如果你必須把他看得更清楚，你就被迫要把自己也看得一清二楚，並且承認自己的缺失，甚至是共犯的部分。

## 附贈的禮物

在評斷傷害你的人（權衡他的優缺點）時，請把我所謂「附贈的禮物」納入考慮。這些「禮物」是傷害發生之後，加害者在任何時間裡可能表現出的關懷舉動，而且表面上看來無所求，跟傷害本身也沒有明顯關聯。英國浪漫主義詩人華滋華斯（Wordsworth）稱之爲：「微不足道，無以名之，不會放在心上的親切、慈愛之舉。」你必須承認這些示惠的行爲，這樣你對他的評價才會是公平而全面的。

你應該把這些小恩小惠當成是求和的贈禮嗎？加害者是否企圖以拐彎抹角的方式來表示「我很抱歉，我做錯了，我希望能夠補償」？或者，這些贈禮跟他爲你帶來的痛苦沒有任何關聯？你可能永遠不會找到答案，因爲他或許永遠不會跟你討論他傷人的行爲，也永遠不會適當承認他所造成的傷害。然而這些善意的舉動對你和你們的關係可能會產生強而有力的正面影響。

在形同陌路多年之後，麗莎從她的前夫班尼那裡收到這樣一份禮物。他們的離婚拖了好幾年，爭奪女兒的監護權打了一場醜惡的戰爭。「他從來沒有因爲破壞掉我們的家庭，毀了我的生活，顯現過一絲一毫的懊悔。」麗莎告訴我，「我是那麼沮喪、那麼失落，以致生活大亂。我甚至懷疑，孩子離開我會比較幸福。」

法院終於判定麗莎和班尼共同擁有監護權，兩人也都再婚了。幾年之後，當時麗莎正接受我的治療，她的妹妹失業了，母親私下去找班尼央求協助。班尼做到了，幫她妹妹在他朋友的公司找到差事。他絕口不提離婚之事或多年的怨恨。「難道他突然變成了好人？」麗莎問我，「還是他的自戀再度發功？他必須體驗到自己的力量強大無比，人人都愛他？」

「這重要嗎？」我問。

麗莎想了想，「我猜不重要了，」她說，「或許是因爲我愛妹妹勝過我恨班尼。不過無論他的動機是什麼，他爲她做的事讓我對他產生更溫暖的感覺，抵消了一些他造成的傷害。」

班尼找到更多方式來表現他的慷慨。他爲女兒付房租，直到她能養活自己。在麗莎病弱的父親必須住進復健機構時，班尼也暗地使力將他安插進去。

「班尼造成我人生的傷痕，」麗莎告訴我，「但是持平而論，他也助了我一臂之力。在我們離婚的時候，我把他看成一個怪物。現在我接納他是個有缺陷、複雜的人。他傷我之深超過我認識的任何人，但他也總是幫我的忙。或許在他身上，我痛恨與喜愛的特質是並存的。對愛與認同的饑渴，使得他欺騙我；或許也是同樣的需求，促使他在我的家人需要他時，照顧他們。」

班尼依舊不曾直接承認他那些具有殺傷力的行爲。除非他肯承認，麗莎永遠不會明白他是否覺察或是在乎他造成了她多麼深沉的痛苦。她沒有跨出那一步去原諒他，因爲他從來沒有直接觸及傷害。然而他「附贈的禮物」持續在她心裡迴盪，發揮極大功效，幫助她接納他。

## 一體兩面的因素

### 分析一體兩面的因素來維繫情感的依附

如同麗莎的發現，一個人身上你痛恨和喜愛的特質，或許不只是共存而已，很可能是同樣的基本人格，但是從不同角度看到的兩面。我稱這種現象是「一體兩面的因素」，意即吸引我們和讓我們厭惡的特質，毫無疑問地扣合在一起，互相預示了彼此的存在。當你努力要化解傷害，並且釐清你對傷害你的人的感情時，不妨好好利用這個概念。

姑且說，你愛你的丈夫愛玩的天性和創造力，但是痛恨他逃避責任的態度，有工作等著他時，他卻沉浸在當下的樂事。一體兩面的因素教你看見，正是同樣的屬性讓他這麼自然不做作、這麼有趣，但也可能使得他不負責任。如果你要擁抱他的某一面，就必須容忍另一面。

我的個案珍妮厭惡丈夫馬克對她所做的每一件事總是當面說長道短，硬要給予建議。她燉牛肉，他告訴她改用羊肉會比較合適；她用刀切紅蘿蔔，他堅持她應該使用食物調理機來處理。爲了接納丈夫，同時緩和自己的惱怒，她學會問自己：「他這種惹人厭的特性在哪些方面對我有益？哪些地方吸引我？」她看到的是，她喜愛他寵溺她的方式，而且享受一起做每一件事。她的父母從來不會在身邊指導她或指點方向。打從第一天，她深受吸引的就是他毫不吝惜地給予她關注，讓她感覺有人注意她和在乎她，這是她父母從未做到的。以這種正面角度來觀看他的負面行爲，讓她覺得比較不會傷感情，而且幫助她接納了她認定的缺點。

## 分析一體兩面的因素來擺脫情感的依附

萬一你看到的都是正面的那面，檢視一體兩面的因素，也能幫助你遠離傷害你的人。

我的個案海瑞就是這樣運用這個概念。她大半輩子都把自己的父親理想化，因爲關於他的眞相是那麼難以承受。在她十歲時，父親爲另一個女人離家，此後音訊全無。原諒他是她用來逃避遺棄傷痛的方法。她所認識的這名男子既貪杯又好賭，是從未付清帳單的浪蕩子，也不支付孩子的生活費，然而她對他的記憶保持得一塵不染。

藉由認同父親的正面特質（他熱愛生命和享樂），同時比對他的負面特質（他活在女人的奉承之中，而且規避責任），海瑞展開內在的旅程，去接觸自己的眞實感受，幫助自己琢磨出比較平衡和眞實的回應來面對他。「我正在努力看到他的眞實樣貌，而不是我希望他成爲的那個人。」她告訴我。

如果你避開不看對方是如何讓你失望，太輕易就原諒他，而且把他從未擁有的特質附會在他身上，那麼跟海瑞一樣，給自己當頭一棒吧。一體兩面的因素對你的幫助，或許不是加強你**重新依附**的渴望，而是支持你**擺脫依附**——協助你看清楚，爲何你喜愛的特質與殺傷你的特質竟會如此密不可分。

## 你也可能羨慕對方身上你所痛恨的特質

一體兩面的因素同時教導了我們另一件事：加害者讓你苦惱之處，或許洩露了你自己尚未解決的內在衝突，如同你對他愛恨交織的情感。這告訴你，或許你恨他是因爲你無法承認你恨自己的這個部分，以及你羨慕他是因爲自己身上缺少了這些東西。這樣的領悟不會輕鬆獲得，但是可以幫助你看清楚自己的個人議題如何扭曲了你對他的回應。

瑪姬．史卡夫（Maggie Scarf）在《親密夥伴：愛情與婚姻中的模式》（*Intimate Partners: Patterns in Love and Marriage*）一書中，探討「一個人的人格中，不承認、也拒絕接受，而且完全沒有整合的面向」時，解釋了「投射」這個精神分析概念。「曾經是自我之中無法接納的部分，現在成爲伴侶身上如此無法容忍與不能接受的特質。夫妻兩人各自的內在戰爭逐漸轉型成夫妻之間的戰爭。兩人都相信只要對方改變，就可以化干戈爲玉帛，和樂融融。」

史卡夫寫下這段話時，或許心裡想的就是像艾比這樣的個案和她的先生布魯斯。艾比長期抱怨布魯斯。「他缺乏激情、火花和熱忱。」她告訴我，「我渴望會對我微笑的人，溫暖、不吝於表達感情的人，面對生活總是興致勃勃。」她看不出來她批評他的那些特質跟她羨慕的特質相關，而且正是自身所欠缺的。

要了解爲什麼艾比受到布魯斯的吸引，我們必須知道在艾比的成長過程中有個情感內斂的父親，和會打人、罵人的母親。艾比第一段婚姻嫁的丈夫，以她自己的話來形容，「帥得不得了，瀟灑的模樣讓人傾倒，像燦爛的煙火那樣眩目。」一年之後，這段婚姻燃燒殆盡，她花了一年之久才發現他不忠。跟布魯斯在一起，她同樣不快樂，然而儘管部分的她痛恨布魯斯，另一部分的她心知肚明爲什麼自己挑中了他，也了解爲什麼她今天還跟他在一起。「我特意選擇他，因爲我相信跟他在一起很安全，而且我知道他是我生命中負責和平靜的力量。」她告訴我，「他很無聊，但是他很穩定。當我的生活安穩時，我就會忘記這樣的安定對我是多麼重要。不過，我知道少了這股穩定力量，我就無法好好活著。布魯斯不會讓我神魂顛倒，但是他也不會把我甩掉。」

艾比看清楚了她在布魯斯身上發現的難以忍受的特質，跟她需要他擁有的特質是緊緊糾結、密不可分的。然而更深一層來看，她無法承受面對這樣的事實：布魯斯吸引她的特質（他平和的脾氣和知足的個性），正是自己欠缺的特質。不像布魯斯，她總是感覺心煩、空虛和被騙。把布魯斯當成憤怒的對象，痛恨他這麼平庸和無趣，保護她不必面對自己的缺憾——她沒有能力對任何人，包括她自己，感到滿意。

了解一體兩面的因素，就像幫助艾比一樣，或許可以幫助你對於自己的不滿足有不同的思考。如同我在《走出外遇風暴》中所說，它「讓你以嶄新方式檢視你們的相異處，以此方式，你們能和解、容忍，或許偶爾還能擁抱伴侶人格及你自己人格中的光明面和黑暗面。」

你可以把一體兩面的因素應用在任何關係上。艾莉森親身見識了這項原則的運作，當時她與大學時代的老同學蘇珊說好要一起在曼哈頓消磨一天。

她們的計畫是早上遲些出門，逛逛大都會博物館，享受舒舒服服的按摩和午餐，然後到布魯明戴爾百貨公司耗上一個小時。前一晚，艾莉森的兒子打電話來，說他第二天會進城，艾莉森很想見兒子，但是她已經答應要跟蘇珊玩一天了，所以什麼話都沒說。幾小時後蘇珊打電話來，說她兒子毫無預警地從大學回來了，因為她無法想像把他一個人留在家裡，所以邀請他參加她們的聚會。艾莉森火冒三丈，但是什麼都沒說。好幾個星期以來，她一直期盼跟老朋友共享親密而放鬆的下午——有兒子相隨就會全然改變氣氛。艾莉森努力想要找到最好的解決方式，她打電話給兒子，看看他能不能加入她們，可是太遲了，他已經有別的計畫。後來，三人行去了博物館，但是去不成百貨公司。「我們大部分時間都花在一家NBA商店，爲她的兒子尋找裝備。」艾莉森告訴我，「蘇珊沒有絲毫歉意。她從來不會想到她做了什麼需要道歉的事。我們的關係再也無法跟以前一樣了。」

最初蘇珊吸引艾莉森的地方，就是這位朋友的直率和自信，以及有話直說、想做就做的能力——簡而言之，就是她的反面。而悲慘的紐約一日遊，讓艾莉森看到相同的屬性中她不欣賞的那一面。現在她看到的朋友既自我中心，又不懂人情世故。

艾莉森最後終於承認三項事實。第一，吸引人和不吸引人的特質是相生相伴的；第二，朋友身上她批評的特質，跟她自己羨慕和欠缺的特質相關。蘇珊既直接又堅決，做決定時不會被別人的需求所阻礙。艾莉森正好相反，老是在自己的腦袋裡轉不出來，還受制於別人的需求。她的父親逝世得早，她在成長過程中，學會了不要有太多的要求，也不要去麻煩她那負擔過重的母親。壓下自己的聲音，把自己的計畫擺在一邊，這樣的模式持續出現在她成年後的關係裡，折損了她跟別人愉快相處和協調衝突的能力。

艾莉森面對的第三項事實是，人很少是全然美善，或是完全邪惡。當她允許自己更客觀地看待蘇珊時，她承認：「她並不是永遠自私自利，她可以是非常體貼和照顧人的朋友。她會在我生日時送我禮物，我生病時爲我帶來餐點。她會承擔責任——有時候是爲自己，有時候是爲了我。如果我的生活中沒有她，就會變得更貧乏。持平而論，她的過失比不上我們的友誼來得重要。」

### 一定總會有正向的一面嗎？

對於在關係中受到嚴重傷害的人，我要警告：有時候正向的那一面是無關緊要的。並不是沒有正向的那一面存在；而是你從來沒有見過這一面，或者它從來沒有帶給你任何好處。如果你的父親性侵你，你不需要因爲他可以很溫柔，或是善於達到自己的目的，而給他好的評價。看見他正向的特質，並不表示你應該軟化自己對他的負面情緒。你可以如實接納他，而毋須喜歡他，或是把他放在光環裡。

## 步驟九：審慎決定要與加害者維持什麼樣的關係。

如果加害者不願意或沒有能力補償，維持什麼樣的關係對你而言是合理的？修好符合你的利益嗎？如果你決定和解，你如何尊重自己遭受的蹂躪，以及內心感到的憤怒？你能夠忠於自己，同時依舊保持禮貌，以建設性和修好的方式與他互動嗎？你能夠原諒已經過世，或者無法再連絡的人嗎？

我們已經明白，如實接納並不表示一定要和解。你可以接納對方，而且與他和好，你也可以接納他，而不與他和好。無論你選擇哪條路，如實接納只要求你從心裡最安全、最核心和最能肯定自我之處啓程。跟他切斷關係來報復（拒絕原諒），或者迅速恢復連結來粉飾太平（廉價原諒），多半會讓你毀了自己的未來。

當加害者無法或不願意道歉時，你可以有下面三種健康的選項。

**1. 當你無法再接觸到加害者時，你可以如實接納而不修好。**

如果加害者過世了，或者失去連絡，你實際上不可能再與他對話，修好顯然不是選項。不過，你仍然可以如實接納他和他帶給你的傷痛。他或許遠離了你的生活，但是他的記憶將會持續折磨你，而你必須面對這種不愉快，好好處理，才不會毀了自己或是自己的生活。你做這件事不是爲了他，而是爲了自己。

與缺席的加害者謀和，就是如實接納的工作。既不需要他的參與（眞誠原諒則需要），也不要求持續的關係。你必須做到的是：

★努力看清楚發生的事情，不要有所蒙蔽。

★承認自己共犯的部分（如果有的話）。

★盡可能地了解他的意圖。

★承認他爲你的人生帶來的好事與壞事。

★原諒自己曾允許他傷害了你。

★努力記住他，而不痛恨他，或是內心痛到把自己埋葬在痛苦裡。

在對方過世後，嘗試透過信件或是在他墓前默默傾訴，或許可以帶來些許安慰。他無法聽到你的悲傷，也不可能像以前一樣在你身邊，那都無關緊要。你並不期待他改變，或是彌補他的過錯。但是如果你能以自己清晰、智慧又有尊嚴的聲音，對他道出你看到的事實，或許你可以獲得某種程度的平靜。想像他的回應也會有所幫助。聽見你極度渴望聽到的話（你明白他永遠不會說出口），能夠宣洩出你的痛苦，幫助你療癒。

這樣的做法安慰了五十五歲的心理學家金，她發現母親過世兩年後，自己仍然苦苦掙扎著如何接納她的冷漠。在一場專業訓練的會議上，我針對原諒這個主題發表心得，金分享了她的故事：「我的母親喜愛我第一段婚姻生的孩子，但是我再婚後，她拒絕跟我的繼子建立關係。」她說，「我仍然在努力消除我的憤慨。」

我問金她如何走過自己的傷痛。

「有時候，我去母親的墳前，直接跟她說話。」她向會場上的人承認，淚中帶著笑說，「我們的關係改善了，因為現在我媽媽靜靜聽著，不會回嘴。我可以跟她說她在世時我說不出來的話。」

「比方說？」

「媽，你從來不承認我的繼子，讓我很受傷。約翰（我的第二任丈夫）一直對我很好，把我從非常不快樂的第一段婚姻中拯救出來。妳的行為讓我覺得妳不關心我的幸福，也不關心我——妳認為我活該受苦，應該過著悲慘的生活，或是孤孤單單一個人。我覺得妳把我婚姻中發生的問題怪罪到我頭上，而且從來沒有原諒我離了婚。」

我問金，她希望母親能夠跟她說什麼。金回答：「我會希望她說：『金，我不知道自己為什麼這麼惡劣地對待妳的繼子。他們的確是好孩子。我也看到約翰對妳有多好，我看到妳更快樂了，妳應該享有這一切，他們很幸運生命中有妳。我很抱歉，讓妳感覺我希望妳受苦，妳一直是很棒的女兒。我愛妳，也祝福妳獲得最大的幸福。』」

金轉向我，補充說：「在我心裡我很想原諒母親，但是我做不到。」

我告訴她：「我了解妳的反應，在我看來很合理。就現實層面來說，當有人知道這麼做會傷害妳，但卻連最輕微的不安或懊悔跡象卻都沒有表現出來時，原諒他的念頭似乎是過於寬宏大量了。不過，我們還有另外一種健康的選項，那就是如實接納。或許這就是妳在尋找的。癒合傷口不在於原諒妳的母親，她已經無法贏得原諒了，也不在於妳把她想像得比眞實更好。當妳學會容忍她的缺失，化解自己心中的痛苦時，傷口就癒合了。」

我和金保持連繫，繼續鼓勵她做下面的事：

★控制自己的執念，不要沉溺在母親對她造成的傷害裡。

★不要壓抑自然浮上心頭的怨懟和愛意。

★不要強迫自己一定要原諒母親，而是學會接納她。

★把自己受的傷害表達出來，認可自己的眞相版本。

★拒絕讓母親在她內心引發的感受（羞恥或悲傷）腐蝕了她的自尊。

★同情自己所忍受的一切。

★了解自己不該受到母親的排斥。

★接受母親給予她的，就是她母親所能給予的一切。
★試著記住她愛母親的地方（例如：帶金的孩子去看電影，或者在金工作時，陪伴孩子做美勞手作）。

透過單方面的努力，金療癒了自己，同時學會接納母親。她也接受了她們的關係有其局限，不過至少是她感覺心安和誠實的關係。她會以自己能做到的最好角度，來記憶母親。

## 2.當加害者不道歉時，你可以如實接納而不修好。

加害者可能希望繼續維持關係，但是如果他拒絕努力爭取原諒，你可以選擇接納他，但是切斷所有的接觸，至少得等到他有所補償為止。我鼓勵你考慮這個選項。如果你拒絕修好，或拒絕接納他時，你是用仇恨毒害自己，結果你比自己願意承認的跟他牽扯得更深，即使你們再也沒有相遇了。如實接納讓你恢復平衡，維護自己的完整——這並不需要他。這也讓你傷口癒合——這也不需要他。

四十八歲的放射線專家狄黛在受到最駭人的暴行多年後，尋求接納她的父親，而不跟他修好。狄黛念醫學院時，當時她二十好幾，發現關於腸疾的文章特別吸引她，到達一種古怪的程度，幾乎是著魔了。她開始回想起，自己的父親，一名聲望極高的小兒科醫師，在她年紀很小時，大概四、五歲吧，就開始爲她治療直腸的損傷。記憶如潮水湧現，父親要求她趴在廚房的料理檯前，而他插入她身體的畫面一幕幕浮出來。她突然明白了，而且十分肯定，即使父親沒有與她肛交，也必然以其他可怕的方式侵害她。不然爲什麼他會近乎儀式性地一再用這種方式檢查她的身體？

狄黛拿自己的創傷回憶與父母對質，但是他們強力否認，指控她說謊，中傷他們。幾個月後，父母邀請狄黛回家過感恩節。「父母對於我揭露的眞相，回應竟然如此痲木。」狄黛告訴我，「我下定決心，我不可能既能自處，又跟他們維持關係。」

一部分的狄黛希望碾碎父母，就像他們毀了她一樣。不過她放棄了傷害他們的渴望，只是在下面的信件中，要求他們肯定她的記憶或是安慰她，將她的眞相說出來。

葛洛麗和葛瑞格（她拒絕稱呼他們爸爸媽媽）：

我接受治療兩年了，試著拼湊出小時候發生在我身上的事。你們告訴我，你們無法為未曾發生過的事情道歉。但是對我來說，自己的真相不能獲得承認，等於把我丟進困惑的流沙中，讓我質疑自己的理智，這比起你們傷害我、拒絕愛我和保護我，更讓我覺得自己是多麼討人嫌。在這種狀況下，我不可能跟你們任何一人維持關係。在這種狀況下，不會有任何關係了。對我而言，聚在一起，享受美好時光，是行不通的。因此，我會感謝你們尊重我的需求，我需要把自己封閉起來，斷絕跟你們的來往，直到你們準備好承認，同時彌補你們造成的可怕傷害的那一刻來臨。整件事是那麼可悲，那麼邪惡。但願我切斷跟你們的關係後，也能切斷那些回憶。我知道這是不可能的，這些記憶就住在我心裡面。但是我能做的，就是宣告自己的真相，尊重事實，畫出界線，同時好好照顧自己，只讓我信任的人進入我的生活。再見了。

狄黛

狄黛不與父母修好的決定，幫助她重新穩固自己的世界，並且感覺更安全，更能關照自己和掌控自己的命運。她決定接納他們，則讓自己擺脫他們對待她的方式，邁步向前。

面對伴侶的情人，如實接納而不謀和，或許也會是個明智的選項。我剛開始處理從伴侶不忠的打擊中努力想要復原的個案時，聽她們訴說她們需要什麼才能療癒，往往會嚇到我。「我想帶著四個孩子去他女朋友的辦公室，圍住她，把懷裡的寶寶放在她桌上，然後說：『這就是妳毀掉的家庭。』」一位個案茱恩告訴我，「我想要在教堂質問她，在聖壇之上當著神父的面，讓她知道她毀了我的人生，現在我也要毀掉她的。」

在這些不文明的場面背後，是宣洩傷痛的需求。直接向傷害她的人大聲說出來，挺直身子宣告：「你的所作所爲是錯誤的。我的感受很重要，不管你要不要承認，我都不應該受到這種待遇。」

我給茱恩的忠告，也送給任何一位想要去跟第三者對質的人：不要做任何魯莽或衝動的舉動。沒想清楚你希望達到什麼目的，還有送出訊息後的幾天甚至幾個星期內，你會有什麼樣的感受，就不要跟她接觸。無論你選擇用哪一種方式溝通（透過電子郵件、電話、信件或是當面說清楚），如果只會引發某種特定回應，那麼話就不要說出口；你永遠無法預測別人會如何回擊。有話要說，是因爲你有一些事情需要說出來。再來，爲了保護自己免於更深的痛苦，先想清楚第三者可能回應的所有方式，以及這些回應會對你造成什麼影響。最要緊的一點，如果你還是決定要宣洩自己的傷痛，採取的方式必須是不會讓你失去自尊，可以昂首闊步離開的。

### 3.當加害者不道歉時，你也可以如實接納並且修好。

下面有四項合理且健康的理由，說明爲什麼你可能決定接納而且和好，即使他拒絕補過：

★你必須定期跟他互動，發現自己要保持冷淡跟疏遠得耗費太多能量。

★當你對他表現得冷淡，你感覺自己的內心也是一片冰涼，既疏離了他，也疏離了自己。你們之間的不和損傷了你的生活品質。比起擁有一點關係，不論是多麼局限或表面，跟他完全切斷關係的感覺更糟糕。

★持續關係在策略上對你有利。舉個例子，你選擇跟老闆好好相處以保住工作，即使你可能不敬重他。或者爲了孩子，面對離異的配偶還是保持禮貌。

★你希望擁有修正過的嶄新經驗，或許可以修復關係。

梅莉莎是位精神科醫師，因爲上述所有理由，掙扎著要接納自己的父母，並且修好。二十年來，他們因爲她是同性戀而排斥她，拒絕承認她跟莉雅的伴侶關係。梅莉莎終於決定正面跟他們解決這些議題。他們之間持續信件往返，包括下面這封梅莉莎的肺腑之言：

親愛的媽媽和爸爸：

過去十八年來，我受傷無數次，因為你們堅持要我假裝沒有同性戀的親密關係。我努力要獲得原諒和愛，希望總有一天，你們會更敞開心胸。我以為只要你們看見我是多麼快樂，我的生活是多麼美好，你們就會漸漸以更溫暖、更關切、更像父母的方式來回應我。我絕對不會要求你們寬諒我的人生，如果那違反了你們的道德標準。你們對我親密關係的意見，是你們的權限。我在乎的是，你們如何對待我。

你們堅持，在你們面前我得假裝自己是單身，這對我們的關係沒有幫助。當你們兩人對我表示「妳不屈服，我們也不會」時，顯然你們都覺得自己的行為和語言是完全正當的，一點都不感到抱歉。現在我明白了，如果你們不在乎你們是如何傷害我，我無法期待我的原諒和愛會帶來任何療癒效果。

讓我告訴你們，我認為我們的關係怎樣可以變得更好，不需要你們犧牲自己的價值觀，或是犧牲我和我的完整性。

當你們說「我們不喜歡莉雅」，你們告訴我的是，你們其實是不喜歡她所代表的意義。從我的觀點來看，這是用禮貌的方式說你們不喜歡真實的我。這就好像說：「只有當妳否認自己時，我們才能容許妳在身邊。」事實是，莉雅是我的伴侶，我們已經在一起二十年了，我不是單身女郎。如果沒有遇見莉雅，我想我多半也會和其他人有親密關係，而且我很肯定，那也會是女人。我是同性戀，如果你們無法承認（你們不需要寬宥，只需要承認），那我就想不出我們能有什麼樣的關係了。

從我的觀點來看，拜訪你們是很困難的，因為我知道當我提到莉雅的名字，或是用「我們」來說任何事，都會引起你們不快。你們能夠想像這樣會讓我多麼綁手綁腳嗎？莉雅和我一起工作，擁有同樣的夢想、同樣的朋友和一個家。所以我能跟你們說什麼呢？我的兄弟？是啊，但是我沒辦法談論自己，不能用任何自然的方式來談。告訴你們我的旅行、我的工作、讓我大笑的事，而不提莉雅，感覺就是假話。她是我做的一切事情的核心，我的人生少了我們分享的喜悅，就會成為一具空殼。而你們只想聽到空殼空蕩蕩的回音。這對我來說是無以名狀的悲傷，因為我認為，只要你們不要想成那表示你們寬赦了我們，與聞我們的生活會帶給你們極大的樂趣。

有千百萬的父母不贊同他們的子女對伴侶的選擇，但是無論如何他們會問候，會努力誠懇相待。如果他們不這麼做，家人就離散了。我但願這樣的事沒有發生在我們身上。可是已經發生了。

那麼，我們的關係怎樣可以變好？下面是我認為有幫助的事：

一、承認我跟莉雅的關係，至少在跟我講話時，或者也可以擴及你們跟姊妹和朋友甚至牧師的談話。你們可能會獲得支持。有些人會同情你們有孩子是同性戀，認為這是沉重的負擔。也有人會讓你們知道，他們也有同性戀的家人，跟你們分享他們的感受。還有些人甚至可能協助你們學會一笑置之，感覺不那麼孤單。

二、以禮對待莉雅。如果是她接電話，請表明自己的身分，熱絡一些，與她閒話家常（妳的新工作怎麼樣？那裡有沒有下雨？），再詢問我是不是在家。

過去這些年對她也是煎熬。她一直想寄生日卡片祝福你們，和你們在電話裡聊天，多認識你們一點。但是她清楚你們對她的感覺，她不想說些什麼友善的話，結果卻讓你們更排斥她。她不想要破壞我跟你們的關係，所以她保持沉默，這並不是她的天性。每次你們打電話到家裡來找我，如果是她接電話，而只聽到「梅莉莎在家嗎？」，都會讓她覺得受傷，似乎她是不值得打聲招呼的人。

三、請了解當我談論我的生活，而使用「我們」這個詞時，是在邀請你們進入我們的成年生活。我希望我們能更親近。但是如果我不能做自己，我們就無法親近。我很重要的一部分就是「我們」。

四、過去二十年左右，我們的互動方式顯然並不成功。讓我們試試新的原則，以下是我的建議：

請你們試著放鬆，享受跟我在一起的時光，無論我是獨自一人或是有莉雅陪伴。我願意交換的是，我絕對不會把你們的笑聲或者我們分享的任何喜悅，詮釋成你們寬宥了我跟莉雅的關係。我會了解，不管我們擁有多麼美好的時刻，變得多麼親近，你們仍然不認同我們，相信我們的關係是錯誤的。你們毋須提醒我你們的不認同，你們也不需要一直感覺焦慮，企圖在這方面行使父母的權威。我們不妨都放鬆自己，享受彼此的陪伴。

我很樂意與你們更親近，我希望你們也想跟我更親近，並且認真考慮我的提議。

梅莉莎

梅莉莎的父母不曾回信。你可以想像他們的沉默刺傷梅莉莎多深。幫助她熬過失望並恢復平衡的是她決心掌控自己的生活，放棄堅持要他們接納她，而是努力去接納他們。

以下是她做到的：

★允許自己尊重她所感受到的一切（她的悲傷、失望和憤怒），都是對父母行爲的正當回應。

★她認知到是父母的人格導致他們這樣的表現，因此不會把他們的偏見和排斥看成是針對她個人而來。「我母親看不到有什麼必要去做那些不是以她爲中心，或是滿足她立即需求的事。」她提醒自己，「我父親迴避衝突，唯她是從。」

★對於超過他們所能給予的，她放棄期待或是渴望。「不要期待或是對他們有任何需求，很有幫助。」她告訴我。

★不願意假裝他們嚴酷的行爲並不打緊，她拒絕給予他們廉價原諒。也不願意花一輩子與他們周旋，她拒絕落入不肯原諒的怨懟。

★她努力不讓自己成天只想著他們如何傷害了她，積極結交讓她感覺愛和受到尊重的朋友。

★她放棄自己必須原諒父母的需求，達到自我肯定的如實接納狀態。

終止治療好幾個月後，梅莉莎寄給我一封電子郵件，讓我知道她決定繼續和父母來往，即使她和他們的接觸會淪於表面。「我哥哥有心智障礙，跟他們住在一起。」她告訴我，「如果我要跟哥哥保持接觸，一定得透過父母。我也想跟他們維持聯繫，因爲這是道德上正確的事。他們是我的父母，我得知道他們的生活現況，這是我對他們的尊重。我相信他們應該也會想知道我的生活，不過不管他們想不想，這對我很重要，因爲這樣我才能忠於自己信守的價值。

我仍然每兩、三個月，就在電話上跟他們簡短交談。我也寄卡片給他們，但是不會錯誤表達我的感受。例如：我可能選擇的卡片，上面的文字會是『我祝福妳喜悅的一天』，而不是『妳是身為女兒所能擁有的最棒母親』。這樣幫助我對自己感覺良好，知道自己對他們沒有心存報復，而是表現得很和善。清楚生活中還有其他人愛我，也有幫助，我跟他們擁有豐富的關係。我將近五十歲了，父母的愛不再是我幸福快樂之所寄。老實說，我跟自己完全和好了，對於我的現況，我怡然自得。」

梅莉莎為了符合自己利益的理由，選擇與父母修好。保持接觸讓她可以享有這段關係帶來的好處，同時忠實於自己和善、聰慧的原貌。至於要跟父母更親近似乎並不可能，不過她會走著瞧，門是打開的。

## 我如何跟加害者保持連結，又忠於自己？

如果受到暴力虐待，在你跟加害者之間維持嚴格的界線，是相當合理的。但是在情感虐待或非身體的傷害之後，你決定從關係中撤離，或許反而透露出你跟他的羈絆還有多麼緊密——你依舊多麼需要他作為你憤怒的對象。

如實接納讓你維持關係時，不會覺得任人宰制、失去真誠，或者對方不把你放在眼裡。在加害者面前保持自我的能力——這種「區別人我的意識」——給了你自由。你可以選擇與他保持實質與情感上的連繫，因為你不會再以他對你的錯誤對待來定義自己了。跟切斷關係相比，堅持自己是誰的獨立意識，能帶給你更大的力量。如同美國詩人康明思（e. e. cummings）的觀察，我們可以「兩人同在又一人自足」。

在《生氣的藝術》（*The Dance of Anger*）中，海瑞亞．勒納提醒我們，我們可以抽身離開傷痛，而不必抽身離開傷害我們的人。臨床心理學家羅伯．凱倫建議我們，可以用「溫暖、有創意而且連結的方式」來生氣，不必孤立自己，或是在兩人之間築起屏障。「你願意在某種程度上讓人們回到你的生活中，」凱倫表示，「而你願意在某種程度上也讓他們回到你的心中——當然，這兩者的程度是不會相同的。」

## 憐憫之心如何影響你修好的決定？

憐憫之心擴大了你對加害者無所求的善意，因而打開修好的大門。就像如實接納帶來的其他禮物，憐憫是單方面的給予，不要求回報。

對有些人來說，憐憫起自你了解到你們倆有共通的人性。你們都是有缺陷的凡人，都可能做出愚蠢、麻木不仁、可恥的事，需要獲得原諒。「如果我經歷過同樣的傷害，或許我也會以同樣卑劣的方式來回應。」你提醒自己。

有些人則可能會抗議被視爲和加害者是一丘之貉。「我永遠都不可能做出他幹的那些壞事。」你堅持。不過，你還是可能想要表現得慈悲為懷，表示你願意與別人和諧相處，同時不苛求別人無法給予的。

## 有些關係比其他關係更重要、值得維繫

有些關係對我們更重要。如果你的伴侶是酒鬼，而且拒絕尋求協助，你可能決定結束婚姻關係，將他逐出你的生活之外。但是如果你的手足有酗酒問題，你可能希望保持連繫，跟他一起努力對抗酒癮。

蓋兒是位老師，她選擇接納姊姊瑪拉，並且與她修好。對蓋兒來說，某種形式的關係，好過完全沒關係。

「瑪拉毀了我的婚禮。」蓋兒告訴我，「她眞是尖酸刻薄、吹毛求疵，只關心自己到了極點。我知道她身為姊姊，三十二歲了還單身，這對她來說很難受。你可以肯定如果是她結婚，我也會覺得我失去她了。但是她一整天都在哀怨她的衣服、她的座位安排、沙拉、每一件事。對她來說，沒有一件事對勁或是夠好。我想要告訴她：『瑪拉，有時候妳必須把自己擺在一邊，了解今天不是妳的日子，妳必須支持別人。』她從來就沒有這種概念。」

這對姊妹聚了幾次，徹底討論發生的事，反而讓兩人的關係逐漸緊繃。有一次她們在餐廳

碰面，結局是蓋兒把一盤義大利麵摔向瑪拉，怒氣沖沖地離開。瑪拉拒絕再討論兩人的衝突，因此蓋兒單獨接受治療，努力接納姊姊。「我看清楚了，自己如何在婚禮中把瑪拉邊緣化。」她告訴我，「我應該多做一點什麼，讓她覺得自己很特別。提醒自己，在我誕生之前，她有整整六年都是家中唯一的孩子會有所幫助。我的婚禮大概再度翻攪起她被別人取代了的感受，這不能爲她的行爲辯白，她太傷我的心了，但她是我姊姊，我們共享了大半的人生。我不會讓一個小插曲就把我們分開，繼續留在彼此的生活中有太多太多好處了。」

接下來幾年，有好多次都彰顯了這樣的選擇是正確的，包括蓋兒早產的那天，瑪拉火速把她送到醫院；還有五年之後，在父親過世時，她們共同哀悼他的離去。

如同蓋兒獲得的自由，如實接納並且修好給了你自由，得以選擇你希望保有的關係深度，讓你感覺眞誠而安全。你無法親近你不信任的人，但是你能夠選擇與對方有限度地互動。

這是我的朋友史帝夫和蜜妮．卡森夫婦，決定面對鄰居齊氏夫婦的方法。

史帝夫和蜜妮花了好大一筆積蓄，在鱈岬買下一棟避暑小屋，擁有私人的海灣景色。齊氏夫婦原本計畫把自己屋子南邊的屋頂抬高，以保護景觀的完整，但是他們卻抬高了北面屋頂，結果讓卡森夫婦除了齊家古希臘風格的窗戶外，沒有任何景觀可眺望。卡森夫婦寫了一封激憤的信給當地區委會。區委會把副本寄給齊氏夫婦，他們也激烈回應。最後的裁決偏向齊氏夫婦。

卡森夫婦感覺無能爲力，開始鑽牛角尖，把他們的夏日別墅從避世安居之處轉成情緒騷動的戰場，不斷反芻各種懷恨的念頭，沒完沒了。他們用盡所有難聽和刻薄的字眼反覆叨唸——在沙丘邊緣種上土氣的草坪，可見齊氏夫婦是多麼低級和沒品味；他們的孩子又是多麼吵鬧和討人厭。到了晚上，卡森夫婦睡不著覺，滿腦子在計畫如何報復。

然而，時日一久，他們逐漸了解他們的行爲對自己造成腐蝕性的影響。爲了自身著想，在理智上他們開始接受自己無法改變的事。「我們想要在這裡達到的目的是什麼？」他們自問，「重要的是什麼？我們希望的結果是什麼？」他們領悟到自以爲是的憤怒並不是答案，反而毒害了他們。因此他們決定停戰，努力去和解。站在鄰居的立場來審視這場衝突，他們雖然心不甘情不願，但慢慢地接受了齊氏夫婦有權利以符合他們需求的方式修建房子。他們相信齊氏夫婦的權利意識有點膨脹，而且永遠不會承認自己的行爲是多麼惹人發火，更不會爲此道歉，不過他們也清楚自己的景觀是回不來了，而他們的憤怒傷不了別人，只會傷害自己。所以他們吞下自己的傲氣，寫了下述這封信：

**親愛的克莉絲汀和漢克：**

我們兩家繼續爭吵真是糟糕透頂，史帝夫和我都為此非常煩惱。當今的世界已是如此駭人的居所了，與自己的鄰居竟如此不睦，實在悲哀。想到我們要彼此仇視二十年，或是連聲招呼都不打，就令人沮喪。我們很不開心自己的景觀被擋住了，不過你們擁有合法的權利去做你們想做的事。我們可能永遠不會成為最好的朋友，不過我很希望能有機會，看看我們是不是能解消彼此的憤怒，化干戈為玉帛。史帝夫和我會盡一切努力。

收到信後不到一小時，齊氏夫婦就打電話過來致意：「我們也正打算寫同樣的信，我們希望能盡釋前嫌，放眼未來。」

卡森夫婦對於這樁傷害的回應是錯綜複雜的，你也很可能如此。這封信只是權宜之計嗎？策略性的？他們寫信只是因爲他們相信自己除了謀和，別無選擇？他們是迫於情勢嗎？沒有自由以誠實和眞心的方式來回應？他們眞正接納自己的鄰居嗎？或者他們只有這一手牌可打，所以給予廉價的原諒？

我會主張就許多重要面向來看，卡森夫婦的回應是如實接納的典範。跟迴避衝突的人不一樣，他們主動向鄰居伸出手來，而且正面宣告彼此的爭執。跟自我犧牲的人也不一樣，他們允許自己感覺憤怒和受到侵犯，認爲齊氏夫婦不值得原諒，但是爲了滿足自己的日常工作，才與他們和解。他們也不像被動攻擊的人，他們會從鄰居的觀點來審視衝突，努力釋放掉自己的怨毒，而且用直接和有禮貌的方式面對齊氏夫婦，以求修好。

## 步驟十：原諒自己的缺失。

你可能會問：「爲什麼我得原諒自己？我又沒做錯什麼事。是對方傷害了我。」然而我們在這裡談的議題，並不是你如何錯待他，而是你是如何允許**他**傷害**你**。你做錯了什麼？你需要原諒自己的是什麼？在《走出外遇風暴》中，我列出一些與不忠有關的自我傷害，包括：

★盲目信任，並且漠視自己的懷疑。
★自我觀感不健全，覺得自己沒有資格獲得別人的忠誠和愛。
★不公平的比較：理想化情人，而貶抑自己。

你可能也想原諒自己下述這種自我抹煞和自我毀滅的行爲，諸如：

★隨便打發自己的痛苦，不看重自己受到多麼深的傷害。
★相信自己活該；把自己受到的錯誤對待看成是懲罰，讓自己因此崩潰和羞愧。
★容忍加害者的虐待行爲。
★拒絕原諒自己，即使自己是無辜的。
★不計任何代價求和，無論是多麼表面或虛假，也不管加害者讓你感覺多麼不安全或悲慘。
★浪費時間和精力，在腦海裡想像和他一來一往的報復性對話。

爲了上述這些自我傷害，你可能需要原諒自己。

## 原諒自己如何幫助你接納傷害你的人？

如果你對自己的評斷太嚴苛，你把所有的批評都吸收了，就沒有什麼可以留給對方。無法看清楚自己的角色，你也看不清楚他的角色。這就是凱西的兩難困境。她受到繼父的性侵，一直無法接納他，直到她先原諒了自己。

我從一位爲凱西和家人進行家庭治療的同事那裡得知這位十二歲的女孩。在初期的一次會談中，治療師直率相詢：「妳責怪自己嗎？」凱西點頭稱是。「有時候我表現得太像個大人，」

凱西表示，「我穿上晚禮服，看起來太漂亮了。我沒有告訴媽媽，他晚上進入我的房間。他告訴我，如果我說出來，他會把我跟媽媽都殺掉。」

隨著治療的進程，凱西努力擺脫分配給自己的過度罪責，把過失導向應該承受的人。經過一段時間，她培養出對自己的同理心，悲憫自己是沒有受到保護、嚇壞的孩子，而且終於認知到繼父的行爲是他個人的責任。

在比較後期的一次會談中，凱西展現出令人讚歎的力量和清晰洞見。「無論我做了什麼，我是小孩，他是大人。」她說得果斷而堅決，「即使我很漂亮，他也應該罷手。」只要凱西爲了繼父對她做的事鄙視自己，她就無法原諒自己。只要她把傷害建構爲自己的過錯，她就無法正確地指出他的過失，釋放自己來接納繼父，並且超越傷害向前邁步。

## 當你拒絕原諒自己時

把罪責從加害者肩上卸下來，轉移到自己的背上，或許是你保護他的方式，讓他在你心目中的形象完好如初，不受玷汙。怪罪自己也簡化了你的世界觀，讓你不再是受害者，於是你又恢復掌控的地位。

或許你會想要問問自己：「我是否有『不原諒』自己的模式，一輩子都傾向於爲了發生的任何壞事，甚至那些我無力掌控的事，譴責自己？我是不是對自己毫不留情地嚴苛，遠遠超過了自己必須承擔的？超過正當要求地嚴苛？我是否忽略要斟酌那些不是我的過錯的情勢？我的父母或監護人是否過度偏好懲罰、讓人羞愧，或是不寬貸任何過失？他們是否咄咄逼人，讓我覺得自己壞透了？我是否屈服於他們的批評？」了解這些有毒的童年模式，或許能幫助你蛻去這些模式。

我有一位個案梅莉，她當場抓到先生山姆和鄰居上床，再也無法否認眼前發生的事。山姆似乎是眞心抱歉，甚至對於東窗事發鬆了一口氣，努力想要贏回她的信任。

「二十年來，我一直都知道他欺騙我。」梅莉告訴我，「現在一切公開了，山姆對我表示善意，我想我可以原諒他。但是比較困難，困難許多的，是原諒**我自己**。二十年來我一直這麼愚蠢，這麼不支持自己，我怎麼原諒自己？」

梅莉發現有時候原諒別人比原諒自己容易，有時候接納對方的錯誤比面對自己否認自我的行爲簡單多了。

如同梅莉，你可能害怕如果你原諒自己，你會忘掉自己的錯誤而重蹈覆轍。然而透過切實反省的自我原諒，你不會忽略或淡化自己的作爲，也不會減輕自己的罪責。相反地，你承諾自己要改變行爲模式，因此下一回你面對侵犯時，你的回應就會較傾向於保護自己和肯定自我了。

## 如實接納是否夠好了？

原諒向來被標舉為從人際傷害中復原的黃金律則。不幸的是，如同原諒的時下定義，這樣的目標可望而不可及。對我們很多人來說，原諒無法帶來它所承諾的情緒安穩和身體健康。但藉由將原諒概念分解成兩條可行選項（如實接納和真誠原諒），你擁有可以選擇不同歷程的自由。如實接納，是你為自己獨力完成的療癒之旅；而真誠原諒，是你與加害者共同走過的療癒之旅，你尊重他補過修好的努力。無論是如實接納或真誠原諒，都是得之不易的成就，也都是在截然不同的情境下健康的回應。

如實接納並非原諒的努力失敗了，而是同樣有力的療癒方式，只是傷害你的人失敗了，無法參與這個歷程。如實接納也不是低一等、不成熟或是道德上缺憾的反應，而是明智和積極主動的另一條出路。你無法讓鐵石心腸的人流下懺悔的眼淚，但是你可以接納沒有悔意的加害者。

你進入如實接納的歷程，主要是為了將自己從創傷中釋放出來。**你的目標不一定是原諒，**

**而是情緒的澄定，恢復最美好的自我，重新發揚生命中的意義和價值。**如實接納不只是夠好的回應，就我的觀點，也是當加害者無法或不願道歉時，唯一誠實和健康的回應。不過因為眞誠原諒需要對方在意且投入，因此與如實接納相比，多半會讓人有較深刻的滿足和完整感。

## 向前看

如實接納不只幫助你盡釋前嫌，也撐持了你對未來的展望。一旦你了解加害者的動機，以及你可能在哪些方面誘發或允許了對方的行為，你就更不會認定同樣的衝突會重複發生在你跟其他人之間。這樣的智慧釋放了你，你可以懷抱著一定程度的樂觀、安全感和決心，打造新的連結。曾經發生在你身上的事，不必然會再度發生了。

我的個案凱瑟琳終於領悟了這個道理。小時候，她的幼小弟弟會向她伸出雙手說：「親親，親親。」凱瑟琳患有思覺失調症的母親就會打她，因為她陷入自己的妄想，誤以為凱瑟琳性騷擾弟弟。等到凱瑟琳結了婚，生下女兒，當她看到丈夫向孩子伸出雙手，懷著無限愛意地說「親親，親親」時，她的第一個反應是嚇呆了。暴力的回憶衝撞了眼前散發著純潔無邪的愛的畫面，讓她彷彿一艘船漂流在大海之中，茫茫然不辨方位。

「很難信任眼前景像才是眞實的，發生在我身上的事不會發生在寶寶身上。」凱瑟琳告訴我，「有時候我害怕會對她做出什麼恐怖的事。但是我已經了解，這麼多年來我母親神智不清楚，不能爲她的行爲負責。後來，母親因爲藥物控制而穩定下來，我問她發生的事，她指責我才是精神不正常的人。我接納她沒有能力承認，也從來沒想過應該爲她所做的事向我道歉。我已經把往事拋開了，不再向她要求超過她所能給予的。我不希望她受傷，但是我也不想跟她有太多接觸。我也終於信任自己，我不是我媽媽。如果有什麼問題，那就是我過度保護孩子。在很多方面，我的母親教會我的是『我不想成爲什麼樣的人』。」

透過如實接納，凱瑟琳學會區別「過去」和「現在」，以及母親跟她的不同，因此她能夠全心投入自己的新家庭。當她重新體驗童年夢魘，有更多的理解之後，她開始努力邁向新生活，同時阻擋過往的破壞性影響。

「現在我的生活大大不同。」她最近告訴我，「我小心翼翼向前進，然而有足夠信心確定我很安全，我的寶寶很安全，愛是安全的。我這麼說時，心懷歉疚和敬畏，我不再只是受害者，我是倖存者，而且是相當好的父母。」

如同對凱瑟琳的幫助，如實接納的歷程能幫助你不只克服創傷，而且從中學習和成長。並非像有些人所主張的「**傷害**爲你帶來好的轉變」，而是「你對傷害的**了解**爲你帶來好的轉變」。

當你解決了舊日的衝突，並且勇於面對這些傷害如何汙染了你今日的回應模式，你就會創造出新的可能性，整合出你最強韌的自我，同時賦予力量。

第4部

# 真誠原諒

**身體力行的療癒，親密共舞**

傷害別人的你，為求原諒必須做的事

受傷的你，為了應允原諒必須做的事

已婚的羅蘋年近四十時，開始接受治療，希望救贖橫亙在她跟母親之間的創傷。

「我十二歲時，父親拋棄了我們。」羅蘋告訴我：「對我來說那是解脫，因爲他對我們的唯一興趣是性。過了幾年，我那酗酒的母親去找父親，也拋棄了我們，留下我和妹妹照顧兩個弟弟。她向我們保證她會回來，但是基本上我們被留下來自力更生，遠早於我們準備好之前。去年，我聽說父親過世了，我覺得彷彿生命的一章結束了，因此決定寫信告訴媽媽，我結婚了，剛剛生下第二個孩子。她回信說：『我非常高興收到妳的消息，我想要見見妳的家人。』」

羅蘋立刻回覆：「媽媽，我們有好多事得談談，我內心隱藏了好多痛苦。如果妳希望我原諒妳，我需要妳做一些事。我需要妳爲拋棄了我道歉。我需要知道妳是否明白妳傷害我有多深，還有妳是否在乎。我需要妳試著了解並幫助我了解爲什麼妳留下家人，去追尋那個一無是處的父親。我需要知道，如果我讓妳回到我的生活中，妳不會再度消失。還有一件事，在我告訴妳那些年來爸爸一直性侵我們時，妳罵我說謊，我需要妳收回這句指控。我期待收到妳的回音。羅蘋」

羅蘋給我看她母親的回應。

我親愛的女兒羅蘋：

我希望妳和妳的寶寶一天比一天強壯，當然，也祝福妳的丈夫亞倫健康快樂。

無論是哪些地方害妳心痛欲裂，我很抱歉。妳對我的看法非常正確，竟然拋下你們，去做那些瘋狂的事，但是我從來不想傷害妳。事實上，我從來不知道我傷妳這麼深，當時妳已經是大女孩了，我沒有想到妳仍然這麼需要我。但是我無法回到過去改變事情，如果我能夠，我就會去做。我說，上帝啊！給我力量去改變我能改變的事，以及智慧去了解其中的差異。

我想我說得不太正確，不過妳應該懂我的意思。

羅蘋，報復是上帝的權力，而且上帝不喜歡我們審判別人，因為在上帝的眼中，我們都是罪人。記得在人們因為一名妓女從井中打水，想要扔石頭砸死她時，耶穌說：「你們中間誰是沒有罪的，誰就可以以先拿石頭打他。」結果沒有人丟出石頭。

再說，羅蘋，拒絕原諒的人，上帝也不會想要原諒。原諒的人會快樂得多，而且能夠長保年輕。原諒對靈魂有益，心懷報復能得到什麼？除了一副愁眉苦臉，什麼都得不到，而那可不怎麼好看。心懷報復的人喪失了那麼多的快樂，最終傷得最重的是自己，沉溺在自憐和憤怒之中，以為自己正在讓對方受苦。他們以為自己嚐到了甜蜜的報復。讓我們深吸一口氣，放鬆心情，承認我們沒有人是完美的。人生太短暫，讓我們好好利用剩餘的歲月，讓我們向前邁進，而不是退回過去。如果我們回到過去，那裡將一無所有。

親愛的女兒，我必須在信中傾吐，我是多麼思念妳，希望妳回到我的生命裡。我非常非常愛妳，而且會永遠愛妳。我希望妳明白，即使我沒有去見妳，我也一直把妳帶在我的心裡，我們的心跳是一致的。是的，妳曾經是我的寶貝。

媽媽

母親的信讓羅蘋感到氣餒。「信裡盡是陳腔濫調。」她告訴我，「這不是我想要的，不是我祈求的。」她回了信：

親愛的媽媽：

我收到妳的信，儘管我很高興有妳的音訊，讀信時我很失望。我不認為妳了解我對妳的需求。妳談的是我需要為妳去做什麼。我告訴妳了，我需要妳誠心道歉，沒有在我身邊做我的媽媽。妳在當媽媽的職責尚未結束前，就跑去佛羅里達了。當然我依舊需要妳，現在我也需要妳。當時我肯定還沒有長大，妳在我念中學時就離開了。我很難過妳覺得我在審判妳，這不是我的本意。我不相信自己心存報復，這樣的分離對我也一直是很煎熬的。我說了這麼多，是因為我需要說出來。我需要妳是母親，我不想要成為妳的母親。如果我的小孩曾經感覺我傷害了他們，我會盡我所能來修正。我希望這回妳能更清楚我的意思。妳提到我們不應該往回看，而要展望未來，但是我需要回顧過去，療癒那些傷痛。這對我很重要。

羅蘋

附註：如果妳生我的氣，因為妳覺得我對妳做了什麼事，妳可以說出來。我需要妳為遺棄我負起責任，還有爸爸的那部分。或許妳做不到，直說無妨。

過了幾個月，更多信件往返，然後羅蘋的母親安排好要來女兒家住一週。我當時出城了，不過在羅蘋的母親打算回去的前一天，我打電話給羅蘋，詢問這次的拜訪進行得如何。羅蘋說：「我母親眞的很努力要滿足我的需求，她整夜沒睡照顧寶寶。看到她那麼愛他，跟他在一起那麼開心，讓我更加愛她。」

我告訴羅蘋：「妳不曉得什麼時候能再面對面地看到母親，有沒有什麼事妳仍然想跟她說，好讓妳們之間不再有嫌隙？」

「我還不想提出那些困擾我的事。」羅蘋說，「一切都那麼順利。不過那傷痛埋藏在我內心深處，而且非常巨大。」

我鼓勵羅蘋不要讓機會溜走。「我建議妳協助母親找出妳的傷痛。」我告訴她，「我建議妳清楚告訴她，妳需要聽她說什麼，不要假定因爲她沒有說出自己的情感，那些情感就不存在，或者她不想要與妳分享。」

下個星期，羅蘋來進行她的會談，告訴我發生的事。「就在我母親要離開之前，我請她和我一起坐下來，我跟她說：『我心裡還有一些事，我想要談一談。我不是提出這些事來傷害妳或懲罰妳，或是要妳感到內疚。我提出來，是因爲我需要跟妳談開來，才能感覺跟妳更親近，療癒我和我們兩人。我希望妳聽我說，如果妳相信我說的話，我希望妳告訴我，好嗎？』

我母親同意了。我告訴她：『我需要妳說兩件事。第一，我需要妳承認，我還是孩子的時候，妳遺棄了我。當時我仍然需要妳，妳這樣做是不對的。第二，我告訴妳爸爸的事情時，妳罵我說謊，妳對我的傷害就跟他的行爲一樣。我不是要求妳證實發生的事，如果妳不知道眞相，但是我需要妳爲了妳說的話跟我道歉。』

我母親看著我，眼裡含著淚水。『羅蘋，』她說，『我一直是這麼糟糕的母親；有太多事我一直沒辦法面對。是的，我在妳需要我的時候離開了妳。是的，妳不是會謊稱自己被性侵的女孩。我非常抱歉，希望有一天妳會原諒我。』

我伸手去抱她。『我原諒妳，』我說，『我原諒妳。是重新開始的時候了。』」

羅蘋和她母親提供了沉痛的例子，爲我們闡釋贏得的原諒所帶來的再生力量。當母親告訴羅蘋，她愛她，而且懊悔過去時，她開啓了原諒的歷程。羅蘋接續下去，告訴母親她想要原諒她，但是做不到、也不願意。問題不在於羅蘋愛記仇，而是她首先需要母親挺身而出，爲她造成的特定傷害承擔責任，爲此道歉。她們共同示範了如果傷害我們的人可靠又持續地伸出手來療癒我們，而我們也支持他們爲我們療傷止痛的努力，那麼就會發生一些不尋常的事情——有的能發生蛻變，有的則帶來救贖。

## 真誠原諒的意涵

不像拒絕原諒、廉價原諒或如實接納，眞誠原諒在本質上需要人際之間的互動，要求你們雙方誠心誠意地參與。以下是眞誠原諒蘊含的三項核心特徵：

### 1. 眞誠原諒是互動的行為。

眞誠原諒不是受傷一方單方面地饒恕加害者，而是一場共同的冒險，因人際上的傷害而束縛在一起的兩人，來來回回地互動。

## 2. 眞誠原諒是有條件的。

眞誠原諒必須是努力贏來的。想要獲得眞誠原諒，加害者必須願意付出代價；交換的條件是，受傷一方必須允許他贖清罪愆。當對方透過眞誠而慷慨的悔改和補償行爲，努力想要贏取原諒時，受傷一方也要努力放掉他的怨恨及報復的需求。如果你們其中一人做不到要求的功課，就不會有眞誠原諒。

我的個案珍妮讓丈夫明白了這點。在他坦承外遇不久後，他告訴珍妮：「我絕對不會再犯，我也不想再談論這件事，或是聽妳的委屈了。一切都是久遠的歷史了。」珍妮的回應直接挑明了她的底線：「如果你不願意聽到我的傷痛，我就無法跟你親近。我不是要懲罰或操控你，我只是告訴你，我需要什麼才能原諒你。這道公式很簡單。」

要做到眞誠原諒，你們兩人都要回應下述問題：「我願意付出什麼，創造出有利的氛圍，讓原諒成爲可能？」雖然獲得原諒絕對不是加害者的**權利**，但如果他嘗試修復自己造成的傷害，就更有可能贏得這種交流。而受傷一方也絕對沒有**義務**要原諒對方，不過如果她給他機會補償，她就更可能原諒，同時恢復關係。這種因應情勢的交換，爲了獲得而付出，正是眞誠原諒的核心精神。

## 3.真誠原諒需要受傷的一方放下戒心，而加害者更加警惕。

在創傷之後，受傷的一方可能變得過度警戒，不時巡視加害者有沒有越界，確保自己絕對不會再次受到侵犯或愚弄。你可能在腦海裡不斷重溫傷害，沉溺在卑鄙骯髒穢的細節之中。相反地，加害者可能想要壓抑、否認或是淡化他的錯誤行爲。

透過眞誠原諒，這種先入成見會發生深刻的轉變。傷害別人的你，展現出你已充分意識到自己的罪過，而且打算絕不重蹈覆轍。而受傷的你，愈來愈不執迷於傷害，開始放掉痛苦。

下述是一對夫婦如何投入這個歷程的例子。

在朱莉發覺先生伊凡外遇後，伊凡放棄情人，重新向妻子許諾，而且努力要贏回她的信任。在他們二十五週年的結婚紀念日，伊凡帶朱莉外出用餐慶祝。女服務生來到桌旁招呼：「嗨，我是珊蒂，今晚由我爲你們服務。」珊蒂恰巧是伊凡前女友的名字。朱莉的心情一沉，但是伊凡向她伸出手，說得十分懇切：「我很抱歉發生這種事。我衷心希望我們可以享受一個特別的夜晚。妳還好嗎？」朱莉停了一下，然後回答：「你剛剛讓我好過一點了。」

這就是警戒心轉化的例子。伊凡關注朱莉的痛苦，而朱莉的回報是努力放掉痛苦。如果伊凡保持沉默，讓這一刻過去，朱莉可能會陷入沮喪。如果朱莉提起伊凡的外遇來棒打他，伊凡可能變得冷淡而沉下臉來。隨著時間過去，伊凡持續關心朱莉的傷痛，並且心懷同情和懺悔，而朱莉也以鼓勵的態度來回應，終於他們抵達了目的地，朱莉能夠說出：「我相信你的歉意，而且會關心我。你的努力讓我能對你敞開自己，感覺更信任了。」

如原諒專家泰瑞．哈格里夫（Terry Hargrave）指出的：「當受害一方不再需要揪住犯錯者，要他為不公不義負起責任，而犯錯者會自行承擔責任時，原諒就達成了。」

## 為什麼當原諒是贏得時會比較真誠？

我從多年來的個案身上學習到，如果原諒是贏來的，就會更讓人滿足、更真心和自然——因此也就比較真誠。為什麼會這樣呢？或許是相同的道理，如果別人買禮物送你，顯示他了解你而且珍惜你，多半比你為自己買禮物更有意義。或許還有一個相同的道理，如果你們兩人都擁抱這份愛，而不只是其中一人單方面的愛，這樣的愛會帶來更多的喜悅和滋養。

我們人類是社會性動物，全都息息相關，緊密連結，當別人為我們的傷口提供撫慰的藥膏，並且努力將我們從他們造成的傷痛中釋放出來，我們就獲得了認可和救贖。療癒，就像愛一樣，在充滿關懷的關係脈絡中嫣然綻放。**我願意斬釘截鐵地這麼說：我們無法單獨愛，我們也無法獨自原諒。**

接下來，我要提供你們具體的前景——提出一系列明確而實用的建議，精確描繪出你們每個人需要做什麼來達到眞誠原諒。我希望協助你們迎向橫亙在前方、挑戰性十足的關鍵任務。

## 加害者為求原諒必須做的事

讓我首先對加害者說話，因爲或許與你相信的正好相反，通常是你的悔悟和贖罪開啓了原諒之門。

我發現有六項關鍵任務，你必須去執行以贏得原諒。我不能說，如果你沒有做到全部六項，你就不會獲得原諒，但是如果你眞心誠意去努力，或許你會給受傷一方誘因和勇氣原諒你。（我在這裡假設，你在實質上和情感上都還接觸得到你傷害的人，如果對方已經過世或失聯，顯然你就無法贏得原諒了。）

## 贏得原諒的六項關鍵任務

關鍵任務一：檢視自己關於原諒的錯誤假設，是否阻礙你贏得原諒。
關鍵任務二：見證你造成的痛苦。
關鍵任務三：眞心誠意、不辯駁、負起責任地道歉。
關鍵任務四：深入了解自己的行爲，同時向你傷害的人揭露自己難堪的眞相。
關鍵任務五：努力贏回信任。
關鍵任務六：原諒自己傷害了別人。

療癒關係需要付出努力（眞誠、奉獻與高尚的努力）之外，還要有所犧牲。如果你希望受傷的人應允你如此寶貴和神聖的原諒（如果你想要平息你所創造的混亂，恢復原來的秩序，重新取得你在其她心中的地位），你必須願意付出，而且是大大地付出。眞誠原諒不是無償的赦免，你必須辛苦贏得。

**關鍵任務一：檢視自己關於原諒的錯誤假設，是否阻礙你贏得原諒。**

你是否不願意去贏得原諒，因爲你對於這個歷程伴隨的要求有不正確的假設？讓我們檢視一些普遍的誤解。

**錯誤假設：除非我感覺充分安全和自在，完全準備好了，否則我無法開始贏得原諒。**

你大概永遠不會覺得自己徹頭徹尾安全、自在和準備好了——怎麼可能呢？如果你必須接受你的控訴者的審判？對她坦白招供肯定會讓你坐立難安。然而，如果不是現在，什麼時候合適呢？

猶太教的《猶太新年與贖罪日的祈禱書》中，訴說了以利以謝拉比的故事，他建議會眾在死亡的前一天懺悔。「但是誰會知道他哪一天會死呢？」信徒詢問。以利以謝回答：「正是因爲如此，你應該在今天懺悔。」對此我要補充：「也不要這樣過日子，好像你傷害的人會永遠在你身邊，現在就道歉，趁你還有機會。」

錯誤假設：我理當獲得原諒。

勸勉受傷一方應該原諒的文字汗牛充棟，建議加害者需要做些什麼才值得這份恩賜的著作卻是鳳毛麟角。難怪你或許會認為原諒是你本來就有權利獲得的禮物。

我們聽到受傷者領受的戒律：「要愛人如己。」（《舊約．利未記》19：18）我們回想起亞力山大．波普（Alexander Pope）的詩句：「犯錯是人性，原諒是神性。」耶穌也責成祂的追隨者：「要愛你們的仇敵，為那逼迫你們的禱告。這樣就可以作你們天父的孩子……你們若單愛那愛你們的人，有什麼賞賜呢？」

受傷一方被教導，她原諒的行為會帶給她情感上和身體上的重大益處。根據「國際原諒學會」（International Forgiveness Institute）的說法：「原諒者發現了原諒的悖論：當我們給予別人慈悲、寬大和道德之愛的禮物時，我們自己就痊癒了。」神學家李維斯．史密德寫過好幾本關於原諒的書，他表示當你原諒時，「你釋放了一名囚犯，然而你發現真正的囚犯是你自己。」史密德也在別處寫道：「第一個，有時甚至是唯一一個從原諒中獲得好處的人，正是實踐原諒的人。」

我們在成長過程中，把人類的原諒和上帝的恩典連結在一起。基督教作家楊腓力（Philip Yancey）寫道：「恩典是來自上帝的禮物，賞賜給不配獲得的人。」在他思慮周密的著作《恩典多奇異》（*What's So Amazing About Grace?*）一書中，楊腓力把「芭比的盛宴」描述成恩典的比喻。「這項禮物，給予的人付出了一切，而收到的人坐享其成。」他表示，「恩典以盛宴的形式降臨他們身上……慷慨賜與那些不是以己之力贏得的人……不需要付出任何代價，也沒有附加條件，主人請客。」

從這些以及類似的著作中，加害者很容易相信寬恕是你應得的；如果你傷害的人原諒你，你並不虧欠她任何回報。

我沒有資格捍衛或質疑《聖經》中關於寬恕或恩典的概念。我只想指出，許多神學家在過去好幾世紀已經提醒我們——**恩典並不是侵犯的許可執照，也不會赦免我們不需要尋求原諒；無論上帝應許我們多大的慈悲，我們仍然受到期許要承認自己的罪行，奮力爭取自己的拯救；而當上帝寬恕我們時，祂並不是給我們一張免費車票直達天堂。**

宗教領袖在談論神聖的寬恕時，通常並無意暗示上帝恩賜我們一項禮物而不期待任何回報。眞正的意涵其實是不管我們的作爲多麼惡劣，上帝接納我們進入罪人的行列，我們可以自由地爲自己的錯誤贖罪。

我只能跟你講述，我的個案在奮力療癒與原諒時，我所觀察到的情形：

★如果你假設自己本來就値得獲得原諒（只因爲你是凡人就擁有這樣的權利），那麼你會讓受傷一方更不可能原諒你。

★如果你不努力爭贏得原諒，你傷害的人所能應允你的只是廉價的替代品。

★如果你想要獲得同情、體恤、愛和原諒，你的表現必須足以引發你所傷害的人有了這些感受。

★從人性角度來看，或許跟上帝的恩典同樣驚人的是，你有能力擔起任務，採取不尋常的悔罪行動，努力爲自己的錯誤贏得寬恕。

如果你尋找《新約》的指引，有更多段落你應該閱讀。舉個例子，耶穌告訴他的信徒，如果他們不直接補償他們所傷害的人，他們對上帝的獻祭就沒有什麼意義了。《馬太福音》說：「所以，你在祭壇上獻禮物的時候，若想起弟兄向你懷怨，就把禮物留在壇前，先去同弟兄和好，然後來獻禮物。」

猶太教祈禱書也說：「贖罪不只是上帝降臨在選民身上救贖的恩典或奇蹟；贖罪要求的是，人類在倫理道德上的自由抉擇和行動。人並沒有得到無條件的應允；他必須無條件地下定決心行動。他的作爲就是贖罪的開始。」

**錯誤假設：如果我承認自己錯了，努力贏取你的原諒，在你和我自己的眼中，我會顯得軟弱和可欺。**

這個假設大大錯誤，因爲當你承認做錯事時，你更可能發現自己的堅強，而不是軟弱；當你堅持自己永遠是對的，反而更不可能展現力量。當你努力爭取原諒時，你不會讓出權力；你只是將從受傷者身上奪來的權力歸還給她，恢復你們之間的平衡。

小心，不要把道歉的謙卑行爲誤以爲是軟弱和脆弱。擁抱事實需要品格，你需要堅決的意志才能放掉自己的傲氣，以換取你更珍惜的東西——你的完整人格，以及她的原諒。

如果你有足夠的勇氣說「我很抱歉」，然後努力去證明，你不應該假設你傷害的人會試圖羞辱你，洋洋得意於自己的勝利。更可能的是，你的認罪會贏得她的尊重，降低她懲罰你的需求，並且提高她的意願去接受在這樁錯誤中她應該負起的罪責。

當然，有些時候，當你努力要獲得原諒，卻徒然無功。你傷害的人或許想要你下跪，乞求她的慈悲，自己卻轉身走開，不爲所動。她唯一的目標可能是懲罰和羞辱你。如果她的個性是睚眥必報，她不會有興趣原諒你；她只會想要報復。也有人可能拒絕原諒你，因爲在她看來，你的行爲應該受到嚴厲譴責，而你想要療癒她的努力還遠遠不夠。不過，如果你的自我意識穩固，你可以選擇做你相信是正確的事，努力補償，無論是否得到回報。

如果悔改的行爲讓你覺得自己軟弱、失去防衛能力，很可能是因爲你對道歉附加的個人意義，而不是因爲受傷一方會利用你的自責來對付你。你擔心受傷的恐懼，或許說明了更多形塑你人生的成長經驗，而不是眼前發生的任何事。如果每當你道歉時，就預期會遭到踐踏，或許明智的做法是檢視自己的過去，找出箇中緣由。

我的個案唐娜從不健全的父母身上，學到接受責備的危險。小時候，每當她做錯事，無論是故意或無心之過，她的父親會咒罵她，而且愈罵愈起勁。成年後，她閃躲任何批評，拒絕承認自己也是共犯或有任何缺失。她一輩子的模式就是把道歉和屈服於暴君連結在一起。沒有任何事情能讓她尋求原諒。同學認定她自命不凡和傲慢自大，其實事實正好相反。她無法承認錯誤，並不是因爲她相信自己永遠正確，而是因爲她太害怕承認自己錯了。

如果你跟唐娜一樣，你的幼年經驗可能使得你難以執行爲了贏得原諒所必要的補救工作。對你來說，在關係中犯錯並不會獲得原諒，反而更像是一場下棋比賽，你得競爭權力，步步爲營。在你看來，說「我很抱歉」，等於是說「我輸了」。

我的個案瑪妮無法爲自己的外遇道歉，因爲她相信先生會因此拋棄她，如同她生命中其他每一個重要他人。「我十歲時，父母離婚了。」她告訴我，「我母親把我們送到父親家，沒有告訴我們不會再回到原來的家了。然後父親再婚，跟我說：『房子太小了，妳必須搬去跟姊姊住。』」

瑪妮長大後，相信自己一定有什麼不可愛的地方，否則爲什麼她的父母都不理她？跟艾迪結婚時，她預期總有一天他也會離開她。在她承認跟艾迪最好的朋友維持了一個月的外遇後，她拒絕道歉，或是同理他的傷痛。瑪妮對於自己的反應感到困惑，她尋求治療，終於了解拒不認錯是她抓住艾迪、掌握權力和控制的方式。「如果我向他表示因爲傷害他而多麼抱歉，他會明白我是多麼糟糕，因而跟我離婚。」這是她的推理，「如果我不表現出來，或許他仍然會離開我，但是至少決定權在我手上，而不是他。」她扭曲的邏輯關閉了原諒的大門。

**錯誤假設：我不值得你的原諒。**

想要尋求原諒，你必須相信自己值得原諒。如果你認定自己沒有什麼可付出以補過，或是自己太邪惡、太空洞，無法成就此事，你就沒有理由嘗試了。

這就是四十歲的病理學家墨瑞認定的事實。他在毀滅性的外遇後，前來找我治療。他已經下定決心，要爲自己和第三任妻子吉兒開創新的人生，但是他覺得自己那麼差勁，實在不值得她的尊重，以致她根本不可能原諒他。在他們的結婚紀念日，他試著爲她買一張卡片。但是沒有一張能捕捉到他那麼難過和抱歉的心情。「我花了一個小時尋找，閱讀卡片上的訊息，就愈來愈厭惡自己。」他告訴我，「最後我選擇了一張反串的：『如果你跟我在一起不開心……你可以離開！』我真是個蠢蛋，可是沒有一張能說出我心裡的話。吉兒看到卡片時，把它扔進垃圾桶。『我寧願沒收到。』她告訴我。」談論所發生的事情，為他們揭露了眞相：並不是缺少愛，而是令他窒息的無價值感，使他買了一張諷刺卡片。他相信自己沒有權利要求她的原諒，並不是他不想療癒她的傷口，而是他覺得傷害太深，無法療癒她。

了解墨瑞的這一面，給了吉兒理由留在他身邊。墨瑞也學到寶貴教訓：請分享你對自己的感受，無論你覺得自己多麼可鄙——這或許是你所能給予的最親密禮物。

**錯誤假設：沒有任何努力足以挽回我犯的錯誤。**

你無法行所當為、贏得原諒，是因為你相信無論你或別人都沒有任何言行能彌補傷害了。你堅信沒有任何補過行為能挽回情勢，因為你實在是罪大惡極，誰也不會原諒你。

如果你有這樣的感受，我只想跟你說：不要認定你的努力不會造成影響，除非你嘗試過，否則你沒辦法知道。即使你傷害的人拒絕修好，你也可能幫助她修補受傷的自我意識，降低她對你的敵意。你嘗試道歉的各種動作或許不足以弭平罪過，但是你的努力本身多半能解消一些傷害。

**錯誤假設：當我尋求你的原諒時，就承認了我是壞人。**

你或許認爲如果你痛恨自己的作爲，你必定也痛恨自己這個人。這是癱瘓自己的假設。眞正的挑戰是，恰如其分地批判自己的行爲，而不要跟你自己過不去。如果譴責「你」整個人，而不只是一項特定行爲，你就沒有誘因改變，或是從自己的錯誤中學習。

亞當向妻子莉迪雅坦承外遇時，他發誓他想要修復婚姻。但是之後，他以更甚以往的侮蔑方式對待她。「我大概不夠愛她，無法以她需要我的方式來支持她。」他告訴我。

我對他的行爲有不同詮釋。我看到的是一名男人因爲他的所作所爲而痛恨自己，而且怯於承認。眞相對他而言太令人厭惡了。他的父親向來喜歡拈花惹草，毀了亞當的母親、他們的家和家庭事業。「我記得自己躺在床上，哭泣並且祈禱，乞求他不要再去『出差』。」亞當告訴我。

要亞當承認他的行爲跟父親一樣卑劣——由於欺騙莉迪雅，讓他跟自己一輩子妖魔化的男人沒啥兩樣，這等於剝除了他所有的掩飾和防衛，迫使他把對父親的嫌惡轉向自己。無法面對這樣的羞愧，他把自己的自我輕蔑投射到妻子身上。

如果你跟亞當一樣，必須以否認內疚作爲盾牌來抵擋羞恥感，你就無法行所當爲去贏得原諒。如果你懂得區分內疚和羞恥感，或許會有所幫助。內疚是針對特定行爲的反應——你想要矯正這樣的行爲；羞恥則是對自己這個人的負面反應。你**做**了不好的事會感到內疚；你認爲**是**壞人則會感到羞恥。心理學家朱恩．普萊斯．湯妮（June Price Tangney）是研究羞恥和內疚的先驅，她發現傾向於內疚而不是羞恥的犯錯者較有同理心，更有能力主動向他們傷害的人伸出手來，也較能批判自己，而不把自己釘上十字架。而傾向於羞恥而非內疚的犯錯者，則更可能合理化或否認自己的錯誤行爲，並且堅持他們沒有做什麼需要原諒的事。如同心理學家艾克斯萊（Exline）和波麥斯特（Baumeister）指出的：「羞恥感較可能促成自我防衛的反應，以掩藏罪行和閃躲責任，或是讓加害者看起來無辜、權威或強勢。」

如果你能恰如其分地批判自己的作爲（並且允許自己感覺內疚），而不痛恨自己整個人（以及覺得羞恥），你就更有可能坦承自己的行爲，並且加以彌補。

## 錯誤假設：你絕對不會原諒我，所以我為什麼應該嘗試？

如果這是你的立場，我請你問問自己：「我眞心相信嗎？或者我以此來合理化自我懷疑，或者我其實不樂意辛苦努力去贏得原諒？我是說出事實，還是表達自己的無望感或無助感？」你相信自己做任何事都無法贏得對方的原諒，可能成爲自我實現的預言，彰顯的是你不想贏得原諒的意願，而非對方沒有原諒你的能力。

**錯誤假設：你應該知道我很抱歉。**

你假設對方應該有能力讀出你的心思，或許只不過是你拒絕道歉的藉口。如果你與受傷的一方核對，她可能表示：「如果我應該知道你很抱歉，你也應該知道我需要你眞心誠意地說出這句話。」我的經驗告訴我，如果你不表達自己的懊悔，你的廉價沉默只能期待她的廉價原諒——或是她的怒火。

**錯誤假設：如果我努力贏得原諒，我等於表明我是唯一犯錯的人。**

承認自己的罪狀，不等於宣布受傷一方是無辜的。你所尋求的原諒只是爲了你所造成的傷害。在某個時刻你會希望對方接受適當的罪責，但是要推進原諒的進程，你應該承認自己的錯誤行爲，同時讓你的懊悔而非傲氣來領路。

你可能想要她先承認錯誤，相信這樣一來，她會變得比較謙卑和寬大。或許你是對的，問題是，你愈努力把焦點從自己身上轉開，她就會變得愈來愈防衛和苛求。因此，我建議你，一開始先聚焦在自己如何造成傷害，充分且大方地道歉，沒有什麼「如果」和「但是」。這樣做多半會創造出有利的氛圍，讓她能夠自動向你道歉。如果她做不到，你可以跟她討論——不過要另覓時機。堅持她的道歉是你道歉的先決條件，會讓你一事無成，她只會聽到你的控訴。虛心接受《馬太福音》（7：5）的規勸或許會有所幫助：「你這假冒僞善的人！先去掉自己眼中的梁木，然後才能看得清楚，去掉你弟兄眼中的刺。」

**錯誤假設：如果我不打算跟你維持關係，就沒有道理去贏得你的原諒。**

你們大多數人不會麻煩自己，向你們不打算再見面的人尋求原諒。然而努力看看或許會帶來好處。

我的朋友艾琳讓我體會了這個道理。「我匆忙趕到愛琳．費雪設計師的服飾店買了件衣服，跑回家試穿，然後去退貨，全部得趕在午休時間完成。」她告訴我，「女店員試著刷退我的信用卡，但是她沒辦法讓機器順利操作。我快要遲到了，因此爆發。『如果妳沒有受好訓練來做這份工作，』我斥責她，『就不要站在收銀檯前面。』」她收到我的暗示，退到後面的房間裡。我感覺糟透了，因此第二天我回去跟她道歉。『昨天我趕時間回去上班。』我告訴她，『我很抱歉這麼討人厭，我也知道那鬼機器有時候會超級難搞。』

「我大概再也不會見到那位女店員了。」艾琳明白，「但是我的道歉讓自己感覺好多了，或許她也會好一點。我這麼做得不到任何回報，不過我拿掉自己的部分卑劣，放回比較仁慈的東西。我爲了自己對她的態度道歉，也是爲了自己而道歉。」

從這件事當中，我們每個人都可能得到的領悟是：原諒與修好是各自獨立的歷程，兩者都是既爲了你傷害的人，也是爲了你自己。如同艾琳，你不必爲了想和某人維持關係才尋求原諒，你可以主動出擊。

**關鍵任務二：見證你造成的痛苦。**

要贏得眞誠的原諒，你需要鼓勵自己傷害的人對你敞開心胸，並且以關懷的心傾聽她。在她釋放掉痛苦之前，她無法療癒，你也無法贏得原諒，直到你願意了解她內心深處的點點滴滴。

讓我們看看你必須怎麼做，才能啓動這樣的歷程。

**鼓勵你傷害的人分享她的痛苦。**

爲了保護自己，不致感覺依賴和脆弱，她可能會採取一些方式保持沉默。或許她會太輕易就原諒你，或許她會變得麻木。她也可能就是繼續過日子，彷彿她已經原諒你，然而內心的風暴並未平息。或者她退縮到自己的世界，把你阻隔在外。

如果你是迴避衝突的人，她的沉默似乎好過她的憤怒。但是不要被愚弄了，掩蓋住的傷痛和失控的憤怒一樣都會造成問題，或許更具破壞性。如果你不想辦法讓她開口，鼓勵她徹底談談自己受到的傷害，她就永遠無法再親近你或是原諒你。

我再怎麼強調都不為過：**沒有衝突，就沒有親密可言**。如果你想要重建連結，身為加害者的你務必要經常邀請她，給她勇氣吐露自己受到你多麼深的傷害。敞開心胸對你傾吐是她的親密舉動，是降低你們之間屏障的第一步。疏離可能是她的保護，然而這樣的保護多半會敲響關係的喪鐘。

在維琪發現席德持續八個月的外遇後，這對夫婦前來治療。他們看起來彷彿是塑膠製的微笑娃娃，態度迷人，指甲修飾得無懈可擊，彼此更是相敬如賓。當我詢問他們的狀況時，他們列舉了所有正在發生的好事：孩子進了哥倫比亞大學的管理學院；他們對棕櫚灘退休住宅的出價被接受了。席德在一次單獨的會談中告訴我：「一切進行得很順利。」然而維琪有不同的故事。她談到自己喝酒喝得很凶，有嚴重的憂鬱症，為了席德的背叛而滿懷苦澀。表面上看起來沒有衝突不過是個幌子：維琪的內心因怨恨劈啪作響，席德則決心把頭別過去看別的地方。

這對夫妻一輩子都在迴避痛苦的議題。然而隨著治療的進展，維琪吐露了席德的外遇如何打擊了她，而席德也承認，面對自己的退休和最近確診的前列腺癌是多麼不安，於是他開始奮力為婚姻的延續而戰。

兩人都得面對巨大挑戰。「你明白維琪傷得多重嗎？」我問席德，「你需要向她證明，你很在意她悲慘的狀況。如果你希望她療癒，你需要在感情上重新允諾她，並且協助她把內心的焦慮和怨苦吸出來。」

席德了解我的意思而且回應了。首先他邀請維琪加入他每週的治療談話，這樣他們就可以學習如何一起把他們的痛苦說出來，然後在家裡繼續談論。他排出時間，鼓勵她開誠布公地說出心裡的話。一開始，他以簡單而溫柔的話語激勵她，例如：「妳好嗎？請不要把我阻擋在外，我很認眞地想要與妳重新連結，可是如果妳不把自己的感受告訴我，我們就做不到。妳需要我了解什麼？多告訴我一點，是不是還有更多的話沒說？」

漸漸地，維琪開始回心轉意了，信任他的話，和盤托出他們婚姻中某些難以忍受的時刻——例如在她流產時，席德安排鄰居送她去醫院，以便他可以上班。席德學會待在現場，而且保持情緒穩定，支持她釋放心中悲傷的努力。

當你跟席德一樣，邀請你傷害的人分享她的痛苦，讓她在你面前卸下防衛時，你就搭起了一座走向她的橋梁，協助她療癒破碎的自我。

**主動討論傷害。**

每一次你提起冒犯行爲，你就讓受傷一方知道那傷害也縈繞在你心裡——她不是孤單一人守著傷害。如果你展現出你不會忘掉自己的作爲，而且會一直謹記教訓，你就是在協助她從傷害的執念中釋放出來。我常說：**如果你希望伴侶拋開過去向前走，你就必須關注她的傷痛。如果你不關注，她將會一直沉溺在裡面。**

我的個案吉米跨出了第一步，當時母親節就要來臨了，他告訴妻子戴娜：「就是去年這個時候，妳發現了我的外遇。我肯定這事還留在妳心裡，我的心裡也沒忘。我一直在想今年我們可以過個怎麼樣不同的母親節，創造出新的回憶和更正向的關係。這是我的一些想法……」

以我自己爲例，我記得在母親過世將近一年時，有一次與體弱年邁的父親共進午餐。儘管我不是造成他悲痛的原因，我希望成爲他安慰的來源。我們坐在速食餐廳，分享一塊鮪魚三明治，當時我心裡拿不定主意：「他知道媽媽的忌日快到了嗎？我應該提出來嗎？如果我提起，會不會讓他難過？」最終，我發現自己說得支支吾吾：「爸，媽走了快一年了。」這個經常看起來已經老糊塗、茫茫然的老人，直直地看著我說：「我知道。是這個星期天，十月二十一號。」

我自己假設，如果他希望談論，他會自動提出來。或者如果由我提出來，我會讓他難過。

還有，如果我不提起，他就不會記得。然而這個創傷，我母親，他結縭五十三年的妻子的早喪，是他唯一想談的事。只有他會單獨守著自己的傷痛、或還是我會與他共同承擔的問題而已。

## 以開放的心胸傾聽受傷一方的痛苦。

你或許想要逃開你加諸對方的悲痛，你或許會懷疑讓她盡情傾吐悲傷，除了懲罰你、讓你覺得自己很卑鄙之外，會有什麼好處？但是你的傾聽有助於對方向你敞開心胸，讓你回到她的生命中。你不能跳過這一步，直到你能讓她確信你了解且在乎自己造成的傷害的那一刻來臨，否則她都不可能走向你、信任你或者原諒你。

如果你對她的痛苦漠不關心，她怎麼可能會原諒你呢？她做不到，至少不是眞心誠意的——直到你伸出雙手**擁抱她的痛苦**。「擁抱她的痛苦」的意思是要你放下自己的感受、自己的需求和自己的時程表；我的意思是你要撤除自己的防衛和辯護，甚至你的眞相版本，感同身受地體驗她的痛苦，彷佛那是你的痛苦。

你不應該試著鼓舞她的心情——她多半會視此爲操控，或是你爲了自己的利益而不看重或是企圖打消她的痛苦。更好的方法是只要傾聽就好，允許自己受她的故事所感染。試著領略她的恐懼、悲傷和氣憤，即使你從未經驗過同樣的傷害——即使你相信自己的罪行沒有像她渲染得那麼嚴重。允許自己進入她的世界，與她的哀怨共鳴。

我的個案霍爾學會了這麼做，但是做來可不輕鬆，也不舒服。他在搞了一堆外遇後搬離了家，十四歲的女兒艾麗斯想要把他逐出自己的生活之外。他偶爾到訪，提議帶她去練足球或共進晚餐，可是女兒依舊把他關在門外。有一天，艾麗斯聽到媽媽在電話中對爸爸吼叫後，她傳送一封電子郵件給霍爾，傾吐她的痛苦：

今天你讓我明白，你是多麼差勁和可惡的人。我現在對你唯一的感覺就是「我恨你」，我打從心底恨你。一次又一次，我跟你談過你是如何傷了媽媽，而你也承諾要努力成為讓人尊重、敬重的人。但是現在，媽媽在廚房哭泣，因為你待她如糞土。欺騙媽媽的人就是「你」，不要否認，所以為什麼媽媽應該努力對你好？

前幾天在網球場上，羅傑〔艾麗斯的哥哥〕叫你「霍爾」，我們全都笑了。你想要知道為什麼嗎？他甚至不希望再跟你有任何瓜葛。他不想要叫「你」爸爸，「你」不配，而且永遠不配。我恨你！我恨你！我恨你！我努力想要逃開那樣的恨意，不過現在我明白，那是我對你唯一可能的感覺。羅傑永遠不可能原諒你，然而我也從未聽見你跟他說過對不起。你竟是這樣的懦夫嗎？你在家時做了什麼好事——說謊、背地裡欺騙別人？爸爸……我知道你大概會因為我說的這些話動怒和難過，但是我再也無法否認了，而且我必須讓你了解我的感受。想想看，三十年後，當你一個人孤孤單單地活在世上……誰會在你旁邊陪伴你？？？或許有一天，你終於會明白你失去的一切美好事物。至於我和羅傑？我們會忘記你，過我們的日子。

艾麗斯

霍爾來治療時，將女兒電子郵件印下來。「我不知道如何回應，」他告訴我，「部分的我感到震驚，我傷害自己的家人如此之深。但是部分的我想著，我應該罰她居然用這麼不尊重的態度跟我說話。我從來沒有這樣子跟我爸爸說話，儘管他做了比我所做的更糟糕的事。妳認為怎麼樣？」

我的回答是：「你的女兒必定非常愛你。對她來說，恐怕保持距離會比跟你分享她的悲痛容易多了。她信任你，所以說出她的痛苦。這是非常珍貴的禮物，我建議你收下來。越過那些難聽的字眼和侮辱，試著體會她感受到的毀滅和絕望。或許她是給你機會贏回她的信任和愛，甚至是她的原諒。」

霍爾開始哭泣。之後好幾個星期，他付出眞誠的努力，去接近艾麗斯。他寄給她一封電子郵件，感謝她說得這麼坦白，並且安排跟她見面，聽她說出心裡的話。如果艾麗斯沒有對他開誠布公，冒險爆發自己的怒氣，這一切都不可能發生。如果霍爾沒有能力見證她的傷痛，聽進她必須說的話，不爲自己辯護也不疏遠她，這一切也不可能發生。

**學會傾聽**

如果你跟霍爾一樣，不曉得如何開放自己的心胸和腦袋來傾聽，有許多訓練溝通的書籍可以指引你，其中包括南希．古爾馬丁（Nance Guilmartin）的《療傷的對話：怎麼說才能安慰他》（*Healing Conversations: What to Say When You Don't Know What to Say*）、約翰．高特曼（John Gottman）的《婚姻爲什麼成功或失敗》（*Why Marriages Succeed or Fail*），以及蕾貝卡．夏菲爾（Rebecca Shafir）的《傾聽的禪道：紛擾時代的正念溝通》（*The Zen of Listening: Mindful Communication in the Age of Distraction*）。這些著作都強調了非口語溝通的重要性，例如：

★用你的雙眼和雙耳來傾聽。

★尊重對話中的停頓和沉默，不要迅速插話企圖趕快脫離痛苦。

★要讓你的語氣能傳達出你的關懷是出於至誠。

★運用身體語言增進連結（例如：朝向受傷一方）。

不要低估非口語溝通的力量。根據研究，你的身體姿勢和臉部表情傳達了訊息中55%的意義；語氣、說話速度、節奏和強度傳達了訊息的38%；而我們實際的語言內容只傳達了7%的意義。換句話說，「非口語的線索傳達了大部分的訊息。」

**無論是柔軟或強硬的情感都要傾聽**

如果受到你傷害的人，以「柔軟」的情感來表達她的痛苦，例如悲傷、羞愧或哀怨，我建議你試著反映（反射）她需要你了解的一切。舉個例子，你不妨表示：「你需要我聽懂的是，因爲我對你不忠，我摧毀了你對人性本善的信念，奪走了你對自己的認知。你曾經以爲自己能幹、迷人、有趣、充滿活力。現在，不管你做什麼，你都無法恢復你熟悉的自我，你對這點非常生氣。」

如果她以「強硬」的情感（怨毒或憤怒）來表達她的痛苦，看穿她強悍的外表，連結上蜷縮在內心那個驚嚇、傷痕累累的可憐兒，或許可以幫助你傾聽。儘管你體驗到的可能是她想把你推開，事實上或許她最希望的莫過於你再靠近一點。如果她在憤怒中顯得冷酷無情，你發現自己的耐心快要耗盡，我建議你溫柔地嘗試重新引導對話，從她論證的細節中，轉移到你們之間的情感有什麼變化。舉個例子，如果她對你大吼大叫，而你唯一想做的就是爆發或是逃開，你不妨讓自己保持鎮定，然後說：「我希望了解你的痛苦，然而我需要你跟我講的方式能幫助我聽清楚你的話。我不是要求你爲自己的痛苦裹上糖衣，但是也不要把我阻擋在外。我在這裡，我在聽。」

卸下防衛地傾聽，不一定意味著你同意她的眞相版本，只是表露出你十分在意自己造成的痛苦，希望成爲她復原歷程中不可或缺的力量。

透過傾聽，你協助她療癒，感覺自己重新爲人。「我們彼此傾聽，才產生對話。」哈佛心理學家朱蒂絲．喬丹（Judith Jordan）指出，「我們獲得傾聽，於焉存在。」

傾聽是你所能展現最具療癒力量的姿態之一。傾聽能穿透受傷一方羞辱和孤立的感覺，鼓勵她與你重新連結。你完完全全在場，肯定她的痛苦，正是創傷專家瑪莉．裘．巴瑞特（Mary Jo Barrett）指稱的「同情的見證」。她信任你，對你吐露情感，而你在場溫暖且專注地支持她，這樣的交流敲掉你們之間的高牆，打開了原諒之路。

## 關鍵任務三：真心誠意、不辯駁、負起責任地道歉。

道歉不只是簡單的一句「對不起」，不過這是好的起頭。道歉也表明你為自己的行為負起責任，非常關心你造成的傷痛，而且不打算重蹈覆轍。

我喜歡這樣想，或者大概是我希望別人這樣想，我需要請求別人原諒的時候不太多。打開天窗說亮話吧，以下就是其中一次經歷。在口頭攻擊我先生後，我把他視為問題，然後努力控制自己不恰當的憤怒，以及我獨自創造出來的混亂而苦苦掙扎。

母親過世後，我讓父親從佛羅里達搬到康乃狄克，這樣他就可以住得離其他家人近一點。這是耗費心力的工程，充滿上百萬個細節——尋找適合獨立生活的機構、轉移醫療紀錄、處理他原來住的公寓、裝修他的新家。等到我帶著他飛回康乃狄克，我已經完全透支了。我先生麥可到機場來接我們，然後送我們到爸爸的新家。終於，一切似乎就緒。但是就在我們道晚安之前，麥可拔開一瓶紅酒的軟木塞，想要敬酒以示歡迎，結果把酒灑在我放在廚房料理檯上的一切東西——提醒服藥的表格、新的食物和乾淨的廚具。老實說，我反應過度，毫不留情地破口大罵：「你怎麼會這麼笨？很明顯就是會灑得到處都是啊！」而且不停罵著。這絕非我最優雅的時刻。爸爸和麥可瞪著我不發一語，他們嚇到了。

我是因爲搬家的壓力而崩潰嗎？我的確很焦慮，爸爸要在新的地方安居，還在失去母親的衝擊之中；整個考驗讓我累到骨子裡去了。我是因爲自己的本性而崩潰嗎？我內心有根深柢固的需求，要求每件事都必須完美才行？我應該怪罪自己的童年經驗是照顧者嗎？總是承擔太多而成爲太過負責的人？這重要嗎？

的確重要。雖然我很想要爲自己找藉口，爲我的反應責怪麥可，但我知道這是怯懦和錯誤的行爲。我終於鼓起足夠的內在力量，走向這兩位我生命中非常重要的人。「我想爲自己的行爲道歉。」我怯怯地說，「我知道，麥可，你只是努力想幫忙，表現得貼心。我的行爲太惡劣了，我感到很羞愧。對不起。」

爲了避免這番告白聽起來太成熟、理性而且一氣呵成，我得坦白招認說出這些話對我有多麼困難。當然，我凶神惡煞般的行爲抵觸了我對於自己的「官方說法」。我應該是敏銳的心理學家和原諒專家，不過我心知肚明，如果我魯莽犯下大錯，卻讓自己逃脫責任，我就不配領受原諒——無論是被我傷害的人或是自己的原諒。

## 為什麼道歉這麼重要？

當你沒能道歉時，你多半會跟我有相同的感受——糟透了。當你錯待別人時，你通常會知道，而且得心懷這樣的意識過日子。如果你試圖淡化或置之不理，你就封閉在自己的罪疚裡。道歉，你才能開始改造自己，拾回你的自我敬重，修補內在的撕裂。重新整合得以發生，你知道自己做錯了，你知道自己可以做得更好。

你的道歉傳達出你尊重受到你傷害的人——這是原諒的另一項先決條件。你承認她應該獲得更好的對待，是你越界了。這樣的承認使你謙卑、而提升她，於是恢復兩人之間的均衡。

你的道歉也有助於重新連結你們兩人。如果你老實認罪，你不只卸下她的防衛，也引出她對你比較親切的情感。你洗淨了自己的良心，也就更能允許自己再次貼近她。如《愛他，也要愛自己》的作者，知名兩性心理專家貝芙莉．英格爾（Beverly Engel）所指出的：「知道我們錯待了別人，可能導致我們疏遠對方，然而一旦我們道歉，我們感覺到不必設防與親密的自由。」

## 如何做到好的道歉？

要做到好的道歉，我建議下列七條方針：

## 方針一：為你造成的傷害負起責任。

在每一樁傷害背後都有一名受傷的人。如果你的道歉要有力量，你必須承認自己的角色：「我是肇事者，我對你做了這件事。」如同《原諒無可原諒之人》（*Forgiving the Unforgivable*）的作者畢芙莉．傅拉尼根（Beverly Flanigan）在書中所寫：「有人錯了，這個人必須被指認出來，然後這個人才可以獲得原諒。」

爲了追悼一千六百名猶太人於二戰期間在波蘭遭到屠殺而設立了一座紀念碑，揭幕的碑文上寫著：「爲了紀念一九四一年七月十日在耶瓦布尼及周邊地區遇害、葬生於火窟的猶太男女老少、平民百姓。」儘管波蘭總統公開以己之名，也代表那些「爲此罪行良心不安的波蘭人」請求赦罪，許多猶太領袖和同情者爲了碑文上沒有明白譴責當時的波蘭鎮民而氣憤。沒有地方刻著：「我們做了這件事。」

作爲受傷一方療癒歷程的一部分，她需要釐清罪責的歸屬，讓身爲加害者承擔過失。因此，有效的道歉不能只是模模糊糊地指涉有人不知怎地受傷了，而是要清楚地承認：「我錯待了你，爲此我很抱歉。」

**方針二：你的抱歉必須針對個人。**

最有效的道歉必須非常細膩地針對當事人。不只是承認「我做了錯事」，而是承認「我錯待**你**，我對**你**做了錯事」。要能幫助受傷一方療癒，邁向原諒的歷程，不是你在意違反了你**自己**的行爲準則，而是你在意侵犯了**她**。

當珍妮發現丈夫與自己未婚的繼妹愛倫上床時，珍妮找她對質。「我每天都耿耿於懷。」愛倫承認，「我不喜歡，這不符合我對自己的期待，但是我必須面對我做的事。」

珍妮聽到了愛倫的懺悔，不過還是很氣惱、不舒服。她很快就恍然大悟是什麼原因。「我不在乎愛倫是不是覺得做錯事了，或是相信她打破了個人的榮譽標準。」珍妮告訴我，「她對自己失望又如何呢？我想要知道的是，她是不是爲了**我**感到難過不安，她是否在意自己對**我**所做的事？」

珍妮寫了一封信給愛倫，要求她正視這個問題。愛倫從未回信，而珍妮也絕不原諒她。

六十二歲的個案羅伊提供了另外一則好例子，闡明了有效的道歉需要的內涵。在他向妻子坦承他有性愛成癮的毛病，到處風流超過十五年時，他解釋童年時代曾遭受過性虐待。「我也是飽受折磨。」他告訴妻子。

他的妻子顯然絲毫不爲所動。「他的道歉，更多是關於他的痛苦，而不是我的。」她告訴我，

「他爲自己傷痛，而不是爲我傷痛。」

有時候你可能不了解，自己的行爲如何深刻撞擊到對方的傷痛。爲了把事情挑明，你可以對受傷一方說幾句簡單的話，例如：「我希望了解，我是怎麼重新揭開了你的舊傷，我想跟你道歉，你能幫我嗎？」

傑克是四十歲的電器技師，嘗試遵循上述的建議，告訴妻子在她懷孕最後一個月時，他曾經出軌。首先，他鼓勵妻子說出心中的痛苦，聽進去她必須說的一切。然後他道歉，並且反映她需要他理解的事情：「我想要爲了傷害妳這麼深而道歉，我打擊到妳已經很脆弱的部分。」他在我的辦公室告訴她，「我了解當妳懷孕時我不忠，妳覺得自己被困住了，沒有人可以求助，也沒有地方可去。這正是小時候妳父母拋棄妳時妳的感受。妳認爲妳可以依賴我，但是我所做的一切加強了妳覺得沒有人會在妳身邊支持妳的信念。」

傑克願意深入妻子的經驗，看看自己的行爲如何爲她已經受損的自我增加另一道情感傷疤，開啓了她原諒的可能性。他針對妻子的道歉是很好的起頭。

**方針三：你的道歉必須明確。**

當你道歉時，不要只是說「我很抱歉」，你必須精確捕捉到**你爲了什麼而道歉**。你需要描述的不只是傷害的大概輪廓，還要有清楚的細節。你需要十分具體，不僅為了傷害對方而道歉，還要為了你究竟是**如何**傷害她而道歉。只有這樣，她才能信任你察知了自己對她造成的傷害，絕對不會再越界。

我建議，特別是傷害了人生伴侶或曾經深入交往的對象的人，你們應該嘗試列出多年來你傷害她的每一件事——而不只是你最近所造成的單一、明顯且巨大的傷口。

五十二歲的美髮師艾美因為不忠向先生道歉時，她不只是說：「對不起，我有外遇。」她試著傳達她的外遇如何傷了他，以及她究竟為什麼而道歉。她也思索除了外遇，她在哪些地方可能傷了他。「過去三十年來，有時候我以完全沒有辯解餘地的方式對待了你。」她以此開頭，然後列出她道歉的行為：

★每一次我跟別人上床時，我讓你暴露在感染性病的風險中。
★我保有祕密不讓你知道，把你貶抑成外人的角色，讓你還比不上某個陌生人對我的了解。
★我使得你懷疑起自己，質疑自己在世界上的位置。
★我玷汙了我們共同生活的許多快樂回憶。
★當我感覺寂寞時我怪罪你，而不解決自己一輩子的孤寂感。

★當我對我們的關係感到生氣和挫折時，我把你排斥在外，而不是直接跟你討論困擾我的是什麼。

★我喝太多酒、工作超時，擴大了我們之間的距離。

★我放棄我們的關係，並未讓你知曉，使得我們無法共同努力解決問題。

艾美的先生保羅明白他並非完全無辜，他也以自己的方式拋棄了她。於是他寫下自己的道歉回應她：「我要為了多年來沒有在妳身邊支持妳，以及我帶給妳的所有挫折和痛苦道歉。特別抱歉的是，我一直那麼掛慮經濟上的安全無虞，以致忽略了我們共同生活的品質。妳妹妹過世時，妳得不到我的安慰。我收藏起自己的憤怒，以被動攻擊的方式報復妳，使得妳無法直接回應我的怨懟。」

**方針四：你的道歉必須深刻。**

如果你希望獲得原諒，你必須和盤托出自己的卑鄙行徑。不要以輕鬆的招供為滿足；繼續挖掘，揭露出更深沉、更黑暗的眞相。讓自己尷尬到無地自容，如果這是你應償付的代價。如亞伯特．埃利斯針對投入個人成長課程的父母眾所周知的建言：「如果你覺得坐立難安，你大概就是做了正確的事。」

寫下你的道歉並且持續修改，可能會有所幫助。每一次草稿都會更接近不討喜的眞相。我的個案約翰就是這麼做。他一開始寫了一張浮面的紙條，向妻子道歉傷了她的心。然後他又試寫了一次。「多年來，我以不屑的口吻對妳說話，」這是他的開頭，「我貶低妳來抬高自己。我一直隱藏自己不安全和沒有價值的感覺，我是多麼害怕失去妳或是與妳親密。我利用妳仁慈的靈魂，犧牲掉妳來假裝自己比較優越。我母親正是用同樣方式對待父親和我。我痛恨自己這樣的德性。」

以下是有效道歉的其他例子：

★母親告訴女兒：「我從來沒有讓妳覺得自己表現不錯，妳本來的樣子就很棒。我總是嘗試改變妳，想讓妳變得比較女性化，比較像姊姊，迫使妳符合我心目中正常小女孩的形象。我不知道自己爲什麼這麼焦慮，爲什麼對妳有疑慮；不過這是我的問題，不是妳的。」

★女兒告訴母親：「成長過程中，我對妳很嚴苛，氣妳似乎心思總是被別的事占滿了。現在我有自己的孩子，我明白要兼顧家庭和工作，還有關注孩子的感受，是多麼困難。在爸爸喝酒、不能給妳任何支持的情況下，我不知道妳是如何撐住整個家。我只想到自己，從來沒有想過應該爲妳想想。」

★朋友之間的道歉：「我對你說了小心眼、惡劣的話，像是：『不是每個人一出生就有一百萬在銀行裡。』我不想承認，不過有時候我會嫉妒你。你的人生跟我比起來，似乎太輕鬆寫意了。」

★哥哥向妹妹道歉：「我讓妳照顧爸爸，沒有給予任何援手。我假裝自己很忙，然而事實是我只爲自己的事而奔忙。妳喜歡幫助別人，所以我就順著占妳便宜。我沒有必要變成妳，但是我做得這麼少是不公平的。」

**方針五：你的道歉必須發自肺腑。**

有時候人們道歉得宜，不過是出於自私的理由：爲了讓自己擺脫內疚、降低衝突好讓生活比較好過、向上帝或朋友炫耀自己是高尙的人。需要我說明如果你的心意不對，你的道歉多半會成爲馬耳東風嗎？任何人都能接受訓練，說出優雅的文辭來表達悔恨。挑戰是體驗和傳達出「心態的轉變」。如果你想要獲得眞誠原諒，你的悔恨必須是眞心、深刻而且永久的。

我的導師以色列·史坦拉比喜歡在猶太人的贖罪日期間提醒他的信衆，上帝不會因爲我們信守齋戒而感動。他指出，齋戒本身只是行禮如儀的行爲，出於眞心的齋戒才具有意義和目的。眞心齋戒會騷動我們的靈魂，激勵我們走向那些我們錯待的人。在贖罪日的禮拜儀式期間，猶太會堂會吹響公羊角製成的號角，將會衆從沉睡中喚醒，鼓動他們的良心。「上帝，」史坦拉比斷言，「對我們的儀式不感興趣，他感興趣的是我們的善良本性。」

你如何傳達發自肺腑的道歉？一個方法是透過溫暖、柔和且熱誠的語氣。另一個方法是透過合宜的身體語言。當人們在我的診間互相道歉時，我會要求他們放下手裡的東西，面對面，雙手不要交叉，直視對方的眼睛。如果他們坐著，我會建議他們不要蹺腿，傾身向前靠近對方。然後我指導犯錯者以非常緩慢的速度說話，讓受傷一方能感受到他的眞心誠意，察知到他所言不虛。

在《性、愛與暴力：轉化的策略》（*Sex, Love, and Violence: Strategies for Transformation*）一書中，家庭治療師克勞伊．麥德尼斯（Cloe Madanes）要求，任何人曾經性虐待別人，得跪在他的受害者面前表達懺悔。無論你是否匍匐在地，你的道歉核心精神必須是眞誠的謙卑。唯有當你剝除自己的自尊自大，捨棄你的防禦策略，你才能開始說服受傷者你是眞心道歉。

馬莉的父親就沒有做到這一點。馬莉三十五歲時接到父親的信，告訴她自己快要死了，他想要爲了過去多年的行爲當面跟她道歉。「我希望妳知道我很抱歉，爲了我傷害妳的每一件事。」他寫道，「現在他們說我還可以活兩個月，如果妳能在我死前原諒我，會帶給我心靈莫大的平靜。」

馬莉記得，在她五歲時，母親把父親踢出家門，因爲他否認自己的酗酒問題，而且置家人於不顧。「那麼多年來他從未寄過卡片、禮物或扶養費，」馬莉告訴我，「現在他希望我拯救他的靈魂。」

父親寥寥數語帶過的空洞道歉無法替他在女兒心中爭取到位置。她需要聽到他爲他的言行對她造成的影響而吐露出的深沉悲傷，然而她聽到的只是他對地獄的恐懼。

這個故事有多麼悲哀？誰能說他的悔改不是眞心的？使用不同的話語，難道他就沒有療癒彼此的可能嗎？然而只聽到一句浮面的「我很抱歉」，加強了馬莉的假設，認定他的道歉只是權宜的手段，是想要在上帝的審判桌上獲勝的方法。她再也沒有跟他說過話。

**方針六：你的道歉不能拖泥帶水。**

最有效的道歉是乾脆而直接了當的，既不複雜也沒有但書，沒有天花亂墜的粉飾，也不會擺出不接受就拉倒的態度。

斟酌的道歉很容易適得其反。如果你試圖把自己的不當行爲輕描淡寫化一個錯誤、一樁無足輕重的事件，或是因爲對方的錯誤行爲所引發的可理解反應，你傷害的人多半會比之前更加受到打擊和氣憤。要不要用比較溫和的角度看待傷害取決於她，而不是你。

在這種時候，不妨記得，如果你承認罪責，受傷一方也比較容易承認她的責任。這就是發生在史丹和娜米之間的情況。

與妻子的酗酒問題共處二十六年之後，史丹與別的女人發生外遇。「我感到沒有愛和不受重視已經夠久了，」他告訴我，「娜米的酗酒讓她變得很惡劣，而且她在公衆場合的表現也令我難堪。」

娜米並未責怪史丹造成她的酗酒問題，在大學時代她就已經喝得太凶了。不過史丹經常旅行在外，在東京的上空酒吧招待日本客戶，還有她的寂寞，都加重了她的酒癮。她也一樣感覺沒有愛和被拋棄。

在史丹坦承外遇時，這對夫妻的關係迅速瓦解。他們努力想要重建。私底下，兩人都知道自己錯待了對方，然而他們的對應卻是互相控訴。「我外遇是因爲妳躲到自己的世界裡了，也拒絕改變。」史丹告訴娜米。娜米反擊回去：「我喝酒來淹沒我的寂寞，因爲你從來不在身邊支持我。你也不是完美的。」

我建議他們在家一起寫下給對方的道歉信，然後下次會談時準備好讀出來。我鼓勵他們克服自己「我需要你舔我的傷口，之後我才能舔你的傷口」這種關係取向，不妨輪流認罪。

他們寫下的道歉成了原諒的踏腳石。史丹先起頭：「我很抱歉，讓妳覺得不安全和寂寞，而且藉由疏離來報復妳。我很抱歉透過回擊妳來處理自己的傷痛，而不是採取建設性的行動，例如接受治療，或是參加酒癮患者家屬的支持團體。」

娜米寫道：「我很抱歉讓你感覺如此絕望，你得轉向我們婚姻之外的人尋求聆聽，而不是向我傾訴。我很抱歉漠視自己的酗酒問題，在公衆場合連累到你。」

這對夫妻學到的是，你不可能控訴一個人同時跟他道歉，正如你無法同時以一隻手既拿取又給予。這兩種姿態會互相抵消。你們兩人必須放下自己的反脣相譏，輪流地徹底道歉，並且讓彼此的道歉有機會銘印在對方心裡。

### 方針七：一再道歉。

對於「表面的傷口」，一次道歉或許足以贏得原諒。但是對於比較嚴重的傷害，你可能需要一而再、再而三地道歉，尤其是如果你希望修好。我有位個案抓到先生瞞著她使用兩人聯名的信用卡負債累累後，告訴他：「我不想要聽你說你很抱歉。我要你跟我一起哀愁，我希望你滿懷悲傷，就跟我一樣，每天跟我一起努力償債。」

不必等待完美或正確的時機出現再來道歉，抓住任何可行的時機。也不必等到你找出具有神奇力量的字眼才去做；往後你可以不斷修改或增補。

## 道歉不只是認罪

當你認罪時，你承認自己的錯誤；當你道歉時，你表達對自己錯誤行爲的悔恨。這兩種回應各有價值。認罪是陳述事實：「身爲神職人員，我侵犯了小男孩。」「身爲父親，我以皮帶鞭打孩子，讓他們的身體和靈魂都留下鞭痕。」「身爲妻子，我拒絕你求歡，讓你覺得自己無能。」相較之下，道歉是陳述感情，不只有事實，還表露出你的感受。

認罪有其價值，因爲顯示了你擁有洞察力和道德感，能分辨對錯。道歉更進一步顯示出你有勇氣，也懂得謙卑，願意接受你錯待的人審判自己。「認罪暴露了你的局限，」畢芙莉·傅拉尼根指出，「道歉則把你的局限交到對方手裡，由他決定接受或拒絕。」

有時候，受傷一方不知道你錯待了她，直到你坦承相告。這樣的招供給了她權力和地位。突然之間，她跟你一樣接近眞相。如同家庭治療師弗蘭克·皮特曼（Frank Pittman）曾說過的，問題「不在於你跟誰上床，而在於你對誰說謊。」你跟誰分享祕密，就跟他產生了比較親密的連繫。

認罪與道歉都能減輕羞愧，促進對話，修復你們之間的連結。然而唯有道歉，顯示出你尊重受傷一方的情感，才能贏得原諒。

康妮與她的未婚夫馬丁的故事說明了只有認罪而不道歉的局限。訂婚八個月之後，康妮邀請馬丁去上天主教婚禮之前的必修課程。這些課程是她的教堂排定的，用來幫助伴侶解決衝突，找出方法回歸彼此和上帝。馬丁遲疑了。「我不知道自己是否想去上課，」他說，「他們會問一大堆問題。」

「你對我隱瞞了什麼？」康妮想要知道。

馬丁終於招供，他有菜花的病史。他在知情的情況下，將她暴露在感染這種傳染性疾病的風險中，而他自己則偷偷用藥治療。儘管震驚，康妮很感謝知道了眞相，但是她需要知道他對自己的作爲有什麼感想，於是施壓要他談談自己的感受。馬丁開始哭泣，「我羞於告訴妳，怕妳一旦知道眞相，就不會想要嫁給我了。」他說：「我實在很抱歉，對妳隱藏了這麼重要的祕密，我眞是自私到無以復加。我讓妳的健康暴露在風險中，斲傷了妳將來信任我的能力。妳大概會狐疑我還瞞了妳什麼事？我內心深處究竟是什麼樣的人？我們的關係到底是怎麼回事？」

馬丁的認罪給了康妮資訊，他的道歉讓這段關係有機會維繫下去。

## 你的道歉必須不只是表達懊悔

懊悔的表達是內在於個人的——你是主體，也是受體。懊悔透露的是你對自己的行爲有什麼感受，而不是你對自己傷害的人有什麼感受。懊悔表示：「我很抱歉自己做的事，這些作爲大概不值得我所承受的痛苦後果。」懊悔不必然代表你關心對方，甚或你相信自己的行爲是錯誤的。懊悔有可能只不過表達了不高興，你爲自己招惹了麻煩，讓生活變得複雜。相對之下，道歉是發生在人際之間的。道歉的核心是你對自己傷害的人有什麼感受。道歉傳達出你承諾永遠不再傷害她，有時候說得一清二楚。

二〇〇一年四月，一架美國偵察機飛進中國領空，撞上中國一架軍機。布希總統公開表達懊悔造成一名中國飛行員喪命。當時的國務卿鮑威爾最終使用了「sorry」一字，然而該字譯成中文時並沒有承認罪行的意涵。這種語意上的細微之處，說明了原諒之道是如何細緻微妙。中國政府堅持立場，直到美國當局使用的字眼能意味著「說話的人承認做錯了。」

## 道歉必須不只是「臭蛋糕上的糖霜」

當你傷害了別人，你可能想要爲她做些體貼的事來表達懊悔。然而這些貼心的行爲無論多麼眞誠，都不能取代直接了當、發自肺腑的道歉。貼心的行爲如同附贈的禮物，或許傳達了想要修好的真誠願望，然而不足以贏得原諒。我稱這些間接的付出是「臭蛋糕上的糖霜」。

我的個案大偉的母親試圖在生命的最後日子求得兒子的原諒。在前一年賣房子時，母親指控兒子偷了她的錢。大偉的人格受到侮辱和貶低，他雇了會計師證明事實上母親欠他超過十萬美元。母親不僅沒有道歉，還以她最喜愛的句子嘲弄他：「穆罕默德從來不走向山，是山走向穆罕默德。」幾個月後，爲了挽回他的感情，她想送他自己珍藏的水晶器皿──這個舉動就是「臭蛋糕上的糖霜」。

「我想她認爲這是講和的獻禮。」大偉告訴我，「但是我拒絕她了。她怎麼能質疑我的正直？我一直是個好兒子。我愛她，希望跟她維持關係，但是她讓事情變得好困難。」

一年後，他的母親因爲肺癌面臨死亡，躺在安寧病房，大偉終於說出口：「在妳死之前，我希望妳能好心爲我做一件事。」他說，「我希望妳道歉，因爲妳說我拿了妳的錢。」他的母親握住他的手說：「我犯了錯，我很抱歉傷了你的心。你從來沒有給我任何不能信任你的理由。這樣的疑神疑鬼是因爲我年紀大了。愈覺得自己脆弱，就愈焦慮。原因在我，而不是你。你一直是個好棒的兒子。」她微笑著，補上一句：「現在你願意接受那些水晶器皿了嗎？」

最近我搭火車時，旁邊坐著一名婦女，手裡拿著一大捧玫瑰花束。我永遠都想要聽個好故事，於是開口說：「我可以問問是爲了什麼理由嗎？」她眼裡閃過一絲促狹，回答我：「是爲了『我很抱歉』。」

「妳一定做了眞的很壞的事。」我開玩笑說。

「不是我，」她微笑著說，「是他。」

我指著花，「所以這些花達成任務了嗎？」

「不可能！」她頂回來。

「那他需要做什麼？」我問，「直接處理問題本身？」

「妳最好相信是這樣。」她回答。

上述這些故事闡明了關於原諒的基本教訓：如果你想要療癒傷口，你不能只是逗她開心，或是提供浮面的禮物。你必須直接觸及你所造成的傷痛。

## 差勁道歉的例子

差勁的道歉就是跟好道歉的每一條原則都背道而馳。在差勁的道歉裡，你否認、淡化或不在乎傷害。你傳達的態度是，必須改過對你眞是莫大的困擾。你讓受傷一方明白爭取原諒的歷程是多麼沉悶、可笑，因此你的道歉方式正好阻礙了療癒，讓傷害長存。

下列是一些差勁道歉的例子：

★兩秒鐘的道歉：「抱歉。」

★無關痛癢的道歉：「不管我做了什麼錯事，我很抱歉。」

★逃避責任的道歉：「**如果**我傷了你的感情，我很抱歉。」

★缺乏責任歸屬的道歉：「我很抱歉你的感情受了傷。」

★敷衍了事的道歉：「如同我之前說過的，我很抱歉。」

★懷恨的道歉：「我會展現給你看抱歉意味著什麼。」

★心不甘情不願的道歉：「我**說了**我很抱歉，你還要怎麼樣？」

★權宜的道歉：「我知道除非我說我很抱歉，否則我就會倒大楣了，所以對不起。」

★「是的……不過」轉移罪責的道歉：「我很抱歉我做錯了，不過妳也不是德蕾莎修女。」

★「何必來這一套」的道歉：「好啦，我很抱歉，好兄弟。」

★諂媚的道歉：「我眞的很抱歉，很抱歉，很抱歉（但不要問我爲什麼）。」

★輕蔑的道歉：「我很抱歉踐踏了你那龐大無比的自我。」

★誇大而意圖操控的道歉：「我痛恨自己的所作所爲。你眞的、眞的能夠原諒我嗎？」

★引發內疚的道歉：「你當眞需要我爲了**那件事**而道歉？」

## 好道歉的例子

已步入中年的醫生亞力在十六年的婚姻中，與一位外地的工作夥伴維持著性愛和情感上的關係。他的妻子凱特是由酗酒的父親撫養長大，一直對她施加性虐待。對於發脾氣和當面衝突的恐懼一直延續到她的成年生活中。亞力也有酗酒問題，因這一點以及施恩的姿態，讓凱特無法跟他享受魚水之歡。當她發現他過著雙重生活時，他結束了自己的外遇。在夫妻治療期間，他寫給凱特下述這封信，捕捉到許多好道歉的元素：

我很抱歉，凱特。道歉的清單既長又難以書寫。回溯起來，我很抱歉把妳（我們）帶到這個地步……我希望我能好好表達這些想法，傳達出我誠摯的懊悔和真心的渴望，重建我們的關係……我很抱歉耗費了這麼多年都走不出酗酒的迷障，忽視妳滿懷愛意的警告，不理會這個魔鬼的存在，顯然現在它逼近我們的家庭了。酗酒從來不是好事，如果考量我們的狀況，更是加倍糟糕，因為喚起妳的童年和我的童年生活中所有的驚恐。酗酒癱瘓了我面對現實的能力，扭曲我的人格，破壞力最大的則是在我們之間築起一道牆。

我很抱歉，讓妳主要是靠自己撫養孩子。當我躲在工作、酒精和別的女人築成的洞穴裡，隱藏自己的短處時，妳獨自走在艱苦的道路上，照顧我們的孩子，得不到我應該給予的安慰和支持。妳處理得游刃有餘，甚至為我在他們的生活中保留了親愛的位置。如果我們能為他們的麻煩一起苦惱，不知會有多好，對我們的關係和孩子都會大有幫助。

在性愛關係上，我也在許多方面讓妳失望了。我沒有努力朝著我們倆都不太懂的方向努力，反而讓魚水之歡變得不可能。首先，我粉碎了幸福性生活不可或缺的私密和情感關係。性愛原本應該加強並且拓展我們對彼此的承諾；但相反地，我抽回了基石。然後又加上酒精，帶進恐懼，陌生過往的恐懼，讓妳感覺受到利用，而且沒有愛。最後，我背叛了我們的婚姻誓言，拋下妳，讓妳覺得受到欺騙和蔑視，而不能感受到婚姻的聖潔。我無法抹滅這一切彷彿從來沒有發生過。我所做的事已經不能挽回，我虧欠妳的無垠無際，毫無疑問永遠不可能完全彌補。如果我能夠重新獲得妳的信任，我會努力。

「你甚至沒有好好待我。」我承認聽妳這麼說我很震驚。現在我明白了這是事實，我深感羞愧。我希望能以行動取代這種可恥的行為，讓妳知道儘管我們在很多方面不同，我敬重、仰慕和著妳，而且真心珍惜妳。

道歉清單可以繼續列下去，痛苦的細節也能清清楚楚地寫下來，至少這些事情需要說出來。說肯定比做容易，不過這是一個開始。

**關鍵任務四：深入了解自己的行為，同時向你傷害的人揭露自己難堪的真相。**

當她問你：「為什麼你要做這樣的事？為什麼你要傷我這麼深？」而你回答「我不知道」時，她多半會抓狂。如果你毫無頭緒，為什麼你不會再次傷害她？為什麼她跟你在一起應該要有安全感？為什麼她應該要原諒你？

彼得習慣安排跟太太兩點碰面，然後四點才出現，也不打電話，這種習慣的養成或許是因為他在時間管理上有困難，或是他相信自己的時間比太太的寶貴。為了要她原諒他，他需要挖掘內心，找出這種行為揭露了自己哪些面向，以及他對太太的態度。

一旦你傷害了別人，你就沒有太多餘地可以補償了。你無法撤回自己的行為，也無法將你造成的傷痛或破壞一筆勾消。但是你可以花時間釐清為什麼你會有這樣的行為，然後向受傷一方吐露眞相，顯示你對她的信任。

如果你不想要自我批判，猶疑於向別人透露有缺陷的自己（我們大多數人皆如此），你不妨透過治療師的協助，探索自己的議題。要得出膚淺、自圓其說的解釋很容易，然而這是空洞、無意義的作為，並不是原諒的大工程。你必須願意面對關於自己的嚴酷眞相。在某種程度上，你其實心知肚明，但是拚命掙扎著不敢承認。你也必須抗拒責怪別人的這種不正當衝動。試圖以最惡劣的角度看待對方，緊緊擁抱自己的「官方說法」，堅持自己無辜，其實於事無補。

## 探索自己行為的根源

你侵犯別人的言辭或行動，或許是在面對看起來會威脅到你的任何人時，沿襲已久的自動反應，突顯了比較多關於你的眞相，而不是你傷害的人。你可以在本書第三部〈如實接納〉讀到更多這方面的資訊及其他關鍵因素。

你們兩人都應該了解，自我發現的這項練習，這種轉向內在的探索，用意不在於拋掉或淡化你犯的錯誤。你得努力照見自己的弱點，因此未來才能以更加自覺和認眞的方式行動。

面質自己爲什麼錯待別人時，我鼓勵你詢問自己下列這些困難的問題：

★爲什麼我會侵犯她的權利——貶低她，以不尊重的態度對待她？

★我在想什麼？我眞的有用腦子想嗎？

★我如何爲自己的作爲辯白？我爲何允許自己做出這樣的行爲？

★從中我可以學習到關於自己的哪些事？我的行爲是怎麼回事？我是怎麼回事？

## 為什麼這樣的努力是必要的？

你可能自問：「爲什麼我需要分析自己的行爲，暴露出黑暗的內在核心？這是爲了羞辱自己，讓她感覺好過一點嗎？是爲了罪行而鞭笞自己嗎？」

重新建構這項任務或許會有所幫助。不妨把它看成是挖掘出自己的過失，爲原諒打造能站穩腳步的地基。你願意公開剖析自己，觸及自身的議題，多半能幫助她信任你是出於個人自願，想要控制自己的行爲。

「但是這一切自我分析是否能確切證明我的懊悔，讓她相信我已經『治好』了呢？」或許你會問。不能，當然不能。洞察本身不能讓不忠的伴侶變得忠誠，也不能讓虐待人的伴侶比較自制，或是讓冷酷的老闆變得溫暖。然而對自己行爲的根源和意義缺乏洞察——或者說得更確切，**如果你沒有意願深入探索這些議題**——受傷一方就沒有什麼理由再度信任你，更沒有理由原諒你。

我的個案凱倫無法原諒不忠的丈夫。「如果他不能面對自己爲什麼出軌，」她問，「爲何我應該原諒他？」兩年來，凱倫對要不要跟丈夫復合舉棋不定。在這段期間，丈夫拒絕與她一起接受治療，也不願討論他們的關係。「他告訴我他無法回顧過往，他童年時代發生過一些事，某種形式的虐待，如果他重新挖掘出來，會帶來災難性的後果。」她告訴我，「他跟我說他絕對不會再外遇了，因爲他在吃降血壓的藥，這種藥讓他不舉。這樣我就應當安心了嗎？我告訴他：『我需要你了解，同時幫助我了解，爲什麼你欺騙我——讓我參與你的祕密，跟我一起努力，讓我們的婚姻更加穩固和親密。』妳知道的，不是外遇讓他的行爲無可原諒，而是他不願意討論，不想嘗試理出意義。我被懸在半空中，他太忙於保護自己的情感，沒空關照我的感受。」

像凱倫這樣受傷的一方，需要的不只是懺悔的言辭，她們需要能夠相信你已經改好了，尤其是在她們想要復合的情況下。「他說他很抱歉，而且不會再犯，」凱倫告訴我，「但是我怎麼知道他是認眞的？我怎麼知道他已經變好了？萬一我向他敞開自己，然後又受到重擊呢？」

如果你只是回答「因爲我不會再犯」，是無法激發多少信心的。更好的說法是：「因爲我看到我的行爲對我們的影響，而我不希望這種狀況再度發生。」不過，最好是向對方表白（而且證明）：「因爲現在我對自己的深刻了解，是之前不明白的。我現在更清楚自己是如何變成今天這個樣子。我知道我的弱點，什麼事會觸動我，以及我傾向的反應。當我看到我不喜歡自己的地方，我不會像過去那樣別過頭去，或是責怪你。我會更仔細地審視自己。」

## 從第一層進到第二層的解釋

在回答「為什麼我會這樣做」的問題時，你最初的回答可能是膚淺或不誠懇的。我稱此為第一層的解釋。第二層解釋則必須深入你的內心，而且往往因為揭露了你的眞相而令你不安。第二層解釋要求的是誠實、覺察和謙卑。

下面有三則第一層解釋的例子，然而當你深入挖掘自己的內在，更接近眞相時，就可以推進到第二層解釋。

**例子一**：朗恩是專門出庭打官司的律師，當他與在法院工作的一名女子結束外遇關係時，同意往後每當他需要上法院，就會知會他的太太艾美。有一天艾美開車經過法院，看見他的車子停在停車場。「為什麼你打破自己的承諾？」當天晚上她質問朗恩，「為什麼你要再次摧毀我對你的信任？」

朗恩的第一層解釋包括：「我忘記打電話給妳。」「我沒時間。」「我只是打算路過拿一些文件。」「她星期二不在那裡上班，所以我不認為需要讓你知道。」

朗恩同意努力探索，誠實面對自己和艾美。進到第二層解釋時，他向艾美承認：「我了解妳掌握我的行蹤很重要，但是為什麼要每件事都要交代清楚（以及為什麼告知對妳是這麼重要），這反而讓我難以給妳妳所希望的。打電話給妳，讓我覺得自己像個囚犯，必須滿足獄卒的要求。我仍然在反抗父親的控制，依舊想違抗他的意志，而妳捲到裡面去了。」

**例子二**：史提處於青春期的女兒當面質疑他的暴烈脾氣，他試圖解釋。停留在第一層解釋時，他說：「這世界是個嚴酷的地方，我必須強悍，我也必須教導你們強悍。當你們挑釁我時，把我逼得脾氣發過頭了。」

他的第二層解釋就比較經過思考了。在寫給孩子的信中，他表示：「你們問為什麼我會有這樣的行為。我想我是自己過去的產物。我的父親有躁鬱症，他會沉默好幾天，然後爆發。當他發作的時候，我感覺自己不存在了。我無法對他說出心聲，但是我發誓絕對不會讓其他人待我如糞土。我知道自己太快就會暴怒，我把事情看得太嚴重了，以為一切都是衝著我來的。我的憤怒是種偽裝，讓我感覺強悍，掌控全局。憤怒就像是我舉起的盾牌，用來抵擋我當時感覺到的羞辱和無助。我從來不希望跟父親一樣，猜猜看結果呢？我跟他一樣，而且我痛恨這樣。」

**例子三**：女兒誕生一年後，桃莉告訴先生華倫，她想要離婚。一開始她給了第一層解釋，說明她的冷漠：「我只是回應你對待我的方式。」

當她觸及自己的過去時，桃莉進到第二層解釋：「在我成長過程中，父親會記錄我的行為，表格就放在鎖上的櫥櫃裡。每次他認為我不好時，就貼上一顆金色的星星。等到我累積十顆星星（我從來不知道那是什麼時候），他就會用皮帶鞭打我一頓。我媽媽在哪裡？我學到關係是危險的，如果我要活下來，我就必須仰賴自己。我會期待結婚，然後輕鬆過日子嗎？

「說到我們，當我跟你講話，而你不看著我的時候，當你獨占交談，也不詢問我的想法的時候，我就會生氣了。我會認定你不尊重我。我了解那是你的方式，你可能是沉浸在自己的思緒裡恍神了。如果我沒有過度反應，我可以指出你的模式，你大概就會更努力一些。你有缺點，但是你不壞。一開始我就是冷漠以對，因爲我預期你會傷害我。我從來沒有給我們的婚姻機會，在我簽下離婚證書之前，我就已經不在關係裡了。」

## 關鍵任務五：努力贏回信任。

你的話傳達了你的意圖；你的行爲證明你改變的能力。要贏得原諒，你需要透過悔過的行動來支持自己的懺悔之言。跟「我很抱歉，我不會再犯」同樣關鍵的是你明確而具體的舉動，日復一日，證實你說的話是當眞的。

### 贖罪及重建信任的具體行動

這裡提供四個方法來恢復信任，並且證明你渴望產生持久的改變。

## 一、投入代價低和代價高的行為來建立信任

在我談論如何從背叛中復原的著作《走出外遇風暴》中，我發展了建立信任的行爲代價有高有低的概念。在這裡，「代價」指的是犯錯的人必須付出的情感，不一定涉及金錢支出。低價的建立信任行爲是你可以輕鬆做到的例行之事，以證明你悔罪的眞誠。高價行爲對你的要求則高出很多，通常會涉及巨大的犧牲，讓你感覺不自在、產生防衛心或是想要抗拒。在選擇適當的贖罪行動時，你必須給予**她**在意及**她**需要的，以再度信任你。療癒沒有公式可循，也沒有固定處方，但是切忌「貧血」的回應：付出太少，或是爲時已晚。對方或許會要求你提供重大的資助——不只是幾滴血而已，而是一場大輸血。寧可過於慷慨大度。

要擬定你的悔罪行動時，不要假設你們兩人會有同樣的想法。因此，我鼓勵你精確鎖定她的需求。直接詢問她，究竟你可以做什麼來贏回她的信任。不然就提出各項建議，請她評比這些事對她的重要性。

如果你希望配偶原諒你的外遇，可以建立信任的一般低價行爲包括：

★換掉手機號碼，使你的舊情人不知道如何聯絡你。

★鼓勵你的伴侶隨時打電話給你。

★一旦你遇見情人，或是聽到她的音信，立刻讓伴侶知情。
★讓伴侶檢查你每個月的電話和信用卡帳單。
★伴侶在場時才發送和閱讀電子郵件。
★當你生伴侶的氣或惱怒她時，要告訴她，而不是像過去那樣隱藏自己的情緒。

高價行爲可能包括：

★換工作，如果你和情人在同一家公司上班。
★搬家或是搬離社區，如果你和情人是鄰居。
★在伴侶面前，正式結束和情人的關係。
★把大筆存款轉到伴侶名下。

以下是可以用來補償其他冒犯行爲的高價和低價行爲：

★在治療中探索你的童年傷口，寫信給受傷的一方，揭露你對自己以及自己目前行爲的了解。

★向她以及對她重要的人（配偶和小孩）承認她指控的事實。

★尊重她有與你保持距離的需求（在你們相互致意時不要碰觸她，如果這是她希望的）。

★不要給她壓力原諒你。

## 二、填一張「幫倒忙的念頭」整理表

另一項表達懊悔的方法是填寫「幫倒忙的念頭」整理表（Dysfunctional Thought Form）。這張表格是亞倫．貝克發展出來的，用來幫助你反駁自己負面或扭曲的想法，就是這些想法形塑了你認知、感覺和對待受害者的方式。下面說明如何填寫表格。

### 「幫倒忙的念頭」整理表

| 1.描述情境——事實 | 2.描述你的感受 | 3.記錄你自動跑出來的念頭 | 4.記錄你修正後的想法 |
| --- | --- | --- | --- |

在第一欄中寫下**客觀事實**——撇開你對這件事的任何念頭或感受，單純描述發生了什麼事。

第二欄描述你各種不同的**感受**：受到侵犯、被羞辱、受挑戰、生氣、焦慮、挫折、沮喪等等。第三欄寫下你**自動跑出來的念頭**——流過你腦海的念頭。不要修剪或潤飾，只要記錄下來。在第四欄則試著**反駁**這些自動跑出來的念頭，指出自己思維中的錯誤。這項練習背後的觀點是你的思維煽動了你的情緒，然而這些思維往往是不合理或錯誤的。如果你修正自己的思維，你的情緒回應也會跟著改變，比較不會自動反應，而是更爲切中事實。如果需要更詳細解說如何挑戰自己不良的思維，我推薦丹尼斯．格林伯格（Dennis Greenberger）和克里絲汀．佩德斯基（Christine Padesky）合著的《掌握好心情》（*Mind Over Mood*），以及大衛．柏恩斯（David Burns）著作的《好心情：新情緒療法》（*Feeling Good: The New Mood Therapy*）。

讓我們看看馬雅這名個案，如何運用「幫倒忙的念頭」整理表和這套「認知重建的練習」，贏得先生的原諒。

馬雅生長在多嘴多舌的義大利大家庭裡，「每個人都同時說話，」她告訴我，「你學會提高音量讓別人聽見你。我母親的脾氣像來自地獄，隨時都在找我跟妹妹的碴，不過我們會反擊，然後不愉快就一掃而空。我的先生喬治來自不同的星球，他的家庭忽視衝突，傾向在沉默中生活。當我生氣時，我會宣洩出來；對我來說，生氣是一種釋放，沒什麼大不了。對喬治來說，那是世界末日。沒錯，他會激怒我，不過是我先點的火。他已經受夠我了，我們大概只差一場爭吵就會分手。」

下面看看馬雅如何塡寫表格。

**第一欄：描述情境**。我們要舉行一場派對，所以我請他在門外掛四盆花，而我外出辦事。他跟兩個小孩在家。等我三小時後回到家時，他沒有完成我交待的事，而且電腦開著。

**第二欄：描述你的感受**。我氣壞了，想要砍下他的頭。

**第三欄：記錄你自動跑出來的念頭**。我只要求他爲我做一件該死的事，他居然做不到。我必須親自做每一件事嗎？當然，他還有時間玩電腦。

**第四欄：挑戰你自動跑出來的念頭**。問問自己：我的想法正確嗎？這些想法有益嗎？我的回應是典型的我嗎？我能採取哪些不同的行動？

我的想法正確嗎？事實是，喬治今天爲這個家做了許多事。他帶孩子去公園。當孩子在庭院玩耍時，他除了花園的草。後來他告訴我，他沒有掛上盆栽，是因爲孩子在他周圍跑來跑去，這時要拿著電動工具站在梯子上，他會覺得不安。在孩子吃點心時，他才打開電腦一分鐘而已。

**我的想法有益嗎？**我遽下結論，把我們兩個人極端化——我十全十美，而他不中用；我辛辛苦苦，他則是懶鬼。然後我以輕蔑的口吻對他說話，令他痛恨我，結果更不想做事。

**我的回應是典型的我嗎？**是的，我需要冷靜下來，注意自己的語氣。我成長在與喬治不一樣的家庭，處理衝突的方式截然不同。在我看來溫和的言辭，對他是致命的——對我們也是。我火氣上升得太快，而且會破口大罵。

**我能夠採取哪些不同的行動？**我可以問他發生了什麼事，而不是假設最壞的狀況。我可以問他，什麼時候能把工作完成。這對他很重要，我也必須在這方面用心。改變他希望我改變的行爲模式，並不會傷害我。如果我去嘗試，我會對自己感覺比較好。

藉由了解行爲背後的想法，加以檢討，同時構思比較有建設性的新回應，馬雅展現出她是認眞想要成爲更能回應對方需求的伴侶。她所說的其實是：「要讓你原諒我，我只是道歉或坦承自己的行爲並不夠。我需要改變對待你的方式。我想要這麼做，我會努力讓改變發生。」

### 三、覺悟備忘錄

覺悟備忘錄是你寄給受傷一方的簡短卡片或電子郵件，用以表明你爲自己的行爲感到不安，努力想要改變。塡寫覺悟備忘錄讓你不只是泛泛表達後悔或承諾改變，而是深入地分享對自己的具體洞察，使得你的懺悔更加可信。

我的個案維特是典型的迴避衝突者。如果有什麼事困擾他，他要麼刻意不處理，不然就抹煞自己的感受，告訴自己說出來沒有任何好處，妻子只會覺得受到批評，因而報復。多年來他累積自己的不滿，一層又一層堆上去。

十五年的婚姻之後，維特與他在網路上相遇的女子外遇。他的妻子貝絲發現時（他們念大學的兒子幾個月以來一直偷偷閱讀維特春色無邊的電子郵件），維特羞愧得抬不起頭來，同意要努力讓妻子放心，並且感覺受到珍惜。其中之一就是填寫覺悟備忘錄。

首先，維特傾聽貝絲最需要他做什麼以恢復信任。她告訴他：「我想要知道你什麼時候不開心，你總是對我非常體貼、非常付出和投入，但是我不知道你心裡在想什麼。我如何能分辨什麼時候我做了一些事把你推開了？我需要你主動跟我說，而不是別人、不是陌生人，甚至不是治療師。」

因此維特開始在這方面努力——關注自己的感受，並且每天記錄下來，抵抗自己壓制衝突的天性。如果有什麼事困擾他，他寫下覺悟備忘錄，交給貝絲。

有一天，他從超市帶花回家。「那裡的花真的不是非常新鮮，」貝絲提醒他，「還有，提供你未來參考，我們需要兩束花才能填滿花瓶。」

維特暫停了一下，銘記自己的感受。過去他會壓住自己的憤怒，直到完全冷靜下來並深埋怒氣。這次，他給貝絲一張卡片，上面寫著：「要承認這點對我很困難，我太習慣讓衝突消弭於無形。事實是，妳的評語讓我覺得屁股被人踢了一腳。妳愛怎麼說花都可以，但是我需要聽到妳讚賞我的努力，我需要有能力取悅妳。」

貝絲讀到卡片時心裡被刺了一下，但是她也看出來，這是悔改和親密的舉動。「這比你把自己的感受封藏起來，然後透過與別人上床表達出來，好多了。」她告訴維特。

## 四、計畫重新許諾的儀式

採取主動是很重要的，而且細節的安排要能表明：「這是我相信並且選擇去做的事。」你不妨在孩子、親戚或密友面前舉行這場儀式，然而並非一定要在公開場合不可。

或許一開始，你可以大聲唸出你對受傷一方許諾要做的事，表態你願意爲兩人將來的關係負起責任，重新建立穩固而關懷的連結。舉個例子，你可以說：「我承諾重新獻身於妳，讓妳感覺安全和受到珍惜。我承諾不再喝酒，參加戒酒團體的聚會，至少一星期六次。我承諾當我受傷或惱怒時不會掩藏起來，而是跟妳說明白。」然後另一半宣布她的承諾。

這一切練習都是設計來協助你讓受傷一方感覺安全，並且受到重視和關照，於是原諒的歷程走得更深刻。單靠時間無法消弭你們之間的隔閡。

## 關鍵任務六：原諒自己傷害了別人。

當你傷害了別人，你就貶低了自己。當你努力贏得對方的原諒，你不只是榮耀了對方，你也挽回自己的榮譽。當你盡了自己的義務，面對並修正你對別人造成的傷害，就會帶來「靈性的復原」。

## 什麼是你需要原諒自己的？

以下是你可能想要原諒自己的一些行為：

★你對別人過度反應，以傷害或報復的方式來回應。

★你待別人不公平，因為你自己受到不公平對待。你讓對方蒙受自己童年經驗過的相同虐待。

★你羞辱對方，以支撐自己搖搖欲墜的自尊。

★你待人輕慢，因為對方未能符合你那不可能達到的標準。

★你對別人的言行舉止非常差勁，因爲你無法面對自己的內疚和罪責。

★你無法控制自己上癮的問題，因而危害了身邊人的安全和福祉。

★你故意違反承諾或違反法律。

因爲上述以及其他你害人害己的言行，我鼓勵你道歉，努力彌補，贏得自己眞誠的原諒。

## 怎麼做才能原諒自己？

加害者必須做什麼才能原諒自己，有很多爭議。自我原諒是送給自己的無償且無條件的禮物嗎？或者是你需要非常努力才能贏得的獎賞？自我原諒是消除你內疚的療癒藥膏，可以激勵你表現得更好？還是方便的麻醉劑，鈍化了你覺察自己所造成的痛苦，並且減輕了你應負的責任？自我原諒的歷程有多少是在你自己的腦海裡進行？又有多少是你必須跟你傷害的人互動才能達成？與流行的信念相反，我認爲可以完成自我原諒，但是必須努力才能贏得，當你執行有意義的修復行爲時，你也療癒了自己。

對於自我原諒你可能有四種取向。

## 取向一：你拒絕原諒自己

有些人不會原諒自己做過的事，無論自己是如何懺悔或悔過，也無論你傷害的人是否原諒了你。這種回應是不健康的，會加重你的沮喪、焦慮和低自尊。如果你毫不容情，令自己無法喘息地罪責自己，就會失去贖罪或救贖的餘地，而且再怎麼悔過、苦行，都不足以將你從內疚中釋放出來。如同女性心理學家海瑞亞．勒納指出的，「我們只能爲自己做的事道歉，怎麼可能爲自己是什麼樣的人而道歉呢？」

三十五歲的律師強恩就是上述道理的例證。在與小姨子上床後，他覺得自己實在太卑鄙了，無可救藥，因此他無法努力重建婚姻。靈魂已經粉碎，他相信自己活該受到永遠的懲罰，於是離開了家。不過，他和妻子仍然一起接受治療，在治療中他持續懷抱著自己的罪責。一段時間後，妻子邀他回去，著手重建新的家，然而他拒絕了。「我不認爲自己是夠好的父親。」他告訴我，「我不認爲孩子會愛我，或是我足夠愛他。」強恩無法以悲憫和仁慈的角度看到自己（視自己是一個值得愛與被愛的人），因而阻礙了他付出必要的努力，以尋求妻子原諒。最終，她放棄了他，提出離婚。她安排了人工授精，單獨懷了孩子。強恩退出治療，如今他一個人生活，羞恥和無價值感宰制了他。

## 取向二：你太輕易就原諒自己（廉價的自我原諒）

你可能在成長過程中，相信每次你傷害了別人，對方都有道德的義務要原諒你，因此你也獲得了原諒自己權利——對方待你的悲憫和寬宏大量，你可以套用來對待自己。重點是在於讓身爲犯錯者的你感覺比較好，而不是讓自己變好，這麼一來，你就不會良心不安、努力去爭取原諒了。你送給自己輕鬆而不費心思的替代品。

太快原諒自己，而不去了解自己的行爲，或直接補償你所傷害的人，是淺薄而權宜的方式，將自己從痛苦中釋放出來。這種不是努力贏來的自我原諒，其實是「新的麻醉劑，不僅讓你看不見自己的錯誤，也讓這些錯誤更容易再度出現，而不會內疚。」解除了道德上的不安，你選擇表面的幸福感，放棄自我覺察和個人成長。

我們有些人在原諒自己時感覺是如此美好，結果想要再度犯罪，只爲了可以再度獲得原諒——尤其當原諒對我們的要求竟是如此之少。根據作家馬歇爾．佛萊迪（Marshal Frady）的說法，有些人反覆犯罪是爲了體驗「原諒與救贖帶來的靈魂再生的奇妙感受。」在佛萊迪撰寫的馬丁路德．金恩博士的傳記中，他推崇金恩博士偉大的社會成就，但是斷定他有不斷升高的需求，陷溺在「縱慾」和「性掠奪」的行爲中，以體驗後續伴隨著悔罪而來的精神淨化。「或許這樣的假設並不是太天馬行空。」佛萊迪主張，金恩博士「受到內心的驅迫，一次又一次透過私底下的放蕩行爲，將自己送上罪疚的十字架，爲的是讓靈魂重生，體驗恩典再度降臨，恢復自己的神聖使命。」

你或許相信自我原諒給了你動機去面對及修正自己的錯誤，然而眞實狀況往往相反。如所羅門．史奇莫（Solomon Schimmel）在他傑出的著作《時間療癒不了的傷口》（*Wounds Not Healed By Time*）中指出的：「道德意識薄弱的人犯了罪之後，比較不會受到罪惡感和羞恥感的困擾，如果受到鼓勵自我原諒，結果可能帶來更大的道德危險，而不是道德承諾。這種人需要更多的罪惡感和羞恥感，而不是減輕。」換句話說，廉價的自我原諒可能釋放了你，不再必須面對和解除自己造成的痛苦。

有一次我參加聖公會牧師主持的週日上午禮拜，他邀請會衆起身，要我們每個人心裡想著一位我們曾經傷害過的人，然後唸誦主禱文。我們坐下來時，都對自己也對身旁的人露出溫暖的微笑。我心裡想：「太簡單了！」在某個層面，我得到了淨化，但是在另一個層面，我覺得不誠實，我自問：「爲什麼這位牧師不告訴我們，『現在，等你們離開教堂時，去找你們錯待的人向他們道歉』？」我覺得自己解脫了，然而懷疑這種快速搞定、原諒自己的方式，是否能激勵我們去承擔修補過錯的辛苦工程。

**取向三：承擔起自己的行為責任後，你原諒了自己，然而並未補償你所傷害的人**

當依循原諒專家羅伯．恩萊特（Robert Enright）發展出來的模式，你面質自己並且批判自己錯待了別人，然後以「悲憫、寬大和愛」取代「自我厭惡」。可是，你不覺得有義務向受傷的一方伸出手，或是給予補償。對此我不能苟同，這樣會錯失自我原諒的關鍵元素，成爲廉價原諒。

**取向四：只有在承擔自己的行為責任，並且補過後，你才原諒自己**

當你直接向受害者道歉，你的自我原諒感覺起來會比較應得，因此更眞實。你也更可能從經驗中學習和成長，降低你重蹈覆轍的機率。

然而，萬一你傷害的人已經過世或失聯怎麼辦？如果眞誠的自我原諒必須是贏來的，你如何面對這樣的狀況，你仍然能原諒自己嗎？我會說可以的，你依舊可以採取很多行動來承認自己的錯誤，向世人及自己證明你的悔悟，因而感覺人格的完整。這些間接的補償行爲不會修復關係，然而有助於你自己的復原。不過，如果你無法直接補償你傷害的人，你的自我原諒不太可能讓你感覺全然足夠、淨化或完成了。

甘地曾經教導一名男子如何原諒自己，即使受害者已經過世。這名男子是狂熱的印度教徒，爲了報復自己的兒子遭人謀害，他將一名穆斯林孩童的頭撞向牆壁，當場斃命。他受到良心的譴責，懊悔不已。「我知道有個方法可以脫離苦海，」甘地表示，「去找一個小孩，父母遭到殺害的小孩……把他當成自己的孩子撫養，不過要確定他是個穆斯林，而且你要把他撫養成穆斯林。」收養這名男孩會是相當容易的償罪方式，然而把他撫養成穆斯林，等於迫使這名印度教徒日復一日地承認沒有哪一個團體、哪一套信仰是天生就比較優越的——這樣的領悟「會救贖他，讓他再度體驗到自己的人性。」

萬一你再也接觸不到你傷害的人，你可以遵循甘地的建議：讓自己謙卑，每天都要贖罪，方式必須與自己的罪行直接相關。這樣可能有助於你重拾自己粉碎的正直人格與自我尊重，這是邁向自我原諒的關鍵一步。你也可能因爲自己是情境下的犧牲者而感到悲傷，因爲這些情境激發了你最卑劣的一面——這也是自我原諒的另一項構成要素。

還有另外一個問題：當你傷害的人仍然活著，可是無論你多麼急切想要努力彌補過失，對方始終拒絕原諒你，怎麼辦呢？你依舊能夠原諒自己嗎？我還是要說「可以……不過」，而且理由相同。是的，你仍然可以單方面伸出手，態度謙卑，自我挑戰，採取與你造成的痛苦相關的行動來補過。不過，如果受傷一方不肯讚賞你的努力，你的自我原諒就覺得更猶豫了。

## 贏得自我原諒的五階段模式

我建議透過下述五階段模式，來贏取自我原諒。

**階段一：自我面質**。你面質自己的錯誤和你造成的傷害，剝除所有自以為是的合理化論證、所有自圓其說的辯護和藉口，努力揭開眞相。請受傷一方爲你塡補空白，告訴你究竟你的行爲如何使她留下傷痕，對你會有所幫助。

**階段二：自我評價**。你嚴厲批判自己的言行，知道這些言辭和行爲侵犯了別人，而且不能代表你最好的狀態。你也會綜觀全局來定位自己的錯誤，意識到自己不是局限於這些過失行爲，同時指認出自己身上你所重視的那些面向。當你贏得原諒時，你提醒自己努力補過也是你的本質，是你的能力所及。

**階段三：自我悲憫**。你探索自己行爲的理由，挖掘出所有因素（壓力、人格特質、生理影響、塑造你的人生經驗），這一切加總起來，形成了今日的你。這樣的自我檢視，不是爲了替自己的所作所爲找藉口，而是幫助你悲憫自己，開啓改變之門。

**階段四：自我轉化**。你盡己之力彌補，如果可能，直接針對你傷害的人彌補。你的任務包括：克服自己不願去爭取原諒的抗拒；關注你造成的痛苦；眞心誠意、不辯駁、負起責任地道歉；揭開自己行爲的眞相（這些行爲所透露的你）；同時努力贏回信任。

**階段五：自我整合**。你接納了自己永遠無法讓錯誤變成對的，不過你讓自己懺悔和補過的行動轉化了你感受、了解以及對待自己的方式。你不一定要以自愛取代自恨，但是你認可了自己，也有理由對自己感覺不那麼陌生，覺得更整合和更完整。你依舊承擔自己錯誤行爲的罪責，但是放下了爲此持續懲罰和蔑視自己的需求。你努力創造新的人生敘事，納入你的過失行爲，然而同時爲你的人生添加意義和目的。當你讓那些你傷害的人解脫了痛苦，你也讓自己擺脫了痛苦。

## 結語

如我在《走出外遇風暴》書中所寫：「自我原諒不會解除你對自己言行的責任，但可將你從自我蔑視中解放出來，不再受困於『我沒辦法做得更好』的『有害的拙劣感』。你了解自己是什麼樣的人，了解自己爲何有過去那些行徑，在自我原諒下，你將仁慈的憐憫帶進這些認知中，重新恢復你最重視的自我。」

我還要補充，自我原諒不只是爲了感覺自己清償了罪過，或是得到赦免——當然肯定不是只爲了讓你感覺良好。自我原諒的主要目標是努力從你傷害的人身上贏得救贖，也努力於讓**他們**感覺好過一點。這兩項目標密切相關，因爲你爲了療癒對方所做的努力，也有助於療癒自己。因此我極力反對下述概念：自我原諒是私底下獻給自己的禮物，是在內心清算自己的錯誤。相反地，我鼓勵你把自我原諒看成是，當你承認自己的罪責，直接彌補你傷害的人時所展開的歷程。在努力爭取對方原諒的同時，你多半能以更有勇氣、更具實質意義和較具啓發的方式，來體驗自己的本質，收穫會大過於只發生在自己內心、只給予自己的自我原諒。

## 受傷一方為了應允原諒必須做的事

是的，犯錯的人必須努力才能贏得原諒。他得證明自己誠心悔過，修正錯誤，同時撫慰你的傷口。不過原諒是兩個人的工程，如果他向你伸出手，而你揮開他的手，就不可能產生療癒。

## 應允原諒的三項關鍵任務

我不是表示你必須或應該原諒他，不過若你打算考慮這個選項，以下是你必須做的事。

關鍵任務一：檢視自己關於原諒的錯誤假設，看看這些假設如何阻礙你應允原諒。
關鍵任務二：完成如實接納的十項步驟，不單憑己力，而是在傷害你的人協助之下。
關鍵任務三：創造機會，讓傷害你的人可以彌補過錯和幫助你療癒。

讓我們一一檢視這些關鍵任務。

## 關鍵任務一：檢視自己關於原諒的錯誤假設，看看這些假設如何阻礙你應允原諒。

下述是一些你對原諒可能抱持的錯誤假設，每一則都會破壞掉你原諒的意願。

**錯誤假設：在我感覺百分之百安全、自在和準備好之前，我無法進入原諒的歷程。**

無論加害者是如何悔罪，你可能永遠不會覺得準備好要原諒他了。如果你想要等到自己準備好，那麼你可能會等到這輩子過完，或是你們的關係終結。因此，即使你有所保留，你不妨考慮給他嘗試的機會來證明自己。這意味著讓他明白，如果他努力補償，你也會努力向他敞開自己，不會在每次互動中，讓你的質疑和焦慮傾巢而出。堅持負面和不予理會的態度，他最終會放棄你，或是回以你相同的態度——這麼一來，你能得到什麼？

**錯誤假設：原諒是單方面的赦免，我不應該要求任何回報。**

「原諒無法贏得。」臨床心智健康諮商師卡洛塔．薛納罕（Karlotta Shanahan, M.A, LCMHC）這麼說，他在參與我的外遇工作坊後，寫了一封深思熟慮的信給我，「我同意不忠或犯錯的一方需要努力以重獲信任，證明他渴望恢復關係，而且他必須願意為了受傷一方忍耐痛苦，然而這些行為無法贏得原諒。他可以贏得信任，他也可以贏得療癒，但是唯有受到傷害的伴侶表示：『我放棄因為你傷害我而獲得的傷害你的權利』，原諒才會降臨。」

這種傳統信念（原諒是無條件的）是羅伯．恩萊特的心理學著作和國際原諒學會大力鼓吹的。恩萊特引用心理學家柯伯格 Lawrence Kohlberg）的著作，標示出原諒的不同階段，反映了我們的道德發展。在這樣的排序中，「最低」階的是他指稱的「報復型原諒」：「只有當我能夠懲罰他或她，到達與我的痛苦相應的程度，我才能原諒對方。」下一階是「補償型原諒」：「如果我能拿回從我身上奪走的，那麼我可以原諒。」「最高」階是「愛的原諒」：「我無條件原諒，因為能提升愛的眞實意義，因為我必須眞心關懷每一個人。他或她做出的傷害行為不會改變這種愛的意識。」

我擔心這種假設（如果你是道德上和心理上發展成熟的人，你會無條件給予原諒），會封閉我們許多人的原諒之路。「為什麼只指望我原諒不知悔改的犯錯者？」你心懷疑問：「為什麼不驅策他來緩解**他**對**我**造成的痛苦，幫助**我**來原諒**他**？」對許多人而言，單方面應允原諒似乎是神聖的行為——然而不是你所能為。

威斯康辛大學社工學院臨床教授畢芙莉．傅拉尼根，捕捉到單方面的赦免和蘊含了互動特質的眞誠原諒兩者之間的差異，她聲稱：「原諒需要努力，赦免是授與的。原諒的人釋放了自己免於仇恨，但是並沒有釋放傷害一方免於責任。」我還要補充，赦免是對加害者無所求的贈與；相對地，原諒伴隨代價而來，必須努力贏得。

**錯誤假設：原諒是立刻發生的。**

人們往往把原諒想成是瞬間的轉變，突然就發生了。這種想法因為馬里蘭大學社工系教授佛德瑞克．迪畢拉西歐（Frederick DiBlasio）的作品而更深入人心。他推廣單次的淨化課程，長達六小時的「原諒會談」，由受害者、加害者一道參加，在他的指導下化解傷害。

這種途徑有許多值得推薦的地方。你們一起討論傷害——事實、當事人的感受以及後果。加害者吐露他過往的祕密，承諾具體的贖罪行為。而危險是你可能到最後感覺被逼著要原諒，並且修好。在你們兩人尚未完全掌握到傷害的意涵之前，加害者想要贏取你原諒的努力，可能到頭來只是草草了事。

在哪個點上，原諒眞的發生了？對我們大多數人來說，原諒是漸進的歷程，從加害者道歉，到保證絕對不會再傷害你，各個階段逐一展開。或許需要時間，你的情感才能跟得上你原諒的決定，你也才能相信他的努力值得信任。

有些人或許只要加害者站出來，表現出眞誠、實在的懺悔行爲，幾乎就會立刻應允了原諒。有些人可能會突如其來地應允，不過得等到多年之後。我的個案安妮只花十五分鐘，就原諒了以前的婆婆琳達十九年前造成的傷害。

「湯姆跟我離婚，和保母跑掉時，他的母親琳達也和我斷絕來往。」安妮告訴我。「她從未打過電話，從未向我伸出手，或是再打個招呼。我們曾經非常親密，一夜之間，彷彿我從來不曾存在過。我想一定是我有什麼地方不對。」

幾乎二十年後，當琳達的先生過世時，安妮決定登門弔唁。「琳達用大大的擁抱歡迎我。」安妮回憶道，「她詢問我的事業和我先生的狀況，然後把我拉到一旁輕聲說，她有些話想要告訴我。她眼中含著淚說：『妳知道我一直很愛妳。湯姆離開妳的時候，他非常生氣，說了一些事來中傷妳，說妳企圖搶走家族事業，妳想要取得孩子的監護權等等。他不能忍受我繼續跟妳來往。我夾在中間左右爲難。但是他是我兒子，他似乎非常脆弱，因此我站在他那邊，對妳不聞不問。現在我也是孤單一人，我知道那種感覺有多麼冷清，我很抱歉對妳造成的任何傷害。』」

「自從離婚後，琳達一直對我的孩子很好，」安妮心軟了，「帶他們去旅行，支持他們的學業。我學著接納她。然而直到現在，聽到她承認因爲傷害我多麼難過，我才能考慮原諒她。她花了十九年的時間，不過並不會因此降低她的道歉的重要意義和力量。」

**錯誤假設：原諒是全心全意而且徹底的。**

如果你假設原諒必須達到百分之百，你很有可能會拒絕原諒。把原諒當成是全有或全無的命題，你可能會感覺被逼到牆角，因而下結論：「我離同意還遠得很，因此我必須拒絕。」這種僵化、截然劃分的思考，不允許落在中間的回應，然而「中間」正是我們大多數人的立場。

當他首度道歉時，你可能只原諒5%；等到他證明了自己的懊悔，你原諒到65%。不過還有35%可能是你一直無法原諒的。這樣或許也很好，誰能說多少比例的原諒才算數？無論是多少比例，我鼓勵你思考出合適的模式，允許你**部分**原諒，也允許你給予**足夠**的原諒。

你可能熱戀上某人，幾個月後才發現你沉迷在浪漫愛的喜悅之中，其實不懂得什麼是成熟的愛。原諒也可能出現同樣狀況，你或許相信在那一天你已經原諒對方了，然後他展現更多的善意，持續努力恢復你對他的信心，結果超出你預期的，你又更深一層原諒他。相反地，如果他再度傷害你，或是打破他的承諾，你可能撤回你的原諒，最終回到原點，或是退到更糟的狀況。

原諒不是科學，而是極為主觀的歷程。有些人可能不太在乎口頭的道歉——如果加害者時常把「我很抱歉」掛在嘴邊，再聽一遍可能對你起不了作用，唯有具體的行為才能讓你相信他後悔了。也有些人可能堅持要聽到懺悔的話——愈多愈好。

當加害者給了你需要的一部分，而不是全部，你的原諒也可能是部分的。這是珮琪的經驗。她的先生馬可和高中時代的舊情人有一次約會上床，為此他跟她道歉了十幾次。「他為這個錯誤負起責任。」她告訴我，「他會早點下班回家；我打電話給他時，他似乎真心很高興聽到我的聲音。週末他為我們做早餐，安排我們去打網球。我們的性生活美滿，而且他會在冰箱上留給我示愛的短信。他討厭談論傷痛的事，但是我們的婚姻幸福，而且我相信他的心沒有亂跑。我想要原諒他，如果我做得到。」

根據珮琪的計分卡，馬可完成了要贏得原諒的三項任務：他敞開心傾聽珮琪的傷痛，透過有意義的方式向她道歉，而且非常努力要讓她感覺安全和受到珍惜。他沒有做到的是窺探自己的內心，試著去了解及表達為什麼他背叛了珮琪。「每次我一提起外遇，」她告訴我，「他就會打斷我：『我們必須再講這件事嗎？』我必須知道為什麼會發生。我問他：『你是否覺得我沒有時間陪你，因爲我帶媽媽去做化療？爲什麼你開始使用威而鋼？你是否擔心自己在床上的表現、你的健康、自己漸漸老了？』但是他不願談論。坦白說，這讓我害怕。如果他不願追究問題的根源，我怎能信任舊事不會重演？」

珮琪盡了全力，聚焦在馬克爲了彌補傷害所做的一切，但是她不高興馬克把她關在門外。她選擇原諒他，不完全而是部分——足夠他們擁有滿足、眞誠和親密的共同生活。

**錯誤假設：當我原諒時，我放掉對加害者的所有負面情緒。**

很普遍的假設是，一旦你原諒，你的負面情緒就會完全由正面情緒取代。這類期待的問題在於過於截然二分，使得原諒遙不可及，而且不留給你其他選項，只能決定毫不原諒。

當你應允眞誠的原諒時，你爲憤怒保留了空間，認可憤怒是正常和適當的。你不會用悲憫或愛取代憤怒，也不會盡釋前嫌了事。那種神奇的反轉不會發生在受苦於情感傷害、有血有肉的人身上。

即使在多年之後，每當你想起自己受到怎麼樣的傷害，或者什麼事情喚起你痛苦的回憶時，你的舊痛還是有可能浮出表面抓住你，把你拖回苦海裡。期待不同的狀況，就是否認人的大腦有召來創傷時刻的能力，會迫使你再度經驗同樣清晰的細節，跟第一次發生時同樣撼動你的身心。

神學家李維斯．史密德寫道，當你原諒對方時，你停止痛恨他，或者你停止痛恨他，但是持續痛恨侵犯行爲。我同意史密德的話到某個程度，不過我要補充：即使你原諒了傷害你的人，即使你致力於平靜的生活，還是可能有些時候一股恨意湧上心頭，你無法將他對你做的事跟他這個人分開來看。你依舊是凡人，認爲自己的回應可以釘是釘、鉚是鉚是不切實際的。接納這一點，會拓展你對原諒意涵的理解，留下空間給予必然會升起的負面傷人情緒。

當你眞誠原諒時，你不是非得清空所有的敵對感受不可，而是允許其他的情感共存——例如悲傷和哀愁等比較溫柔或正面的情感。伴隨憤怒而來的，還有較豐富、更平衡和更複雜的回應——納入了加害者做錯的事和做對的事，以及他對你造成的傷害和他補過的努力。

心裡要有準備：原諒不會抹去傷害；你有可能留下來與一堆惡劣感受的殘渣爲伍。這就是我的個案溫蒂的經驗。儘管她原諒了先生羅素的外遇，她持續在怨懟與悲傷的情緒掙扎中。「我知道他很努力，想讓我覺得受到珍惜和安全。」她跟我保證，「但我失去了他在我心目中的理想形象——永永遠遠失去了。我的感情繼續在同理和無法忍受的背叛感之間擺盪。」

羅素揭露外遇的那一刻依舊蝕刻在溫蒂的心上，無法抹除。那可怕的一刻的週年即將迫近時，她因爲自己悲傷的強烈程度而詫異。「羅素希望我們共度那一天，創造出正面的新回憶。」

她告訴我，「我很感激，然而這一切是如此苦樂參半。他向我伸出手，感覺很棒，不過也讓人難過，因爲他做得愈多，我就會記得他傷我多深。我不斷問自己：『我們還能再度分享純粹喜悅的時刻嗎？』」

羅素坦承外遇兩年後，溫蒂寄給我下述訊息：「羅素的外遇仍然讓我非常傷心，儘管治療幫了大忙。閱讀和時光的流逝也有所幫助。我們與之共處，盡了我們最大的努力，而且我們都愛著對方。」

我們可以說溫蒂尚未原諒羅素，因爲她對他的正面情感有時候會受到負面情感的侵襲。我們也可以說她部分地原諒他了，而隨著時間可能愈來愈能原諒他。我認爲最後一章尚未寫完。

當你原諒時，你並不是按下一個開關。溫蒂喪失了她對完美之愛的信仰，也不再相信自己婚姻的獨特性，因爲這些失落而悲傷，爲此責怪羅素是很正常的，無論他做了多少來補過。然而她的悲傷和怨恨不一定要勾消她對羅素眞誠懺悔行爲的感激，也不必占住她所有的心思，讓她無法產生原諒之情。

**錯誤假設：當我原諒時，我等於承認我對加害者的憤怒是誇大的，或是站不住腳。**

人們常常告訴我：「當我考慮原諒時，彷彿是把傷害行爲看得無足輕重。我要是這麼做，老天都會詛咒我。」

但是當你原諒時，你不是對加害者說：「你做的事沒那麼壞。」你堅持自己的看法，就是加害者越界了。而對方也支持你，讓你相信他知道自己做的事的確「那麼壞」。除非他有意識地承認自己的罪行，他沒有權利要求你的原諒。除非你有意識地承認他的罪行，否則你並沒有什麼是要原諒的。

大衛是已入中年的會計師，因爲自己長期酗酒的問題向三十歲的女兒傑妮道歉。她接受了他的道歉，而且同意原諒他。大衛離異的妻子珊迪就沒有這麼仁慈。「我覺得遭到背叛。」她告訴我。「傑妮有什麼權利將這些年一筆勾銷？這樣太便宜他了，不是他應得的。」

不過大衛給予女兒的不只是廉價道歉。他飛越大半個美國，當面向女兒解釋他對於自己的行爲多麼羞愧。「我的酒癮必定讓妳害怕和難堪了好多年。」他告訴她。大衛承諾停止喝酒，而且確實實踐諾言，投入復健計畫。傑妮因而放棄了自己與他保持距離的需求，這是她向來懲罰父親的方式，她也允許自己同情、尊敬甚至愛他。她繼續譴責他過去的行爲，不過讓他逃脫了後果，只要他願意爲這些行爲負責。

這種人際間的交換是眞誠原諒的核心。傑妮放棄自己指控父親的需求，因爲大衛讓她相信他了解自己過去是多麼嚴重錯待了她，並且邁出勇敢的步伐以求改變。他成爲自己行爲的裁判，於是傑妮得以放掉這項職責。

**錯誤假設：當我原諒時，我就賦予加害者權力，也讓自己變得軟弱，無法防衛自己。**

如果你爲了求和而否認自己的傷痛，你多半認同了尼采的信念：原諒是懦夫的行爲。然而眞誠原諒是需要力量和決心的，你爲自己挺身而出，堅持自己受到錯誤對待，要求清算「正義這筆帳」。你沒有放棄自己的權力地位，你放掉的是對權力的執著。你沒有排除掉自己渴望賠償的需求，你讓他跟你一起努力達到賠償的目的。

**錯誤假設：原諒意味著重修舊好。**

如果你把原諒和修好連結在一起，你可能兩者都不願意應允。其實原諒和修好是各自獨立的歷程，而且應該分開考慮。

如果你選擇原諒而不修好，你允許傷害你的人彌補過去錯誤的行爲，可是拒絕給他另一次機會傷害你。無論他是多麼內疚，你關閉了大門，未來不再有任何互動。

在重大的傷害之後，考慮任何型態的復合之前，你可能會想要結束關係。舉個例子，如果你的配偶不忠，你可能決定最好是離婚，同時爭取到公平的財產分配和監護權安排，之後你才有餘裕問自己：「下一步呢？」當一切塵埃落定，你不再有必須表現出善意的壓力時，或許你反而會比較安心，可以跟他共處。看看他能有什麼樣的表現，再努力重新創造這段關係。有時候舊關係必須先死亡，新的關係才可能誕生。

無論如何，在現實生活中，原諒往往會導向修好，而修好也會導向原諒，不管先後順序為何。如果加害者在情感上和實質上都陪在你身邊（如果他以同理的態度傾聽你的痛苦，也努力矯正他的行為），或許你會比較願意歡迎他回到你的生活裡。

當然，修好有許多不同的程度，如同分離有許多不同的程度。選擇與他保持關係，並不表示你們親密互動，享受支持性的連結，或者互相感受到深刻的愛。比較溫暖的情感或許會漸漸滋生出來，不過得經歷過一段時間，在他證明自己值得信任之後。

**關鍵任務二：完成如實接納的十項步驟，不單憑己力，而是在傷害你的人協助之下。**

真誠原諒和如實接納要求的是相同的回應嗎？很大程度上是的。透過真誠原諒和如實接納，你努力放棄自己的怨恨、傷痛以及報復的強迫性需求。你也可以經由真誠原諒和如實接納，試著看清楚加害者和他的罪行，並且承擔恰如其分的罪責。真誠原諒和如實接納幫助你界定出保護及增進自己最佳利益的關係。

不過，唯有透過眞誠原諒，加害者才會跟你走在一起，並且伸出協助的雙手。對方的積極參與具有深刻的意涵，讓你們倆的內心和兩人之間經歷了深層的淨化，這是單靠如實接納無法達到的效果。

讓我們看看有哪些步驟，能夠協助你對自己以及對他感覺比較好。

## 步驟一：加害者人協助你尊重自己感受到的全部情緒。

你不需要他承認你的感受，才能讓這些感受站得住腳，但是如果他認可這些情緒，的確能助你一臂之力，恢復自己內在的重心——這是邁向療癒不可或缺的一步。

我的個案薇薇安經歷的衝擊是加害者起初不理會她的感受，後來又肯定這些感受。她在十八歲時告訴母親，受人敬重的醫師父親在她整個童年時代都以肛交的方式強暴她。她母親冷冷地回應她：「閉嘴。妳就是愛找麻煩。」薇薇安感覺自己被徹底摧毀了。「我開始懷疑什麼是眞實的，什麼不是。」她告訴我。

五年後，她父親已經過世，而她也生了第一個孩子後，薇薇安收到母親的信，要求再度成爲她生活的一部分。在一連串對話後，母親做到了傾聽薇薇安的故事，並且承認眞相。「妳在念小學時，」母親承認，「常常因爲拉肚子被送回家。妳也長期處在焦慮和不舒服的狀態。

現在回過頭去看，我能意識到妳的恐懼、麻痺和羞辱。發生在妳身上的事是邪惡的。」

你可能會發現，如同薇薇安，當加害者人踏入你的世界，跟你一起坐在你那受創的情感空間裡，他幫你提供了穩固的支持基地——一個相當安全的地方，即使你最糟糕的感受也可以在這裡說出來，並且有人傾聽。你的尖叫不會再遁入虛空之中。當你表達傷痛時，他傾聽並且映照回來。「我心痛。」你說。「你心痛。」他反射回來。「我的感受很重要。」你堅持。「是的，你的感受很重要。」他回答。這種言語上的雙人舞，多半能讓你平靜下來，也幫助你關照自己混亂的情緒。要是你宣稱「我的感受很重要」，而他回以「去你的重要」，或是你表示「我一直受到不當的對待」，而他反擊「你瘋了」，這麼一來，要釐清和整理自己的情緒會是多麼困難。

加害者可以協助你穿越混沌，克服因爲他的侵犯造成的無力感和無價値感，創造出新的敘事，讓你感覺更踏實、更能掌控而且比較完整。透過眞誠原諒，他成爲你故事的讀者，沉浸在你的經驗之中，一頁接著一頁、字字細讀。

你們在一起守住陣地，「抗拒你的經驗被抹煞。」你不再需要切斷自己的感受，或是淹沒在感受之中。這些感受不再代表破壞的力量，阻絕了你自己，也阻絕了他。相反地，這些感受成爲珍貴無比的源頭，帶給你們啓示和更新的連結。當他見證了你的創傷，感同身受你的痛苦時，他幫助你整合自己所有的感受，或許也包括對他較溫暖的新感受。

**步驟二：加害者協助你放棄報復的需求，但是不放棄你對公正解決的需求。**

當他以同情的態度傾聽你的苦惱，並且負起傷害你的責任時，他幫助你恢復你的尊嚴和對正義的要求。他可能也會降低你想要懲罰和羞辱他的需求，讓你比較容易原諒他。到最後，你跟他扯平了，不是來自於造成他的痛苦，而是他努力卸下了你所肩負的羞愧重擔，放回其歸屬之處。如哈洛德·庫希納拉比（Rabbi Harold Kushner）在《有意義的人生》（*Living a Life That Matters*）指出的，我們「渴望報仇，其實是需要重新取回權力，擺脫受害者的角色，以行動取代無力感。」如果加害者站出來為自己的錯誤負責，或許你就不那麼需要報復了。

**步驟三：加害者協助你停止執迷於傷害，重新投入生活。**

當他願意用心回憶自己如何傷害了你，為此贖罪，就可以讓你放鬆心情、澄清思緒，生活裡有更具啓發性和振奮的消遣。

安娜是位心理學家，她為我闡明了上述道理。在我主持的一場探討不忠的工作坊中，她描述了自己的治療師如何讓她留下傷痕。「當我發現先生出軌時，我們一起接受諮商，試圖找出方法重修舊好。」她主動說出自己的故事。「我無法停止去想他對我做的事，當我外出去拯救別人的生活時，我自己家裡的這艘船卻沉了。他已經結束外遇關係，準備好向前進了。我們的治療師也一樣，唯一陷在過去的人是我。我感覺他們兩人對我愈來愈惱怒。相信我，如果我有能力表現得更好，我一定會做到。困在自己的腦袋裡一點都不有趣，我很清楚自己這個樣子沒有建設性。我甚至服用藥物，試圖控制自己狂亂的念頭。由於感受到他們的壓力和輕蔑，我對自己和世界的感覺愈來愈糟糕。最後我放棄治療，先生提出離婚。回過頭看，我認為自己受到兩次創傷。首先是先生的外遇，然後是治療師的態度，她讓我覺得自己是差勁的妻子，也是差勁的病人。」

我詢問安娜她跟那位治療師是否再接觸過，她回答沒有。我建議她不妨寫封信告訴她，為什麼自己放棄治療。安娜同意了。在幾星期之後的電話諮商中，我們一起草擬了一封信，目的是希望能讓那位治療師以開放而且沒有防衛的態度來回應。

安娜寄出了信，出乎她意料的是很快就收到了回音，她拿來與我分享。「安娜，我很難過妳退出治療，是因為我沒能提供妳所需求的，或是協助妳處理。」治療師寫道：「當時我深刻意識到妳是多麼痛苦，而我覺得糟透了，因為自己幫不上一點忙，讓妳感覺好過一點。或許我把這看得太個人了，因而覺得是自己能力不足。沒有把我的自我懷疑告訴妳，反而傳達給妳的竟然是妳眞差勁，因爲沒有快一點康復。不忠是嚴重的創傷，妳最不需要的就是試圖催促妳放掉傷痛的治療師。如果妳還想要再多談一點，我很高興再度與妳會面，費用算在我頭上。獻上最深的祝福。X醫生。」

就跟安娜一樣，你會發現，如果傷害你的人以耐性和同情，而不是判斷或不屑，來回應你的傷痛，他就能幫助你感覺自己比較正常，不是那麼混亂和孤單。當他以同理心傾聽，沒有設定時間，接受你的復原不一定會遵循著一條向上的直線前行（一路上可能會有好些錯誤的起頭和退步），他傳達給你的訊息是：他的投入不是因爲自我中心的需求，想要擺脫你這個良心上的重負，而是他想要在你的痛苦之中陪伴著你，無論得花多少時間。他願意接受你的抗議，或許因此能將你從執念中解放出來，打開你的心胸來應允原諒。

### 步驟四：加害者協助保護你免於更多的虐待。

下面這個故事是一位父親爲女兒建立了安全的庇護，給她信心邀請他回到她的世界。

黛比小時候，父親戴偉嚴重酗酒，而且對她性騷擾。她記得跟他一起坐在客廳的沙發上看電視，怕到不敢動，父親的手會繞過她的肩頭，愛撫她的胸部。

十年後，生下第一個孩子時，她開始回想起這些受到壓抑的創傷記憶。她邀請父親加入她的治療。在治療中，他既沒有確認，也沒有否認她的指控。「我不記得我做了什麼，」他告訴女兒，「當時我喝酒喝得太凶了。」

接下來幾年，戴偉眞誠努力地控制自己破壞性的衝動，承諾遵守女兒的安全規範，同時證明他值得女兒的信任和愛。他加入戒酒課程，終於放棄酒精。尊重女兒掌控自己世界的需求，戴偉同意未經邀請他不會侵入她的生活空間：他絕對不會打電話到她家裡，在自己家裡如果來電顯示出黛比的號碼，他也不會拿起話筒。他絕對不會以任何方式碰觸她，即便他們在公開場合見面致意時也是。他絕不會要求幫忙照顧小孩，或單獨跟他們在一起。在一次家庭聚會中，他私下承認他必定對她做了什麼可怕的事。她漸漸原諒了他，不過保持自己的界線。

又過了十年，儘管黛比離婚了，她覺得現在對自己較有把握且篤定了，她開始允許父親進入她的生活。他毫無私心地提供協助，舉個例子，當她要搬入新家時，他在搬家工人抵達之前用吸塵器把地板打掃乾淨。後來還在她的院子栽培出一座花園。在戴偉的母親過世時，黛比跟他一起出城去守靈。他繼續保持適當的距離，但是當女兒走近時，表現出溫暖和合宜的舉止。他從來不向她尋求舒適或安慰，也從來不要求女兒照顧他。

經過了好多年，以及好多改正錯誤的互動，黛比和父親終於共同恢復了黛比的安全感。隨著父親持續證明他足以信賴，黛比費了一番功夫慢慢爲他打開了大門。他的努力癒合了她內心的裂口和兩人之間的裂縫。他不再只是她創傷的源頭，他也是療癒的一部分。

### 步驟五：加害者協助你從他個人掙扎的角度建構他的行為。

當別人侵犯你時，你可能會覺得自己永遠改變了，不再是之前的那個你。在這種時刻，你覺得不是受到創傷的**毒害**，而是**自己有毒**。你相信自己內在很差勁，而且羞愧得無地自容。當加害者逆轉了這個歷程，承認他的行爲反映的是他而不是你，他就能幫助你排出內心的毒素，讓你珍貴的自我重新進駐。在他的支持下，你克服了與自己「美好自我」（或許也包括他的「美好自我」）的離異狀態。

區分羞辱與羞恥的不同非常重要。羞辱是傷害你的人強加在你身上的外在狀況；相對地，羞恥指的是你感覺自己沒有價值的內在體驗。當有人傷害你時，羞辱與羞恥感可能會混雜在一起。你混淆了他傷人、貶抑你的行爲，誤以爲自己就是這樣的人。

透過如實接納，你獨自釐清這一切。透過眞誠原諒，加害者會協助你，不說「你可恥」，而是「我可恥」——不說「你是糞土」，而是「我待你如糞土」；不是「你活該讓我這麼對待你」，而是「我的問題在作祟」。

四十六歲的阿諾是男同志，安排好要和他在網路聊天室認識的朋友見面。「我開了九十分鐘的車到指定地點，當地CVS藥妝連鎖店的停車場。」他告訴我，「那傢伙，泰德，遲到二十分鐘，儘管他住在離這裡僅五分鐘車程的地方。當他抵達時，他就坐在自己車裡，是我下車走向他。他看了我一眼說：『我放棄。』然後搖上車窗開走了。」淚水湧上阿諾的眼睛。「我被人蹧蹋，」他說，「這傢伙從哪裡獲得權利如此對待別人，不把人當人看？」

從事諮商的約翰．裴頓牧師（John Patton）寫過，像阿諾這樣以羞恥來回應冒犯行爲的人，他們不把加害者看成是「獨立啓動的中樞」，與自己「剛好互相衝突」，而是「羞恥者自我中令人厭惡的部分」。換句話說，阿諾以最個人的層面看待泰德的行爲，讓自己成爲泰德拒絕的卑賤人物，是他仇視與嘲弄的對象。

八個月後，阿諾接到泰德的電子郵件，寫著：「我想要跟你道歉，爲我們見面時我的惡劣表現道歉。我確定自己的行爲讓人覺得冷酷和麻木不仁。我希望你明白，我得負起全部責任，並不是你做了什麼，或是跟你有什麼關係，讓我有如此表現。我才剛剛出櫃，坦白說，每次面對實際狀況，要跟我找到的人眞正在一起時，我就會失態。我希望你在未來的網路約會中，能找到比較穩重的對象。我非常抱歉。」

對阿諾來說，對你也一樣，加害者能夠協助剝除他侮辱行爲中的強烈個人性質，將你從強迫性、自我獻祭的罪己意識和滿身缺點的感覺中釋放出來。在這樣的歷程中，或許他會變得不那麼可恨，比較容易原諒。

發生在凱妮和男朋友佛瑞身上的事，是另一則絕佳例子。在發現男友外遇後，凱妮已經準備好離開他，不過當佛瑞承諾投入一年的治療，處理根深柢固的不忠模式時，凱妮保留了自己的決定。「如果他能理清楚自己的內心是怎麼一回事，或許他會改變。」她告訴我。

佛瑞來到我的診間時，既困惑又苦惱。「我不知道我在做什麼。」他坦承，「五年前當我前妻發現我欺騙她時，我們離婚了。現在我跟凱妮約會，我熱戀著她，卻又同時密會對我壓根兒沒意義的其他女人。爲什麼我故意把自己搞得一團亂，爲什麼我學不會教訓？」

佛瑞尋求自我覺察，引領他回到了童年時代。我們談話時，他揭露出遭到遺棄和虐待的往事。「我六歲時，一名營隊輔導員曾經抱我坐在他的大腿上，雙手在我身上亂摸。」他說，「那年夏天，我回到家發現父母分居了，事先沒有告訴我。幾年後，我哥哥在身體方面對我做了一些事，我現在還沒準備好談論那些事。」

佛瑞開始了解，爲什麼對他而言，關係從來不是受到保護的安全區域，反而是地雷區，讓他感覺到隨時有被遺棄和利用的危險。爲了躲掉注定的下場，多年來他已經學會先拋棄別人，在一樁接一樁的情事中不斷遁逃。在浪漫愛的生理快感中，他不僅感受到愛，還有力量和自由，然而到處獵豔只不過加深他寂寞、孤立和羞恥的感受。

佛瑞跟凱妮分享他的洞察，協助她了解自己的背叛模式。「我領悟到，他一輩子都在逃避關係，他的行爲並不是因爲我的緣故。」凱妮告訴我，「我在乎的是，他似乎也理解了這點，因此讓我願意留下來跟他一起奮鬥，也讓我覺得有希望。我不知道自己是否足夠信任他，願意嫁給他，不過他對自己的好奇，他肯忍受痛苦的自我檢查，使得我比較容易原諒他。」

如果你跟凱妮一樣，不再只是從自己受傷的角度來看待加害者，願意花心思洞察他所受的傷害，你就能深入了解他的動機。如果他在前面領路，你會發現更容易同情他和同情自己。

**步驟六：加害者協助你與他重修舊好。**

當你眞心誠意原諒了加害者，你讓他的補償行爲強化了你對他的依附。悲憫和謙卑或許會促使你渴望保持連繫，然而是加害者的悔罪密合了你們之間的連結。你讓他回到你的生活之中，不是因爲這樣的寬宏大量讓你覺得自己高尚，而是他藉由證明自己就跟你我一樣高尚，贏回你的芳心。

重修舊好不是要或不要的抉擇，你擁有各種選項，可以選擇不同程度的投入、親密和信任。舉個例子，你可以原諒懊悔的伴侶，跟他離婚，但是爲了孩子繼續跟他互動。你也可以在他證明自己值得信任後，跟他維持親密關係，並且努力重整你的生活。

我的個案米雪就選擇留在丈夫亨利身邊，給他機會彌補過錯，但是經過好長一段時間之後，她才能再度感覺到對他的絲毫愛意。

五十歲的亨利是位成功的建築師，決定為了宗教和家庭因素放棄情人，努力經營他的婚姻。他諮詢的治療師告訴他：「如果你要回到妻子身邊，你必須絕對誠實，向她和盤托出一切。」

亨利回家後，告訴米雪他與一名事業伙伴外遇了兩年，不過下定決心要結束這段關係，因為這才是正確的事。「我非常生氣必須放棄這名女人，她是我最好的朋友，而且在性愛方面妳已經不再吸引我了。」他告訴妻子：「不過我願意試試，看看我們能一起努力出什麼結果。」

米雪看著他，彷彿在說：「你瘋了嗎？」不過因為她想要維持家庭的完整，也花了三十二年與他共同經驗了人生的重要時刻，而且明白自己也創造出他們之間的隔閡，所以她有意識地決定跟亨利接受伴侶治療，努力重建婚姻。

兩年來，在米雪的鼓勵下，亨利非常努力跟她重新連結。然而在這些日子裡，亨利可怕的話語，「這名女人是我最好的朋友，性愛方面妳已經不吸引我了」，始終縈繞在她耳際。

有一天亨利告訴米雪：「讓我重新開始。我想要為我再度承諾妳時所說的話向妳道歉。我心存惡意。坦白說，我想要傷害妳。我因為自己不快樂而責怪妳，無法面對自己毀了我們家的罪疚。不過，今天我知道了當時我不知道的事，那就是我眞的愛妳。我百分之百確定這裡就是我想要待的地方，我很感激妳讓我回到妳的生活之中。」

米雪轉向他說：「很抱歉，這樣還不夠好。你兩年前對我說的話是無法原諒的。」

我對米雪的回應是：「亨利無情的話語肯定讓妳難受極了，不過那或許是當時他所能說出最好聽的話了，因爲對於回來，他心裡有著衝突和矛盾。絕大多數人對於復合懷抱著理想的憧憬，他們想像伴侶乘著愛的翅膀飛回她們身邊，然而實情往往是，尤其在破壞力強大的外遇之後，愛只會出現在漫長而艱苦的旅程盡頭。當加害者放棄了他的情人，對你，他的人生伴侶重新許諾之時，浩大的工程就展開了。接下來妳開啓了原諒他的可能性，允許他採取有意義的彌補行動。彼此以溫柔和敬重相待，你們共同培養出親密感與信任。最後，或許愛意會重新浮現。人們不想要聽這番話，因爲與直覺相反，也不浪漫。要求你在感受到愛之前，先有愛的行爲。再說，在現實生活中，愛通常是最後降臨，而不是最先出現的，而且只有在辛苦努力之後，才會湧現。」

「流行文化給了我們愛的廉價品。」我補充道，「心臟怦怦跳，沉浸在如潮水般湧來的愛意之中，似乎是那麼不費力。相較之下，成熟的愛需要無所畏懼的堅毅，它對亨利的要求是承認自己的罪責，爲讓他深深在乎的人失望而贖罪；對於妳的要求則是處理自己的幻滅，不要讓妳的幻滅打消了亨利想要贏得妳的原諒、想跟妳一起生活的眞誠努力。」

**步驟七：加害者協助你原諒自己的缺失。**

你不需要他的參與來原諒自己，但是他可以幫助你走得更平順。

我的朋友黛安告訴我一樁回溯到她約會年代的插曲。「我遇到一名讓我著迷的男子，因此邀請他去城中的畫廊看畫展。」她回憶。「他說他會去查查自己的行程，立刻回覆我。結果，直到展覽前一天，我才聽到他的消息。他的訊息簡單明瞭：『抱歉，黛安，我抽不出時間。』從此我再也沒有他的音訊。這不是發生在我身上最糟糕的事，然而發生在我人生中非常脆弱的時刻，加強了我本來就對自己沒什麼自信的感覺，以及我是否找得到親密伴侶的無力感。二十年後，誰想得到我竟在書店碰到他。我們客套了一番，然後他說：『我想要道歉，因爲當時表現得像個白癡。我不知道哪來的觀念，以爲如果善待一個女人，她會視我如無物；而如果我待她如無物，她就會善待我。我有好多東西該學，妳很聰明地甩了我。』

「儘管事實是，我並沒有甩了他，是他甩了我。不過在我人生的那個時刻，我已經不需要他的告白來膨脹我的自尊了。我的婚姻幸福，對自己很滿意，我已經拋掉往事了。當他道歉時，我很快就原諒他。但是我突然領悟到，他不是唯一需要原諒的人，當我讓他的拒絕摧毀我的自信，晦暗了我的人生時，我成爲自己最惡劣的敵人。因此我接下他的提示，向自己道歉，並且接受自己的原諒。」

我有許多個案都告訴過我，有些傷害他們的人如何幫助他們療癒的故事。史圖和珍就是典型的例子。儘管他們還在念大學，當史圖讓珍懷孕時，他堅持要結婚。「這是應當做的事。」他告訴她。但是他感覺自己被困住了，從交換誓約的那一刻起，就心懷怨懟。

珍忍受史圖沉默的憤怒和接連不斷的出軌，她以爲這確證了她從疏遠而過度批評的父母身上學習到的是自己不夠迷人，無法吸引任何人來愛她。三年婚姻生了兩個孩子之後，她和史圖離了婚。

等到他們的長女南希訂婚時，史圖對於他在這段關係中的角色，已經發展出較誠實的看法，意識到他和珍得在婚禮中互動，他希望即使現在才道歉，還不會太晚。

他寄給她下述這封信：

親愛的珍：

現在南希即將結婚，我希望分享關於我們的婚姻和共同生活的一些想法。我想要道歉，因為讓妳覺得自己是我不快樂或不忠的原因。沒有人能夠滿足我，妳運氣太壞，嫁了一個對自己是什麼樣的人以及關係代表什麼意義一無所知的人。責怪妳給了我需要的藉口去鬼混，除了自己任何人都不支持。我非常抱歉。妳得到一樁爛交易。這完全不是妳的過錯，問題在我。對於孩子，我希望妳知道，妳一直是個了不起的母親。

史圖

附註：我期待在婚禮上見到妳，妳願意留給我一支舞嗎？

珍很感激他的來信。她的回信如下：

親愛的史圖：

多年來我認定你是因為我而離開的，我責怪自己。你體貼的言辭幫助我原諒了你，不過更重要的是幫助我原諒了自己。我也期待與你共同慶祝女兒的婚禮。謝謝你。

珍

多年來史圖一直以懷柔和體貼的方式對待珍，當然讓珍更容易接納他。不過當他承認他所造成的傷害時，他將珍從過度的自責和難以忍受的自我懷疑中釋放出來，幫助她原諒自己和原諒他。

## 關鍵任務三：創造機會，讓加害者可以彌補過錯和幫助你療癒。

要走上眞誠原諒之路，你需要爲加害者創造機會，讓他傾聽你的痛苦，關心你的情緒，補償他所造成的傷害。如果你待他如邪惡的化身，以你的沉默或憤怒打擊他，你可以確定不會出現任何修正錯誤的行爲。

如果爲了輕易獲得的和平，你否認自己的傷害或置之不理，對待他彷彿他從來沒有傷害過你，也不會有眞誠的原諒。既然對他或對自己都無所要求，爲什麼他應該覺得有任何義務補償？他或許根本不知道傷害了你。當不必面對或解決任何事情時，你能夠給予他的至多也只是原諒的廉價替代品。

眞誠原諒要求你來我往的互惠。你必須決定是否要打開大門讓他進來，而他必須決定是否要跨過門檻走近你。你們任何一人都可以踏出第一步。他可以主動走向你，請求原諒，或者你可以讓他知道你需要從他身上得到什麼，才能療癒自己。在理想的世界裡，你大概會希望他走出第一步，不過在理想的世界裡，他根本不會傷害你才是。

如果他拒絕投入原諒的工程，你就不必原諒他，你可以如實接納他來取代。不過如果他想要彌補，何必阻撓他呢？爲什麼不讓他協助你療癒自己的過往，即使你不想要他進入你的未來？爲什麼要拒絕他補過的渴望可能帶來的療癒和各種可能性？你可以選擇慢慢向前走，但是爲什麼要全然阻礙進步呢？

在治療因爲「依附關係的傷口」飽受折磨的夫妻時，婚姻治療大師蘇珊．強生（Susan Johnson）試圖協助雙方更懂得互相回應，「培養出安慰與關懷的良性循環。」這種付出與接受，細緻的一來一往，正是眞誠原諒所帶來的。當加害者努力要包紮你的傷口時，你允許他安慰和照顧你，你們倆互相協助，引出對方最美好的自我。這個自我最可能激發出具有療癒功能的回應。

你究竟該如何鼓勵加害者走向你，贏取你的原諒呢？下面提供一些方法：

## 敞開自己，與他分享你的傷痛。

你不應該認定他知道你受傷了，或如果他的確知道卻不在乎。告訴他，給他機會彌補。當你直接把自己的悲痛攤在他面前，而他以專注而關懷的態度傾聽時，你們兩人就在進行療癒。

二十歲的莉妲來到我的辦公室時，已經出現厭食問題，而且喝酒喝得很凶。她父親的外遇讓她留下傷痕，不過把傷口切得更深的是她看見父親對情人的女兒梅麗的依附。「他從來沒有像愛她那樣愛我。」莉妲告訴我。

我聽得入迷了，因爲莉妲的故事跟父親的版本完全不同。過去五個月我在治療中會見她父親，他正努力想要從外遇中抽身，沒有一次表現過對梅麗的情感，他甚至從未提起她。

我把莉妲和她父親一起請到我的診間，鼓勵莉妲傾吐她的感受──她的悲傷、焦慮和嫉妒。她害怕兩人更加疏離，而不願意說出心事。她也害怕自己最深的恐懼──她的確對他不重要，會得到證實。不過，最終她還是開口了。「當我拔除智齒時，」她告訴他，「你從來沒有到醫院來看我，你反而去了梅麗的畢業典禮。當我放假回家時，你帶她和她媽媽去西班牙旅行。」

她父親仔細傾聽，我事先指導過他要將莉妲需要他了解的內容加以映照回去，因此他把自己的椅子拉近她，直視她的眼睛說：「我了解了，妳相信我跟別人女兒的關係比跟妳親密。我跟她在一起做的事及爲她做的事，讓你覺得我沒有那麼愛妳，或是我根本不愛妳。妳感覺被取代了。」

莉妲點頭。

「我可以回應嗎？」

莉妲再點頭。

「莉妲，妳是我唯一的女兒，而且妳是我深愛的人。就像妳知道的，我牽扯上我不該牽扯的人，迷失了自己，嚴重傷害了妳跟妳母親——我的抱歉超過我所能表達的。但是我跟她女兒沒有親密的關係。我陪梅麗是因爲我跟她媽媽在一起。梅麗對我完全沒有妳對我的意義，她是附帶的一部分。我能理解爲什麼妳的想法不一樣。我很抱歉在妳生病時沒有陪伴妳；我很抱歉把妳拋在一邊，讓妳感覺沒人要。我希望我們倆能再度熟悉彼此。」

莉妲聽進了父親的話。是父親邀請她回到他的生命中，不過是莉妲分享她內在的混亂，開啓了療癒的歷程。她如果保持沉默，就會不斷加深她的傷痛，使得原諒成爲不可能。

## 坦露你的痛苦中「最脆弱、不堪一擊的下腹部」。

你或許相信，除非你對傷害你的人大發雷霆，他不會了解自己的侵犯有多嚴重。如許多心智健康領域專業人士的想法，你也可能認爲你需要爆發才能清除體內的有毒情緒。然而這種「淨化模式」是錯誤而且有害的。現在我們知道，當我們釋放憤怒時（尤其是經常反覆宣洩）時，我們不會甩掉我們蘊藏的怒氣，事實上，我們可能增加了補給。當我們表達憤怒時，怒氣會持續在我們內心滋生。

你如何傳達自己的氣憤或羞愧，多半會影響加害者回應你的方式。美國頂尖的婚姻研究專家約翰·高特曼在他的「愛情實驗室」中觀察到，一個人送出訊息的方式，形塑了訊息送回來的方式。「討論毫無變化地總是結束在開頭的同一個音符上。」這是他發表的結論。因此他建議「溫柔的起頭」，你扣住難聽的批評或輕蔑的言辭，邀請加害者加入談話。如果你分享的不是痛恨而是傷痛，我稱之爲「你的痛苦中最脆弱、不堪一擊的下腹部」，你多半能召喚出比較沒有防衛、更支持的回應。

我的個案馬琪就是學會用這招面對她的先生傑夫。過去經常發生的狀況是，馬琪出差回家後，就會發現家裡有什麼東西壞了，而傑夫沒有修理好。她的標準回應是攻擊他的能力。「我不曉得自己怎麼會跟你這麼沒用的人在一起，」她會脫口而出，「你跟我第一任丈夫一模一樣，你們利用別人。你想要免費的享受，你想要我負責一切工作，而且付帳單。」

只有等到馬琪停止削弱他的男子氣概，開始分享她比較脆弱的內在核心時，傑夫才能關照她的痛苦，以親愛伴侶的身分回應她。她學會傳達訊息給他：「我覺得招架不住了，而且被人視爲理所當然。當你等待我回家修理電話或車庫門時，我覺得自己簡直是做牛做馬。我一輩子都在照顧別人。我請求的是，如果哪裡有問題，你試著去解決，不管用什麼辦法。成功與否都不重要，唯一重要的是你嘗試了。那麼我就會覺得你有努力跟我一起經營婚姻。我需要你的幫忙。」

馬琪在兩方面改變了她訊息的基調。第一，她從表達冷硬的情緒，如痛恨、怨懟和輕蔑，轉成表達比較柔軟的情感——她的傷痛、她的疲倦，以及她的失望。

當你採取赤裸裸的指控態度，只表達出冷硬的情感，你大概只會贏得慘勝，摧毀了你的對手但是輸掉大局。或許你會成功地讓他覺得自己壞透了，但是你不會獲得他絲毫的同情。遭受你強烈敵意的重擊之後，他多半的回應會是在情感上疏遠你，找機會反擊，或是完全麻痺了——這全都在敲響原諒的喪鐘。

對於傷害你的人，感覺憤怒和防衛是很正常的，但是如果你希望他修復你的傷口，我的忠告是：不要讓他輕易就**放棄**贏得原諒。不要給他藉口不走向你，不要加強他的想法，反正不管他做什麼都影響不了你的感受。如同一位想要道歉的犯錯者告訴他妻子的：「如果妳表現得像隻母老虎，我如何能擁抱妳？」

當你表達柔軟的感情時，你創造出的氛圍讓他比較能感受你的傷痛，以安慰、同理的態度來回應。這不表示你得嚥下你的憤怒，或是以糖衣包裹起來，而是表示你應該試著超越憤怒，傳達你深沉的傷痛和恐懼，並打從心底說出來。

你的目標應該不只是引發他的同理心，還要激發他的同情心。兩者有何區別？當他同理你時，他停止從他自己狹隘的觀點判斷你的行為，並試著透過你的眼睛了解發生的事。告訴他你這邊的故事，有助於他同理你。而當他表現出同情時，他感受到你的感受，希望伸出手來減輕你的痛苦。當你分享的不只是你的故事細節，還有你的傷痛時，他就比較能夠同情你。

你們有些人的回應或許無法表現得如此細微，至少一開始很難。你可能首先需要傾瀉你的哀傷。六十八歲的艾蜜莉就是個好例子。她是舉止非常得體的聖公會教徒，講起話來總是輕聲細語，情感內斂。有一天，她在地下室發現一盒文件，竟是兩名她一無所知的孩子的信託基金協議。經過一番打探，她發現丈夫在十七年前有一段風流韻事，生下了兩名孩子，他一直在經濟上給予支持。這段外遇十多年前就結束了，但是他持續爲了孩子寄錢給他的舊情人。

這對夫妻在我的診間會談時，艾蜜莉對著丈夫尖叫辱罵，直到聲音沙啞。他們要離去時，艾蜜莉停住腳步，回過身來看著我，眼睛噙著淚水。「我實在是太丟臉了。」她說。「我今天使用的字眼，我甚至不曉得自己知道這些詞彙，我實在很抱歉。」

我的回應試圖讓她知道她的感受很正常，以減輕她的羞愧，這樣她才能和先生展開建設性的對話。他極度渴望贏得原諒。

「有時候大聲尖叫是唯一可行和眞實的人性反應。」我告訴她，「爲了眞實面對自己，妳可能需要釋放困在妳心裡的怨毒。只是要記住，雖然這樣的表現是面對重大傷害正常而健康的回應（這是我們大多數人的起點），但如果妳希望有一天能原諒或療癒，就不能永遠閉鎖在自己的憤怒裡。經過一段時日，當妳能傳達出潛伏在敵意之下的傷痛時，才比較有機會得到傾聽。」

## 協助他捕捉住你的傷痛，告訴他你究竟需要什麼才能療癒。

爲了讓加害者贏得你的原諒，你可能需要明確告訴他你是多麼受傷，以及你需要什麼才能復原。當你協助他**抓住你的傷痛**，並且告訴他應該如何療癒時，你爲他創造了機會，爲你疼痛和需要關注的特殊傷口塗上特定的藥膏。

以下是個例子。在醜陋、難堪且爭鬥長達兩年，才搞定財產劃分與孩子監護權的離婚，茹絲和艾力特共度一個週末，慶祝兒子大學畢業。他們一起走在校園時，艾力特爲讓她的人生悲慘而道歉。茹絲深受感動，但是覺得他沒有觸及他的背叛中殺傷力最大的部分。她考慮讓這一刻就這樣過去，她不想要毀了這個場合，而且他已經表現得比過去任何時刻都尊重她的感受。但是她明白要完全原諒他，她需要他針對核心議題。

茹絲鼓起勇氣，「我感激你的道歉，」她說，「對我意義重大。但是你曾做了一件比欺騙我或是跟我離婚都要糟糕的事，我希望我們能談談。」

「說吧。」他說。

「在我看來，你似乎處心積慮試圖讓孩子反對我。你希望他們愛你而恨我。你告訴他們一些有關我的事，既惡意又不是事實。」

艾力特毫不遲疑。「妳百分之百正確。」他說，「我的確這麼做，而且我這麼做是故意的，也算計過。我希望妳明白我對自己的行爲深以爲恥，我自私又魯莽地傷害了妳和孩子。」

茹絲繼續點出自己的痛苦，並且鼓勵他說明白。「這樣才能幫助我弄清楚你爲什麼要這樣做。」

艾力特在回答前沉思了一下。「老實說，我從來沒有想過這個問題，直到現在。」他說，「妳知道的，道歉並且承認我錯了，並不是我的強項。不過我想我會這麼做，是因爲我覺得內疚，痛恨妳可以讓我覺得自己不那麼糟糕。我知道我沒有安全感，因爲小心眼和不成熟的心態，我相信如果孩子愛妳，他們就會反抗我。而我害怕失去他們的愛。我希望妳明白，」他補充道，「他們從來沒有落入我的操控。他們太聰明、太愛妳了，妳是再好不過的母親。」

艾力特接著踏出另一步，企圖修復他傷害茹絲如此之深的傷口。他走進兒子們正在等待的飯店，說：「我剛剛向你們的母親道歉，因爲我不該如此對待她。」然後他向他們複述他告訴茹絲的話，再度向她道歉——以及對兒子們道歉。

這個故事闡釋出，原諒是非常細膩的合作歷程——受傷的你可以協助加害者贏得原諒，而他也可以協助你應允原諒。艾力特眞心誠意爲自己的行爲感到抱歉，他也道歉了，可是他無法讀出茹絲的心思，不知道埋藏在她心底的事。只有她才知道還有未竟之心結，只有她能提出來引起他的關注，要求他處理。唯有如此，他才能說出療癒她的正確言辭，做出療癒她的正確行動。

在我處理外遇傷害時，當受傷一方告訴她的伴侶他需要做什麼才能贏回信任時，伴侶有時候會感覺受到壓迫，因此惱怒而拒絕。不過其他時候，伴侶會擁抱這樣的挑戰，「我希望彌補我造成的傷害，但是我眞的不知道怎麼做或是從哪裡開始。」犯錯的伴侶表示，「告訴我，我想要知道，我想要照著做。」

當你揭露你需要傷害你的人做什麼時，你承擔了一定的風險。一方面，你可能發現他壓根兒不在乎你或是你需要什麼；另一方面，你可能給了他長久等待的機會來接近你。這就是我的個案夏露與母親對質時發生的事。

在夏露整個童年期間，母親都在吸食大麻和古柯鹼。「當妳來到我身邊時，我已經深陷毒癮了。」母親承認，「妳沒有從我身上得到多少照顧。」

夏露很感謝母親坦承不諱，但是還不夠。「這實在是不怎麼樣的道歉。我仍然不清楚她對於自己的作爲有什麼感受，她是否有絲毫的懊悔？如果她懊悔了，我希望親耳聽到。」

我鼓勵夏露回去找母親，要求更多一點。她同意了。「我一直在猜想，妳對於自己的毒癮有什麼感受，還有妳是否抱歉妳如此對待我，」她跟母親表示，「我不希望妳說謊或是編造故事，但是如果妳感覺難過，讓我知道會有幫助。」

「我感覺糟透了，超過妳能想像的。」母親回答。「我不是妳應該擁有，或是我希望自己能成為的好母親。我為我讓妳經歷的所有焦慮難過得要命——迫使妳照顧我，不能當個無憂無慮的小孩。我很抱歉那些日子裡，妳放學回家時，我不能陪在妳身旁，詢問妳學校的情形，或是協助妳做功課，反而讓妳發現我在百葉窗放下來的臥室裡嗑藥嗑得迷迷茫茫。我很抱歉，有一次我嗑得過量，妳必須打電話找救護車來救我，那一定非常嚇人。我可以說個沒完沒了，如果妳希望，我就繼續說。」

聽到這些話安慰了夏露，也教導了她當你告訴對方你對他的需求時，你就開闢出讓他回到你心裡的道路。因此我建議你：不要設下**看不見的圈圈**，希望傷害你的人自己跳過去。要具體告訴他：「這就是能幫助我復原、讓我放掉憤怒的行為。這樣做讓我可以親近你，或許我就會原諒你。」

你也許會渴望要求的特定行為，包括：

★「我需要你**開口求我**原諒你。」

★「我需要你跟你的家人說，關於我的事你說了謊。」

★「我需要你讓我說出你傷害我的每一件事，而你必須傾聽而不能生氣。」

★「我需要你複述我告訴你的話，這樣我才能確定你『懂了』。」

當你告訴他「我對你一無所求」時，你就切斷了自己跟他的連繫，不給他任何機會達成有意義的補償。事實上你所說的無異於：「我什麼都不需要，因爲我已經決定痛恨你，把你打入冷宮。」相對地，如果你描繪出自己的需求，你就指引了他方向，開闢出一條原諒的路徑。

如法國哲學家巴謝拉（Gaston Bachelard）之言：

我們最初的痛苦源自何處？
就在我們遲疑不說出的事實。
痛苦誕生的那一刻，
我們在內心累積愈來愈多的沉默。

**允許他做出補償。**

當有人傷害你時，他就欠了你的債。想要償清，他必須定期且確實地償還。當你拒絕他的付出時，眞誠原諒就遙不可及。

我的個案馬克就是這樣的例子。在他父親過世時，他想要陪母親住幾天，而且帶大兒子一起過去。可是他懷孕八個月的太太瑪姬不答應，她無法獨自照顧他們兩歲的小兒子，她堅持馬克留在家裡。他同意了，默不吭聲，然後跟鄰居的妻子上床來報復瑪姬。雖然他背叛了瑪姬，他卻認爲自己是受傷的一方。

瑪姬發現他的外遇後，兩人一道前來我的診間，想要努力彼此原諒。馬克一開頭就表明是他不忠，瑪姬並未像他那樣做錯任何事。「要求妳傾聽我的問題，我會覺得不自在，像小寶寶一樣。」他告訴她，「讓我們先聚焦在妳身上。」這聽起來很合理，因此我們就這樣進行，不曉得馬克隱藏的計畫。

瑪姬傾吐她的傷痛，馬克傾聽。然後寫了一封道歉信，表示了解他的外遇對她的生活造成的一切破壞。

這對夫妻預約了下一週的會談，輪到馬克詳談**他的**委屈，而瑪姬會寫信跟他道歉。可是在會談的兩個小時前，馬克取消見面。他重新約定時間，卻獨自前來，表示他忘記告訴瑪姬了。

「怎麼回事？」我問他。終於，他吐露了眞相：他不想要瑪姬化解他的憤怒，他不想要放棄他的宿怨，他不想要療癒。「如果我告訴她，她多麼傷害我，我知道她會傾聽，同時因爲沒有支持我而道歉，然後我就必須原諒她。」他解釋。「妳知道的，」他笑著說，「我是西西里島人，西西里島人永遠不會原諒。」

馬克透過幽默，試圖掩藏的是他混亂的童年。他是父母年歲很大了才出生的孩子，經常被當成是個麻煩，不速之客。瑪姬不支持他，說也奇怪，反而讓他感到自在。他已經決定要扮演受虐的犧牲者，把瑪姬塑造成吝於付出的妻子——這是他太過熟悉的角色。允許瑪姬接近他，將會迫使他改寫人生故事——這樣的選項比起停留在功能失調和苦惱的狀態更難受，也更具威脅性。

對馬克而言，或許對你也一樣，有時候道歉是難以接受的，比傷害本身更困難。如果你允許犯錯者道歉，或許會迫使你以不同角度來理解他，把他看成是善惡兼具、跟你一樣的凡人，脆弱而且值得原諒。

富於同情心的道歉隱含了殘酷，在我針對外遇的治療中明顯可見。我的個案珍就是典型的例子。她寄了一封信給伴侶的舊情人羅娜，而羅娜的回信表現出情眞意切的懊悔。「我想要爲對妳造成的傷害道歉，」她寫道，「我每天都牽掛著這件事。我希望不必面對我傷害了妳的事實，因爲這不符合我對自己的看法，不過我的確做錯了，我每天都得活在這樣的現實中。我自己很快就要結婚了，我祈禱別人不會對我做出我對妳所做的事。如果我能做什麼來解除妳的傷痛，我都會去做。我不期待妳原諒我，但是我希望妳知道我是多麼抱歉。」

對珍來說，曉得羅娜有能力自責和同情，眞是太糟了！發現自己居然喜歡這個「壞女人」，而且明白爲什麼丈夫會受她吸引，更是令她坐立難安。敵意或沉默反而會比較容易忍受。「羅娜的道歉感覺好像是傷口上長出的新皮。」珍告訴我，「不過我想要撕掉這層皮，讓鮮血再度流出來。」

**讓他知道什麼事做對了。**

如果你沒有注意到或不贊同他的努力，加害者就不太可能接近你。我建議你每當他表現出下列行爲時就鼓勵他：

★見證你的傷痛，以開放的心傾聽。

★以大方、眞誠和負責的態度道歉。

★反省自己行爲的根由和意義。

★努力重建信任。

愛倫是學校的行政主管，她疏於呵護先生的努力，結果可想而知。她和先生尼克接受治療三個月後，我建議他們回顧一下他們要求彼此的改變清單，討論他們的進步。愛倫的一項關鍵要求是請他停止嘲弄她，不要拿她當開玩笑的哏，尤其是在公眾場合。他已經很努力要改變，然而愛倫感受不到。

尼克很洩氣。「我上一次貶低妳究竟是什麼時候？」他挑戰她。

愛倫只是聳聳肩。下一次我們單獨會面時，我問愛倫她心裡是怎麼想的。是尼克誇大了自己的良好行爲嗎？她眞的沒有注意到任何改變？她是否怯於承認？

「我不想讓他太輕易就脫困。」她承認，「我怕如果我告訴他我很高興他的努力，他會恢復舊習慣。」

我鼓勵愛倫跟尼克說出她的恐懼，而不是讓恐懼成眞。我建議她支持他的努力，說出下面這番話：「我害怕表達感激，因爲我怕你會停止努力。你所做的很有幫助，讓我感覺比較親近你。我希望你會繼續下去。」讓尼克知道自己做對了——拍拍小兔子，如專業心理圈子的說法——更能激發出她所希望的回應，強過爲了他做錯的事批評他。

我發現，特別是在親密關係中，加害者最大的恐懼是你永遠不會原諒他——不管他如何努力想要贏回你的情感或尊敬，你會一直輕視和懲罰他。當他相信你會讓你們共處的時光宛如活在地獄，他就很難繼續表現建立信任的正向行為。因此我要再度忠告你：不要害怕嘉許他的努力，你多半會成爲受益者。如果不然，你隨時可以喊停。

## 為自己助長了傷害而道歉。

你或許完全無辜，罪責完全落在你指稱爲加害者的那個人身上。不過，通常關於眞相會有兩個帶有偏見的版本。如果你希望推進原諒的歷程，你必須爲自己犯的錯誤負起全部責任，無論是多麼微小的錯誤，爲此道歉，沒有任何但書。

在外遇的案例中，我常常對不忠的一方建言：「如果你有了外遇，負起百分之百的責任。沒有人造成你出軌，就像沒有人促使你發展出飲食失調或酗酒的毛病。你當時是這樣處理或者錯誤處理你面臨的困境。」不過我也會對受傷一方說：「你也一樣，爲自己犯的錯誤負起責任，或許你助長了他的不滿，創造出空間，讓第三者介入你們之間。」

如果你覺得別人錯待你超過你錯待他，你大概會希望他先道歉。這很公平，也很容易理解，不過你應該向他保證你也會道歉，然後遵守你的承諾。

最近，一名同事請我跟他的個案莎倫協談，她無法讓自己原諒先生的外遇。「我卡住了，」她告訴我，「他做了天底下所有的事想讓我原諒他，再度愛他。我也希望如此，但是我的執念和憤怒似乎隨著時間更加惡化，而不是好轉。」

「莎倫，這是只有一次的諮商，所以讓我打開天窗說亮話。」聽完她的故事之後，我告訴她：「妳跟我說，妳小時候情感曾經受到剝奪。妳母親從來沒有讓妳感覺被愛或是夠好，妳的父親從來沒有爲妳出頭、從來沒有保護妳。妳盡了最大努力爭取他們的認同，然而他們不爲所動。妳已經開創出全世界都會認爲是成功的人生，以優異成績從常春藤盟校畢業，取得心理學和財務金融學系的最高學位。妳擁有財富、名氣和美滿的家庭。妳一輩子都在努力要比別人更耀眼，而且妳相信自己每一件事都做對了。然後有一天，妳發現自己聰明的丈夫跟沒有受過教育的年輕保母偷情——結果呢？妳的『官方說法』被撕成碎片了，妳感覺丟臉，別人虧欠了妳。

「妳說：『不應該發生這種事。』但是的確發生了。妳試圖了解原因。有許多答案，有一些答案關乎妳先生的個人議題。他一向是那麼負責，那麼堅定做正確的事——外遇或許觸及了他生命中缺少的那一塊。有一些原因是機會和浪漫的化學作用——她出現在他面前，他陷入自己也無法理解的迷戀之中，不克自拔。不過最難解的答案跟妳有關。妳自己承認，妳埋首於事業和照顧孩子，冷落了先生。當他打電話給工作中的妳，妳盡可能迅速掛斷。當他跟妳求歡，妳往往背過身去。當他弟弟出了嚴重車禍，妳太忙了而沒去醫院探望。在他外遇之前，妳認爲你們兩人是完全登對、幸福的夫妻。現在妳看他，卻是另一位惡劣對待妳的人。他做了這麼糟糕的事，妳不應該承受，也不願意原諒他，妳的憤怒形塑並且堅持這樣的詮釋。但是如果妳想要繼續前進——如果妳想要原諒他，讓他回到妳的生活之中——妳就必須面對眞相。眞相是，妳是共犯，妳也有過失。這個層面的自我覺察必然會帶來痛苦，不過也有可能幫助妳療癒。」

莎倫用心傾聽，思索後表示：「聽妳這麼說，對我是很煎熬的，不過我想妳心中有些想法。妳有什麼建議？」

我回答：「自從妳先生放棄外遇，努力修復婚姻，已經一年兩個月了。如果妳眞心愛他，希望原諒他，我建議妳寫一封道歉信給他，描述這麼多年來妳所有虧欠他的地方，妳是如何把他推開，因爲婚姻破裂而責怪他的所有錯誤。」

「妳在開玩笑吧。」莎倫表示。

「當然，妳不必這麼做。」我說下去：「妳可以繼續發牢騷，表現得正義凜然。但是如果妳想要清除那些負面情緒，原諒他，妳就得重寫妳的故事。停止宣稱自己的無辜，讓自己謙卑，接受部分的罪責。當妳向他承認『看吧，我並不完美，我知道我也做了傷害你的事』，妳達成了兩項目標：第一，妳更看清自己受的傷害，並且發現妳需要原諒的，沒有自己以爲的那麼多。妳甚至可能發覺自己才是需要獲得原諒的人。第二，妳讓他沒有藉口爲自己辯白。相反地，妳展現出自己有足夠的品格承認自己做錯了，因此激勵他做同樣的事。」

一星期後，我收到莎倫的信。「我想爲上次的會談謝謝妳。」她說。「妳的意見讓人不舒服，不過大有幫助。我接受了妳的勸告，坦承自己該負的責任，這是這輩子我必須做的最艱難的事，然而還是得完成。」

莎倫領悟到的是，眞誠原諒不是發生在競爭心強、沒有安全感，而且心存報復的兩個人之間。擁有沉著的勇氣、冷靜自持、能當著彼此的面承擔自己過失的人，才能實踐眞誠的原諒。

## 從拒絕原諒到眞誠原諒的個案

眞誠原諒對方，不一定意味著從現在開始你只對他放送善意。眞誠原諒只是表示你允許他修復的努力，軟化你對他的感受和看法。你將他從自己的怨恨中釋放出來，不只是因爲你拒絕爲自己宣判怨恨人生的徒刑，也因爲他爭取到了比較正向的回應。

馬莉第一次來見我時，她二十七歲，飽受憂鬱之苦，喝酒喝得很凶，而且性關係混亂。在她告訴我她的人生故事之後，眞相豁然開朗，幼年時父母對待她的方式，就是她現在認識以及對待自己的方式。

馬莉四歲時，酗酒的父親離家出走。她鮮少聽到他的消息，偶爾捎來一張生日卡，或是打一通電話。九歲時，母親再嫁的男子對於遊戲的概念，就是試圖把手指插進馬莉的陰道裡，而她奮力想要把雙腿夾緊。母親從未嘗試保護她。即使在母親的第二段婚姻以離異收場後，她仍繼續否認馬莉曾經受到侵犯。

十六歲時，馬莉離家，捲入一樁又一樁受虐的性愛關係。終於馬莉與艾迪同居，艾迪是相對上比較穩靠和負責的年輕男子，他聲稱愛著馬莉。當艾迪求婚時，馬莉驚慌了，於是前來治療。我們把她的人生故事當成一扇窗戶，用來窺視爲什麼她害怕親密以及承諾的關係，答案漸漸浮現，顯然關係對她而言是傷害之地，她可以預期必然會遭到利用或遺棄。

馬莉向我透露發生在她和親生父親之間的關鍵事件。「三年前，我在奧斯汀找到他，而且安排和他以及他當時的女朋友羅黛會面，同時介紹艾迪認識他們。」她告訴我，「那次會面大大失敗，父親幾乎沒有問我任何私人問題。當他起身上廁所時，我問羅黛她和父親是如何認識的。『在酒吧裡，』她告訴我，『我詢問他是什麼星座，他回答「閹豬座，因爲我從來就不想要有小孩。」』我聽了既震驚又難過，一下子恢復不過來。等到父親回來，我跟他說我不舒服，抓起艾迪就離開了。我一輩子都相信自己對他毫無意義，這是最終的證明。」

接下來幾年，馬莉努力要讓自己安定下來，她上了大學，證明了自己的能力。她放棄毒品和酒精，也不隨便與人上床，開始澄清她對自己的感覺，擺脫那些虐待和遺棄她的人讓她對自己產生的看法。她拒絕把自己埋葬在怨懟之中。

然而，每當她想起父親，依舊會爲了失去他而心痛。我建議了以下的介入，身爲馬莉的治療師，我會寄一封電郵給他，試著去洞察他的行爲。我只會跟馬莉分享我認爲有建設性的資訊。我的第一個目標是弄清事實，把馬莉柔弱、不設防的傷痛呈現給他看，同時測試他展現關懷的能力。

我的信是這麼寫的：

親愛的薩米爾先生：

我代表你的女兒馬莉寫信給你。我是臨床心理學家，正在治療馬莉。寫信給你完全是我的主意，馬莉對此頗為焦慮，但是我認為或許會有幫助。我不打算長篇大論地討論發生在馬莉身上的事，只是想說明身為親生父親的你對她是非常重要的人，我不知道你是否清楚你有多麼重要。

發生了好多事，不過現在她是即將步入結婚禮堂的年輕女子。在兩方面你可以幫助她。首先，讓她知道為什麼你遠離她。我所要求的，如果容許我這麼放肆的話，是你誠實的想法。你不理她說明了自己哪些議題？跟你對她的感覺又有什麼關係？馬莉把你的缺席看成是針對她個人的——她相信自己不值得愛。如果你能幫助她對於自己身為人的價值有不一樣的想法，那就太棒了。

另一方面，你或許幫得上忙的是，跟她保持連繫——不只是一次的接觸，也不必是每個星期或每個月，但是要固定。我告訴馬莉我會跟你聯絡，但是我不一定會透露你跟我說的事。如果你回信或回電給我，你可以告訴我你是否希望我與她分享你必須坦承以告的話。

我祝福你，希望你願意與女兒一起展開療癒之旅。沒有任何治療師可以比得上你能帶給女兒的協助。

史普林醫師敬上

薩米爾先生回覆了電郵：「能夠盡我所能幫助馬莉，我再高興不過了。幾乎二十年了，我沒有一天不想著她。我一直認定她想要與我保持距離，我知道她母親希望如此。當她們搬去別州時，沒有人告訴我或是給我新的住址。我想，如果我們能談談會大有幫助。請回信告訴我方便打電話給妳的時間。如果妳認為合適，妳跟馬莉分享我們討論的內容，我沒有意見。」

在跟他通話時，我詢問他關於「閹豬座」的說法。「我當時說的是，我再也不要生更多孩子了。」他告訴我。

我建議他寫信給馬莉，承認他的說法聽在馬莉耳中必定不是滋味，而且為此道歉。信寄給我，由我過濾之後再拿給馬莉看。我又補充：「如果你願意，你也可以解釋你眞正的意思。我想寫下來對她比較好，這樣她就可以一讀再讀。我相信你的道歉，跟你的解釋同樣重要，不論是什麼狀況。」

他寫道：

親愛的馬莉：

我很抱歉，不論我說了什麼傷了妳的心。我不記得確切的字眼，那是好多年前了，但是我心裡清楚，我想要說的是：「我絕對不想要更多孩子了。」這是我動結紮手術的真正原因。妳搬去費城後，我整個人都垮了。我非常想念妳，妳母親讓我不容易見到妳，而我也不覺得自己夠好可以堅持求見。就是在這個時候，我動了結紮手術。當時我娶了珍妮〔第二任太太，後來也離婚了〕，她不想要小孩，因為她有糖尿病，害怕會遺傳。我也不想要小孩，因為我已有一個很棒的女兒，我不想要再經歷因為離婚失去另一個小孩的恐怖感受。妳在飯店聽到的是刻意的反話，不是我的真心話。我愛妳，而且在我生命的每一天，都感謝妳的誕生。

愛妳的爸爸

馬莉吸收了這一切，開始跟父親往來和見面。他們談了又談，慢慢地，他證明自己值得信賴，而且不會再度消失，於是她讓他回到她的生活裡。直到今天，她仍然不確定自己希望跟他保持多密切的關係，而且不知道在結婚當天誰會挽著她走進禮堂。不過對於過去，她感覺比較篤定了。「我多少原諒他了，以他的作爲來說，足夠了。儘管每當我想起來的時候依然心痛。」她最近告訴我。「我的自我感覺比較好了，而且能把他看成可敬但是複雜的爸爸，他也有自己的困擾——酒癮、經濟壓力、被另一個男人取代了父親角色而受傷的自尊。不過讓我原諒他的是，自從一切攤開來之後，他不懈的努力。他讓我相信他是眞心懺悔，生氣自己的作爲，而且我對他很重要。」

因此，細膩的療癒之旅會繼續走下去。馬莉的父親跨出第一步，鼓勵馬莉說出她的傷痛，並且以慈愛的心傾聽她，開啓了旅程。而馬莉打開心房，邀請他來認識自己。她冒了風險，告訴他究竟是如何傷害了她，她也允許他以行動恢復他在她眼中的形象，爭取到在她生命中的地位。

這對父女的故事闡釋出，眞誠原諒所要求的互動和修正深層自我的艱辛工程。透過加害者的悔罪行爲，他向你證明他並不是全然邪惡，他也不只是各種侵犯加起來的總合。同樣地，你努力讓他療癒你，向他證明了你不是全然譴責，也不只是他的判官。在共同的努力下，你們清除了傷害的毒素，把不愉快的過去掃到關係的外緣，成爲你們人生中的一小章，肯定不是最美好的，不過大概也不會是最後或最核心的篇章。

我最近參加一場在哈佛醫學院舉行的會議，討論的主題是原諒，這是針對這個主題的首度研討會。我懷著既焦慮又興奮的心情與會，不曉得我的觀點在與時下接受的觀點對抗後，是否還守得住。也不知道關於這個複雜、奧祕又普世的主題，我能學到多少東西。

結果我發現，原諒仍然被視爲是由受傷一方單獨啓動和完成的工程——在她的腦海裡和心裡進行，實踐的動機是她對崇高力量的信仰，以及她的同理心和善心，也因爲她需要解除痛苦。對於加害者本身則完全沒有要求。這實在是令我悵然若失，尤其是目前已經有愈來愈多的證據顯示，與關愛自己的人連結能幫助我們療癒。在身體與靈魂的復原道路上，有人以尊重和同情的心傾聽我們，與我們建立起關懷的連結，所能產生的強大力量是無庸置疑的。

哈佛身心學院的創辦人赫伯．班森引述了一項有意思的研究，證實受到同理心對待的住院病人，跟受到敷衍對待的病人相比，康復的速度會比較快。當麻醉醫師動手術前一晚，花時間和病人談話，回答他們的問題，關注他們的焦慮，比起醫生只對他們提供簡短資訊，說明預定程序的病人，前述病患在住院期間比較不會抱怨疼痛，需要的止痛藥劑也比較少，而且出院時間提早了二．七天。

我們應該不會對這項研究結果感到吃驚。關懷不是無關緊要的。別人親切、仁慈的對待有益我們身心健康。當有人關心我們的傷痛時，就能幫助我們癒合。

擁有上述知識之後，我們理當問自己一些問題。從傷害中復原時，爲什麼我們必須獨力奮鬥？加害者付出跟我們掙扎於是否原諒的同樣時間，來贏得我們的原諒，不是很合理嗎？既然研究顯示我們比較能原諒與自己感覺親近的人，而對於那些伸出手來幫助我們療癒的人，我們比較能感覺親近，我們難道不應該邀請加害者來參與原諒的歷程嗎？

顯然，觀念上根本的變革已經蓄勢待發，是時候釐清兩種概念的原諒了——一種是加害者努力修正自己錯誤的原諒，另一種是他置身事外的原諒。我們也必須學習整合此兩者：強調同理心、謙卑、感恩和慈悲，往往被視爲「基督教」的原諒，以及著重公正、懺悔和贖罪，往往被視爲「猶太教」的原諒。

不論我們的宗教信仰或世俗信念，精神分析大師哈瑞·史戴克·蘇利文（Harry Stack Sullivan）提醒我們：「我們就是比其他人更像凡人。」而身爲凡人，我們需要找出方法停止施加痛苦在自己身上，同時停止互相折磨。

【增訂版後記】

# 教我如何原諒你——有什麼新意？

十七年前，我寫了第一版的《教我如何原諒你？》。今日，在我進入私人執業的第四十三個年頭時，我持續目睹跟我當年的觀察沒有兩樣的關係眞相：當人們受苦於深層的人際傷害——來自伴侶的不忠、伴侶的刻薄評語、藥癮導致的手足欺騙、孩子不知感恩——受傷一方往往發現原諒是過於大度和不眞誠的回應。他們陷入自己的憎恨和傷痛，無處可去。我試圖爲**不**原諒創造健康的模式，同時詳細說明兩人從因爲侵害繫縛在一起、到**贏得**眞誠的原諒之間，需要發生的過程。在書出版的當時，我還沒有準備好應付人們對於原諒的基本概念會產生的強烈負面反應。

我受邀的第一場演講是在華盛頓特區的史密森學會（Smithsonian Institution）。我還記得自己自豪地站在桌子後面等待開場，桌上堆高的是我的新書。一名五十幾歲的男子走過來，拿起一本，大聲說：「原諒，哦？偉大的主題！」然後他停了一會，說道：「老實說，不是我會做的事，不過**眞的**很重要。」他對我眨眨眼，把書砸回桌上，走出建築物。

如果他留下來聽演講，他會聽到我說：「那正是許多人的感受。但是或許有另一條路，不用原諒就能處理關係的傷害。」唉，我甚至還沒拿起麥克風，他早就走了。

我下一場受邀演講是在柏克西爾山區（the Berkshires）的靈修中心。參加課程的人正在享用長桌上的餐點。我向對面的中年女士詢問：「妳在這裡如何打發時間？」她把自己滿滿的活動一一告訴我，然後問：「妳呢？」我告訴她我是來教授原諒的課程。她的回應立即而尖銳：「今年我的先生背著我外遇。」她說話時眼睛有劍光，「我最不想聽到有人跟我說，我應該原諒他。因此，我可以跟妳說嗎，當我在課程表上看到妳的課時，我恨不能趕快翻頁過去！」

「是這樣沒錯！」我說，這一次我比較有準備，拿出我想好的回應，「當有人以我們不該承受的方式傷害我們，而且不在乎他們所造成的痛苦時，許多人對原諒於自身有益的想法感到噁心想吐。」我跟她說我的課不會逼她去原諒；事實上，還可能提供她原諒之外的另一種健康選擇。爲什麼不來聽十五分鐘？她懷疑地瞧著我，說道：「關於不原諒的課程？我會考慮考慮。」

我擔心任何書在書名裡出現「原諒」一詞都是自尋死路，這種憂慮又因爲我正巧遇見耶魯大學的牧師威廉史隆．柯芬（Reverend William Sloane Coffin）而擴大。我問他，他會如何建議會衆原諒一個像賓拉登這樣的怪物。他的回答機靈但閃躲，突顯當前原諒模式的不足之處。

他語帶挖苦：「我會告訴他們，如果你想要練習原諒，或許應該從比較容易的對象開始！」

自從出了《教我如何原諒你》的第一版，種種軼事讓我更加明白，人們對於原諒的概念會有極爲個人且通常具有敵意的反應。我有幸找到研究猶太大屠殺的西蒙．維森塔爾（Simon Wiesenthal）的著作：《向日葵：原諒的可能與局限》（*The Sunflower: On the Possibilities and Limits of Forgiveness*）。書中一名納粹軍人問維森塔爾，是否會原諒他在二次大戰期間犯下的滔天大罪。在訪問了各個宗教和政治領袖之後，維森塔爾認定他沒有道德或法律權威來原諒別人：只有受到侵害的人才能原諒造成傷害的人。而既然那些人被屠殺殆盡，犯罪一方也就無法獲得原諒了。我能理解其中的眞意，因爲我相信眞誠原諒——對於人際傷害最有實質意義、最深刻，同時也最能清創的良藥——必須要靠努力贏得，而且只能發生在因侵害而繫縛在一起的兩人之間。

不過我要加以補充：有許多路徑通向療癒。這裡集合了一些案例，我的患者詳實訴說了他們關係中的侵害，我會以之前沒有談過的方式，提供具體的建議和練習，協助他們療癒關係中的傷口——不管有或沒有原諒。

**1. 約翰和我結婚了四年，我們有個兩歲的兒子。六個月之前，我發現約翰跟他的美髮師外**

遇，而且讓那個婊子懷孕了。她決定生下孩子。對我來說，這場創傷除了要付出非常龐大的情感代價，還有金錢的義務。她打算提出撫養費的訴訟。我試著接受我們餘生都要背負這個重擔，但是我完全拒絕讓我先生跟你所指的「外遇對象」或他們生的小孩維持關係。我很抱歉，我知道小孩是無辜的，但如果他要繼續陪伴他們，我無法待在這個婚姻裡、養育我們的小孩，感覺安全及自己受到珍惜。原諒？敬謝不敏。那是多麼噁心和自私？

當你的伴侶不忠時，要應付外遇觸發的壓力和羞恥感大舉來襲，就已經夠難了；加上小孩，就不只被壓碎了。要感覺安全和受到珍惜；要重建信任，同時爲原諒鋪路，受傷一方往往需要不忠的伴侶絕對不再接觸外遇對象，或者跟此人有關聯的任何人。我稱之爲「一刀兩斷」——百分之百跟牽連其中的人斷得一乾二淨。這是有道理的，但是有時候不可能做到，或者就是覺得不對。

像外遇這樣摧毀人際關係的侵害發生之後，如何與相關人士來往，從完全切斷關係到完全接納，人們設計並接受各種安排。以我見過的另一對夫妻爲例，先生讓他一名業務專員懷孕了，然而他的妻子超乎尋常地接受那個寶寶——主動聯絡，送上耶誕和生日禮物。我後來曉得他妻子**也**有外遇，而先生一無所知。妻子表面的寬容和原諒，不僅是出自於同情或仁慈，還受到罪惡感的驅使。

當受傷一方除了法院強制的經濟支援之外，決定不接觸外遇生下來的小孩，或許有些人會說：「如果你的配偶繼續跟外遇對象以及他們的小孩維持私人關係，你當然不可能療癒或原諒。有人必須受苦，而你怨恨自己是那個受苦之人的想法。讓那位母親拐來一名丈夫，然後跟她的寶寶解釋爲什麼後者不是眞正的父親。」這聽起來可能很殘酷，但是人際之間的侵害——外遇占首位——往往是殘酷的。而且後果可能很嚴重。有人注定要受苦。

最後，我給受傷的伴侶——在這則案例中是妻子——的訊息是：在你追求正義的過程中，要小心因爲執意懲罰傷害你的人，結果傷及無辜。當你逡巡在這些困難至極的決定之中，戰略目標是放在很久之後，當你丈夫的外遇所造成的重創平息了，你要跟代表你價值的每個人建立關係。你接納他無辜的孩子，不意味著你放下了他的行動所造成的破壞，或是提供廉價原諒，而是邀請他實踐有意義的彌補，並且努力贏得你的原諒。

這對夫妻最終的解決方案是：妻子選擇和配偶的孩子培養關係，但是所有的探望要安全地進行——只能在他們的家裡。先生，不忠的伴侶，承諾要爲自己的行爲負責，戒除娛樂性地使用大麻，任何接觸孩子的母親時都要讓妻子在場，而且參與撫養自己的兩名小孩。齊心合力，這對夫妻在他們擴大的家庭情況下，致力增強他們的關係。

2.我已經知道一段時間了，我的先生酗酒，不過我剛發現他背著我跟一堆女人胡搞。他說他很抱歉，而且想要改過自新，試試伴侶治療。我只想要離婚。我們有兩個兒子。他永遠是他們的父親，但是我跟他已經結束了，看不出諮商有什麼意義。我有遺漏什麼嗎？

或許。有許多理由來嘗試伴侶治療。其中一項可能是說出和處理彼此的不滿，目的是繼續在一起，同時努力增強婚姻的連結。不過另一項理由可能是，為**離婚後**比較好的關係奠下基礎。我將這個過程叫做「贏得原諒但**不必**和好如初」。

下面是一則例子。四十八歲的股票經紀人布萊恩告訴我，他把自己的人生搞得一團糟，尋求我的建議來幫助他修復。一年多以來，他星期五晚上多半都耗在當地一家小酒館，喝個爛醉，和一堆萍水相逢的女人胡搞。然後，在他的太太海蒂送他們的小孩上床睡覺很久之後，他才踉踉蹌蹌回到家，滿身酒氣和女人味，想要跟太太繼續樂一樂。當海蒂看清楚他不怎麼掩飾的雙重生活時，她滿腔憤怒和厭惡，想要訴請離婚。布萊恩來看我，我們釐清他的目標：控制他的成癮問題，試著贏得妻子的信任和原諒，以及重新激發孩子對他比較正向的情感。

布萊恩領悟到自己的損失有多大，坦承以自己的行為為恥，真心懊悔，請求妻子跟他一起進行伴侶治療。她同意了，因為他們透過孩子會永遠綁在一起。但在個別會談中，海蒂警告我，如果她感到我給她要待在布萊恩身邊的任何壓力，她就會退出。對她來說，治療的目的是協商出法院會判給她的最佳財務協議，以及鼓勵她即將的前夫跟兒子培養出比較好的關係。

我要稱讚布萊恩，他努力實踐他承諾的目標。他戒酒，加入「戒酒無名會」，定期出席聚會，而且與帶領人保持聯繫。他也融入家庭，開始成爲比之前優秀的父親和丈夫，輪流載孩子上吉他課、補習數學和練足球。他也打開心傾聽海蒂的傷痛，寫給她明確且發自肺腑的道歉信。同時他同意了慷慨的離婚協議。

這對夫妻最後怎麼了？是的，他們離婚了；對海蒂來說，這是無法協商的一步。但是在個別會談中，她坦承如果她先生早點著手這項修復工程，或許她就不會如此倉促地結束這段婚姻。不幸的是，我們需要嚐到自己破壞性行爲的苦果之後，才會明白必須善待所愛的人。這點令人悲傷，有時卻是眞理。

有一點很重要，不要把贏得原諒跟和好如初混在一起。如果你，受傷一方，犯了這項錯誤，你可能主動放棄了讓伴侶爲你和家庭的福祉改正自己錯誤的機會。記住，受傷一方可以鼓勵侵害者實質修補過去的錯誤，而不需要承諾未來還會在一起。侵害者可以付出有意義的彌補來贏得原諒，即使他們不再跟伴侶生活在一起或維持正式關係。不過因爲父母永遠會透過孩子相連，侵害者爲自己破壞性行爲擔起責任的意願，會影響並決定他們以家人身分生活在一起的品質，以及離婚後他們傳承給孩子的是什麼。

3.湯姆和我已經結婚十三年了。我剛剛發現他背著我外遇——再一次。他跟我說，傷害我他感覺糟透了，而且他跟我一樣批判自己的行為。我感覺完全碎了，不曉得他還能做出什麼事來。我確實知道我們之間出現了鴻溝，看起來太暗、太深，無法跨越。我們如何療癒？原諒是可能的嗎？

我很遺憾你要處理這種創傷。知道你的反應是完全合理的，或許會有幫助。如同我在我的著作《走出外遇風暴》裡陳述的，當你，受傷一方知曉你的伴侶不忠時，你痛苦的不只是失去他的忠誠，或是失去你們共有的一切是重要的假設。你還失去了自己：你所熟悉、有能力而且寶貴的自我。這點，對許多人來說，是最大的失落。

要允許侵害者回到你的生活之中，或許也回到你的心裡，他們需要證明他們了解也在乎他們對你造成的痛苦。他們說「我很抱歉」是不夠的。侵害者需要聆聽和感受你的傷痛，試著感同身受，彷彿那是他們自己的傷痛，同時捕捉到你需要他們了解的：他們是如何傷害你。這是要療癒關係的傷口以及贏得你的原諒關鍵的一步。

我推薦下述的練習：你，受傷的伴侶，應該建立一份「傷害清單」。然後，或許在治療師的協助下，慢慢地和你的伴侶仔細審視清單，說清楚那一次、一次又一次的傷害。你不需要重溫每一件傷害，但當然不能放過那「超大傷口」：最血淋淋和最傷痛的。我也建議你在說出你的傷口時，目標不是「惡聲惡氣」，而是不設防的脆弱。

在你陳述每一件傷害之後，侵害者應該用自己的話重述一遍——沒有自我防衛、淡化或辯解——精確地表達你需要他們了解的：他們是如何傷害你。接著，以一到十分爲標準，評分他們有多精確捕捉到你所受的傷害。這個過程應該持續進行，直到侵害者在每一件傷害上都能拿到八分以上。

在侵害者像鏡子一樣反映出你的傷口時，他們應該寫下來——不只是試著記住而已——然後撰寫一封「道歉信」，非常緩慢地讀給你聽。這封信不能只是說「我很抱歉」，因爲那樣的表達還不夠深入到足以療癒。信要說清楚侵犯者**爲什麼**而抱歉。如果做得正確，受傷一方會覺得自己被聽見了，而且能夠說出「沒錯，就是這樣」。在投入這個過程時，侵害者不應該顯得他們是在說他們**有意**傷害你，而只是在說他們在意自己做過的事，希望改正自己的錯誤。

這裡有一個例子。蘇珊的先生麥可在他們十七年的婚姻期間，外遇過好幾次。過去，在被妻子發現背叛時，麥可總是聲稱自己深深的懊悔，承諾往後會愛她、珍惜和保護她。然後他又用他的祕密和謊言傷害了妻子。等到蘇珊認眞考慮跟麥可離婚時，他空洞的承諾轉變成建設性的行動：他停止喝酒，加入戒酒無名會，同時夫妻來看我進行治療。

我與蘇珊一起建立了傷害清單，然後我們開始進行痛苦、艱難和必要的過程：她與麥可仔細審視這份清單，一次、一次又一次**的傷害**。我稱這個過程是「把傷害說出來」以及「見證你造成的痛苦」。我發現，當侵害者說一長串「請饒了我！我不想要知道你的痛苦；我不想要聽這些」時，受傷一方會說：「好吧，那我無法——而且不想——靠近你。」這我能理解。

下面是一些例子，蘇珊詳細說給她那不忠的先生聽的明確傷害：

★「你帶這個女人〔外遇對象〕去旅館，那是我們結婚之夜住的地方。房價要幾百美元，對我們是很奢侈的一大筆錢。你跟我說，**我們**不能再去度假，因爲我們經濟拮据，但是你帶**她**去我們度假的地方。你貶低了我認爲對我們兩人都如此特別的記憶。」

★「你給這個女人一瓶我喜愛的同款香水，那是情人節時你買給**我**的香水。你想要在**她**身上聞到這個香味，而不是在我身上。」

★「在我要去生第三個孩子時，我打你的手機，又打去你辦公室的電話，但沒人找得到你。我急瘋了，把我們的孩子托給鄰居，搭上計程車去醫院。整個經驗讓我害怕又丟人。你到底死到哪去了？我只能想像。」

★「身爲你的妻子，我必須忍受想都想不到的事情：閱讀你如何舔她和愛撫她身體的情書：

你們倆上床時的音樂播放清單（其中許多首歌我以為對我們有特殊意義）；接到你女伴——全然的陌生人——打來的電話，談著你的風流韻事。你帶給我的痛苦之深是無法描述的。」

★「你和這個女人光著身體在一起已經令我夠難受了，但更糟的是你似乎和她有著深刻的連結。這不僅摧毀了我的信任，還有我的自我價值。你讓我覺得我對你來說從來就不夠，這是我從小時候就帶著的傷口，是我媽媽造成的傷害，她從來就不想要我。」

★「我擔心你在婚姻中不是全然快樂，但你無法跟我說。」

★「現在我每天都在害怕……我可能又發現什麼關於你的新消息。我痛恨這樣的生活。這不是生活。」

★「我很難堪，必須跟我的密友透露你又再度背著我偷吃，而我讓你回來。可是唯一能安慰我的就是他們。」

★「我害怕你的行為永遠不會停止——而我會留下來浪費我生命又一個十年，相信你改變了只是讓你一犯再犯。」

★「我一直擔憂會從你那裡感染性病，然而我還是跟你親熱，因為這是一種連結方式，顯示你渴望我。我很生氣我允許自己的健康——自己的生命——遭到可能的危害，就為了想跟你親近。而且我痛恨必須不斷要求你去檢測。」

★「我厭倦覺得自己瘋了似地愛你又恨你。」

★「我很難過，我跟這個世界上我最愛的人說了那麼多難聽的話。」

★「每一次你欺騙我的時候，聽到你說『我很抱歉把妳視爲理所當然』，我就很受傷。感覺這是機械式的敷衍，讓我覺得自己像垃圾一樣。」

★「我們的兒子不得不知道你外遇了，還看著我難過，這讓我的心都碎了。」

當你傷害了某個人，通常你能加以改正錯誤的事情並不多。不過你有意願不帶防衛地傾聽自己造成的痛苦，試試感同身受彷彿那是自己的傷痛，讓受傷一方覺得獲得瞭解和支持，並且保證你再也不會傷害對方，就構成了侵犯者可以採取的療癒必要步驟，爲過往的錯誤贏得原諒，或許也爲比較健康的共同未來鋪路。

4. 我是五十四歲的男人，和我妻子的二十一歲外甥女外遇。顯然我的行為糟糕又愚蠢，我對自己的譴責無人能及。但是容我說，儘管我被視為「侵害者」而我太太是「受傷一方」，但她也做過很多深深傷害我的事情。我太太希望我聆聽她的傷痛，給她一封詳細說明、發自肺腑的道歉信——這我能理解。但是也能輪到我嗎？這麼做能幫助我跟她親近，坦白說，是幫助我想要跟她親近，如果她也能聽我說出來，讓我覺得我的感受是重要的，而且思考一下**我們之間的隔閡也有她的責任。**

是的，當然。往往關係會受傷，甚至外遇，都不是一方是受害者，一方是侵害者。往往，伴侶雙方都被對方所傷，而且往往都傷害了對方。不總是這樣，但通常如此。

你們兩人都跟傷害自己的人說出自己所受的傷痛，這個過程讓對方敞開心胸傾聽，沒有辯解或自我防衛，而且承認你需要對方瞭解他所造成的痛苦，是療癒關係的傷口和贏得原諒的必要步驟。否則，受傷一方往往向侵害者擺出防禦姿勢，宣稱：「你不想要了解或負起你如何傷害我的責任嗎？好吧，那麼我不能——而且不想要——親近你，不想讓你回到我的生活裡。」

提醒一句：當兩人因爲關係的侵害綁在一起時，有一方發現比較容易說出對方如何錯待他們，而另一方靜默不語或漠視自己的痛苦，這並非不尋常的現象。這樣的兩人的確傾向於找到彼此；兩個相反的人比較容易相處，至少在剛開始的時候。但是往往不承認或不說出痛苦的人是在**默默地**受傷。如果他們不跟傷害他們的人說出來，如果他們只是像帶著一袋石頭那樣帶著他們的怨恨，彼此之間的隔閡會持續擴大，粉碎關係中的活力和維持的可能。

下面就是一則實際的例子。當莎拉發現席德跟他辦公室一名年輕的同事外遇時，她痛宰他一番，威脅要切斷他跟孩子的關係，而且要提告拿走他一生的積蓄。席德知道自己做錯了，也不試圖淡化自己破壞性的行爲。

然而在私底下的個人會談中，他傾瀉而出他的痛苦和怨恨。他同樣有一份婚姻不滿的清單，他吞忍下來了，很少讓太太知道她讓他感覺多麼苦澀和悲慘。或許他也從來沒有讓自己知道他的原始感受有多深沉。我協助他，「侵害者」，建立了「傷害清單」，一一列出他太太，「受傷一方」對他造成的巨大傷口。這份清單刻畫出她的行爲讓他感覺多麼受忽視，沒人要也沒人關心。

接著我讓莎拉準備好交換角色。我告訴她，如果她邀請席德分享他的眞相，她應該有心理準備聆聽深層的傷害，或許是第一次——也或者她之前聽過許多次，但從來不了解這些話的重要性。她要求展開這個過程。

第二天這對夫妻來到我的辦公室，莎拉邀請席德揭開他的傷口。她問他：「你想要我了解什麼？這麼多年下來我在婚姻中是如何傷害了你？你不需要保護我的感受，或者淡化你的感受。只要告訴我眞相。」要讚許她，這是很好的開場——負責而且關心。

席德拿出一份清單，上面有他覺得莎拉造成的八大傷口。莎拉很震驚，但是願意傾聽。這是一支新的雙人舞的開端，兩人之間能比較健康的互動。在他的不滿清單中，下面是他對她表達的其中四點：

★「我怨恨妳恨我寄錢給加州的家人。我怨恨妳不了解我們在康乃狄克州這裡過著不可思議的好生活我多麼有罪惡感。我的父母年老體弱，辛苦奮鬥只能糊口。我們倆都有好工作。妳的家庭富裕。妳將會繼承一大筆錢。而我的家人不知道怎麼付下個月的房租。妳的家人並不比我的家人聰明或尊貴。我愛我的父母。我爲他們傷心，而當妳無視或不理他們，或者不滿我幫助他們時，妳傷害了我。」

★「我怨恨妳寄生日卡片給**妳的**家人，而不寄給**我的**家人。我怨恨當我們有假期時，永遠是拜訪**妳**那邊的家人。妳從來不會提議納入我的家人。這加強了我的感覺，妳覺得妳和妳的家人比較優越。」

★「我怨恨當我們重建我們的房子時，妳拒絕『撥』給我一個專屬的空間，讓我可以在裡面彈吉他、閱讀、踩健身腳踏車、紓解壓力。妳想要一間儲藏室，可以收藏我們那些華麗的盤子和玻璃器皿。我愚蠢地同意了。妳變成老闆——我的老闆——而我只是僕人。這是我們的房子，不只是**妳的**房子。妳在乎它看起來怎麼樣，妳朋友會怎麼樣評斷妳，而不在乎讓**我**感到舒適和覺得重要的是什麼。我很生氣妳控制我，我也生氣自己悶不吭聲。」

★「我怨恨妳讓我覺得我只是支票簿，我全部的好處就是付帳單。妳對狗都比對我親切。當我接近妳想做愛時，妳表現得好像給我恩惠。」

「這一切都讓我覺得妳瞧不起我。妳希望我珍惜妳，但是妳沒有讓我覺得自己受到珍惜。而我從來沒有說出來，因此可恥的是我。」

起初，莎拉感到震驚而且受傷。不過，值得讚許的是，她傾聽而沒有自我防衛的反應。然後她照著做前面例子中描述的練習：像鏡子一樣反映出先生的眞相——確認他需要她察知的——直到十分評分表中的每一件傷害中他給她都有九分以上。接下來她寫了一封抱歉信，不只是堆砌一些空洞的陳腔濫調，例如「我很抱歉因爲我對你所有的傷害」，而是能捕捉到埋藏在她製造的裂口中那些精微細節和原始感受。她寫的大意是：「我了解我在許多方面傷害了你，例如當我抱怨寄錢給你的父母給予他們經濟支持時，或是沒有在我們家裡爲你的個人興趣騰出空間。我對待你彷彿我是老闆，而你沒有發言權，除了服侍我你沒有價值。你需要我察知到我讓你覺得多麼苦澀和被我貶低。」

讓受傷的雙方提出他們的不滿，然後讓侵害一方打開心胸傾聽，並且讓對方感覺有被聽到，這個過程是因侵害綁在一起的兩人能實踐的最深刻療癒姿態之一。在這則例子中，經過幾次「說出不滿」的會談之後，雙方都私下告訴我，如果他們早一點做這項功課，他們相信他們的婚姻裂痕不會擴大到現在的程度，毒化了他們之間的隔閡。邁向未來，他們覺得更有能力去處理與別人共同生活時無可避免會冒出來的特別挑戰。

5. 我女兒蜜雪跟一名叫做亞當的男孩約會了三年。在這段期間，我歡迎他來我家，坦白地說，我跟他培養出溫暖的深厚情感。這個星期，她告訴我她跟亞當結束了，而且我再也不能跟亞當講話了。我跟她說我很遺憾他們分手以及亞當帶給她的痛苦，同時我要她安心，我會切斷跟亞當所有的聯絡。但是我補充，我想要寄給亞當最後一封電子郵件作為告別，並且祝福他。蜜雪的反應非常痛恨，我嚇到了。她用下面這段話威脅我：「媽，聽我說！妳聯絡他，就會有很長一段時間沒有我的消息或看到我。」我既震驚又受傷，而且坦白地說，我也生氣了。「是妳邀請這名年輕人到我家來，進入我的生活。」我反擊：「是妳要求我愛他、接納他。我做到了。他傷害妳我很難過，跟他斷絕關係我也沒有問題，不過我的確認為，讓我說再見是恰當的。」蜜雪不再回應。

我決定這麼做：我給亞當寫了一封雲淡風輕的電子短信，大意是說，我聽到他跟蜜雪分手了，我想跟他告別並且祝福他。我刻意不指責任何人，因為我甚至不知道背後發生的故事。我把信寄給蜜雪讓她審查；我想讓她看看我沒有說任何讓她難堪的事，也沒有選邊站。她不曾回應。於是我把信寄給亞當。那是兩年前。蜜雪完全切斷跟我的聯繫，仍然拒絕跟我說話。顯然，我在某方面很糟糕地傷害了她。但是，誠實地說，她也傷害了我。她不是無辜的。現在我該怎麼辦？

我聽到妳覺得妳的女兒是多麼誤解妳和操控妳。我也聽到妳女兒的沉默道盡千言萬語。自戀式的憤怒反應往往不是理性的或應該的。激烈的程度讓妳驚嚇，還有蜜雪不能明白妳的立場、考慮妳秉持的眞相、接受自己行爲後果的責任。妳能爲自己採取的最佳行動就是：了解妳女兒的弱點和傷口，繼續讓她知道妳關心她，在乎妳帶給她的痛苦，而且希望隨著時間過去，人生經驗增加以後，當她覺得這名男孩做的事不再那麼傷害她了，或許不那麼羞辱了，她會開始讓妳回到她的生活裡。

在本書第二部「拒絕原諒」裡，我描述了自戀式報復的元素。或許妳可以用來解讀妳女兒的反應，幫助妳不要把她切斷關係的行爲看成完全是衝著妳來。有一天妳或許會得到比較多的資訊，知道亞當做了什麼傷害蜜雪這麼深，因此她的反應是有正當理由的。同時，有一天蜜雪或許能夠把妳的行爲看成不完全是衝著她，不是對她的批判。不過，如果她是自戀的人，就不要期待。妳的療癒將更來自於妳了解和接受她的弱點，而不是她在意而且尋求了解妳的感受。

6.我太太譚咪跟我所謂的最好朋友外遇了。譚咪想要努力重建我們的婚姻，我也同意了。（我了解自己不是無辜的，儘管我沒有讓她騙我。）至於外遇對象，我不僅在心裡不原諒他，我還幻想要毀滅他，破壞他的名譽和家庭。有建議嗎？

有人傷害我們的時候，想要反過來傷害對方是人性。但在我的接納模式裡，詳細說明了你可以採取的步驟，做到療癒自己而不用原諒。第二步驟是要求你放棄報仇的需求，然而繼續尋求公正的解決。

我想起有兩個家庭曾經非常親密，直到吉姆最好的朋友葛瑞，跟吉姆的太太黛安上了床。當吉姆發現這項事實時，他和他的太太聯絡我接受治療，同時他們切斷跟另一對夫妻的所有聯繫。一個月之後，吉姆和黛安出席他們兒子學校交響樂團的晚間演奏會。中場休息時，吉姆看看四周，恐懼地發現葛瑞和他的太太就坐在他們後面。想都沒想，吉姆脫口而出：「你這個烏龜王八蛋！」葛瑞也不假思索地回嘴：「耶，對啊，你太太是他媽的妓女！」就這樣，兩位男士跳起來，讓他們的家人萬分驚恐和丟臉，在全部的學生和教職員面前開始扭打到地上。

這是多麼不理智，多麼可悲？

在另一則例子中，一名叫做伊凡的景觀建築師，敘述了一樁他「失去理智」的事件。他開車去紐約開一場商務會議，很高興自己早到了，但當他找不到停車位時，他讀得自己的焦慮節節升高。在街區繞圈子，終於看到前方街邊有個位子。他加速要去停車時，另一位駕駛插進來，迅速占了那個位置。伊凡勃然大怒，失去了理智，他停下車讓另一位駕駛動彈不得，然後打開他的後車廂，拿出一把鐵扳手，挑釁地站著，拍打另一輛車的引擎蓋。

當我們在他的治療時間處理這起事件時，他承認他失控了，受到憤怒的驅使。而且他領悟到，車內的男士可能有槍，或者會以其他可怕的方式來報復。 個人的攻擊行爲往往會引發另一個人的攻擊。能得到什麼？會失去什麼？他在想什麼？他有在思考嗎？

上述例子是人們被沒有意義的憤怒劫持了情緒，結果看不出他們的報復行動可能帶來的嚴重後果。記住，接納的步驟沒有要求你「愛你的鄰人」或是「左臉也轉過來讓他打」。但的確要求你控制你的行動，這是爲了**戰略**利益——例如，避免身體受傷，或是不要讓自己以及所愛之人丟臉。

7.當我發現我的先生跟另一個女人生了一個小孩……我無意聽起來像齣通俗劇，不過我真的無法呼吸。儘管是好幾十年以前的事，或許有些關係的侵害就是難以原諒？

我很遺憾妳必須處理這麼巨大的創傷。身爲受傷一方，妳很可能不只受苦於妳的伴侶背著妳外遇還生出一個小孩，而妳一無所知；妳也受苦於我所描述的最大失落：妳健康、有復原能力的**自我**粉碎了。

我想起一對特別的夫妻，他們可能是來過我工作室的來訪者中最年長的兩人了：約翰和瑪莉，結婚五十二年，虔誠的基督徒，是他們宗教社群中的明星人物。瑪莉告訴我他們的故事：在他們的閣樓尋找一些報稅表格時，她踢到了一盒密封的文件。檢查之下，她發現是跟一名小孩相關的法律和財務文件，她先生是小孩的父親，而且過去三十年持續祕密資助。他不再跟母親（外遇對象）或小孩接觸，而是雇用律師處理付款的事宜。

當瑪莉告訴我他們的故事時，她開始尖叫，而且她一直尖叫不停，直到我們的一小時會談結束了才停止。諮商這對夫妻，我感覺到前所未有的無能和悲傷。他們離開我的工作室十分鐘之後，門鈴再度響起。我打開門時，瑪莉站在那裡，淚如雨下。她沙啞地說：「我回來跟妳道歉，因爲我在妳的工作室表現得那麼可恥。我很抱歉妳必須聽我尖叫。」

我爲她難過，我唯一想到能做的就是溫柔地拉著她的手，看著她的眼睛，試圖正常化她的反應：「不需要道歉。」我說，「對於這種程度的侵害大聲尖叫是合宜的。我能理解妳的反應。我很遺憾妳必須面對這件事。」她凝視了我一分鐘，用面紙擦了眼睛，然後走回她的車上。

有時候我們必須原諒自己不過是凡人。

8.十年前，我發現我前夫跟他的辦公室經理上床，我跟他離婚。此後，我們都再婚，而且要讚許他，他主動以關懷的方式接近我，軟化了我的仇恨和傷痛。這是否就是妳所說的「廉價原諒」？

我敢以自己人生中的例子結束這本書嗎？

下面就是：我在十九歲時結婚了。我不敢相信我的父母居然允許我！原諒依舊躲著我。生了兩個兒子之後，我發現我先生外遇。我們離婚了，兩人都拋開過去又再婚。但在眞相揭露以及我們婚姻結束的時候，我感覺完全垮掉了，而且羞愧不已。我才剛剛開始私人執業，我是臨床心理學博士，然而爲伴侶們提供建議的同時，我自己卻航向離婚。那是我生命中可怕的一章。

我第一任丈夫和我都繼續前行，跟另外的人再婚了。而且專業上我有幸接受認知行爲治療大師亞倫．貝克博士的訓練，鑽研憂鬱的臨床治療（我心所愛的主題），撰寫了《走出外遇風暴》和《教我如何原諒你》，展開了主持專業會議的生涯，爲處理關係的傷害提供激進的療癒模型——可以原諒也可以不原諒。

我的前夫十年前過世，然而當我回顧我們在一起的生活以及離婚後，我記得的不僅是他的外遇如何讓我身心交瘁，還記得（爲他說句公道話），他竭盡全力地對待我，爲了療癒我、試圖贏得我的原諒所做的一切。舉個例子，他付學費讓我們的小孩上最好的私立學校、營隊和大學，從來沒有抱怨，或是要求我分攤費用。（做得非常好！）而且在我一位密友丟掉工作被焦慮擊倒時，他熱心幫她找到一份更好的工作。他甚至可能救了她一命。這也做得非常好。在我母親去世後，我接手爸爸——我那迷人、無助的老爸——我的前夫再度竭盡全力。我爸爸跌倒了，摔斷鎖骨，火速地送往醫院。幾天後，護理長宣布：「我們需要病床，你父親下午就要出院。」

「太棒了。」我說，「去哪裡？」

「那是你們要自己想辦法的。」她尖銳地回覆，「你們的時間到今天下午三點爲止。」

我到處打電話，在爸爸家半徑三十公里的範圍內，找不到一處像樣的地方可以收容他。絕望之餘，我打電話給前夫——這個嚴重傷害過和背叛過我的人——請求他幫忙。多虧他，他運用自己的影響力將我爸爸安置在康乃狄克州最好的機構之一。我不是說那是合乎道德或正確的，但是我非常、非常感激。而且這爲他贏得分數，讓我更接近原諒他。是的，加分。

我稱呼這是「透過具體的贖罪行爲贏得原諒」。這些不是含糊其辭、廉價的道歉，也不是自我譴責的行爲。這些是極爲個人、實質的懺悔和贖罪行爲。不一定跟冒犯行爲直接相關，然而是軟化冒犯所造成的傷痛和苦澀的漫漫長路。

對於正在閱讀這本書的你，我想請你探索一下，吸引你來讀這本書的原因是什麼。在你的生命中有人傷害了你嗎？如果答案是肯定的，他們如何傷害了你？如果有的話，他們做了什麼事來療癒你？你原諒他們了嗎？如果沒有的話，他們需要爲你做什麼來打開原諒之門？如果他們知道的話，會有幫助嗎？

這可能也是反省**你**是否助長了傷害的時候。或許**你曾**傷害過某人，而那切得很深的大傷口尚未癒合，傷口感染了，卻沒有獲得照料。有什麼是你可以、也樂於去做的事情，得以讓不滿宣洩出來，或許是製造機會來傾聽對方的痛苦、澄清任何誤解，並在傷口塗上療癒的藥膏？

如果不是現在，那是何時呢？

【附錄一】

# 加害者的童年傷口，如何形塑了他對待你的方式？

姑且不論你說了什麼話或做了什麼事，在試圖了解加害者的行爲時，檢視他的過往，推敲他關鍵性的童年生活經驗，會有所幫助。

美國頂尖心理學者傑佛瑞．楊博士（Dr. Jeffrey Young）指認出五種「核心情感需求」，每個人都必須滿足這些需求，才能發展成健康、適應良好的成人。他指出，如果這些需求受挫，我們對自己、世界及他人就會發展出扭曲的看法。傷害你的人很可能是把他不健全的想法和感受帶入成年生活裡，也帶入他跟你的關係中。

我邀請你檢視下述的核心情感需求，問問自己：「哪些需求是我認爲加害者被剝奪的？」即使你對他所知甚少，或一無所知，思考一下他未滿足的情感需求，或許會有所幫助，至少可以提醒自己，他現在、過去和未來永遠會有個獨立於你之外的人生。

這五項核心情感需求是：

1. 與他人安全的依附關係。

2.自主、有能力，以及明確的自我認同。
3.能自由表達正當的需求和情緒。
4.自發性和玩樂。
5.現實的限制和自我控制。

被剝奪任何一項需求的人，很可能以下列三種方式反應：**順服**、**逃避**和**過度補償**。這種應對風格通常一開始是健康的策略，可以幫助加害者倖存，並且適應毒害他的童年環境。然而等到你們相遇時，這些策略可能已經不再合適，而且具有破壞力了。

讓我們看一個男孩的例子，他的父親因爲另一個女人拋家棄子。

如果這名男孩採取的應對模式是**順服**，他可能長大後追求的人，都會讓他感覺到被父親遺棄時所感受到的孤單和被拋棄感。他可能會受到不在身邊陪伴的人所吸引，因此重新打開了熟悉的童年傷口。

如果他採取的應對模式是**逃避**，他可能會躲避引發他不安童年記憶或感受的人。他也可能會完全逃避關係。

如果他採取的是第三種應對模式，**過度補償**，他可能表現出的行爲是抵抗童年經驗到的痛苦想法和感受，例如為了克服無助感以及預期的失落，他可能為了主宰自己的人生，藉由先拋棄你來避免你棄他而去，並把自己投入接連不斷的情事中，試圖降低他對任何人的依賴。順服於自己傷痛經驗的人，跟逃避的人相比，比較不會傷害你。而逃避的人跟過度補償的人相比，又是比較不會傷害你的人。

讓我們一一檢視這五項核心需求，試著判別傷害你的人被剝奪的是哪種需求，他如何應對他的剝奪，以及他的應對策略如何對你造成傷害。重要的不是你懂得區辨每一種應對模式，而是你認知到他的行為可能是在遇到你之前就存在的，因此學會不要看成是針對你個人的。

## 核心情感需求一：與他人安全的依附關係

我們每個人都在尋求連結感，以及伴隨而來的感受——穩定、安全、接納、滋養、同理心和尊重。如果傷害你的人因為下述任何創傷經驗而發展受挫，尤其是在幼年期，成年後他就比較不容易形成滿足而持久的依附關係：

★遺棄
★不信任和虐待

★情感剝奪

★個人差勁的感覺（不贊同、苛責和辱罵）

★社會排斥

**遺棄**

如果傷害你的人被父母在實質或情感上遺棄，他很可能以上述我們探討過的三種方式對待你。第一種，他可能順服於自己被拋棄的期待。如果他對於你的愛沒有安全感，表現出來的形式或許是緊黏著你不放，占有欲和嫉妒心強烈。如果他覺得你的愛太安全或太篤定了，他或許會逃向比較剝奪和虐待的關係。第二種，他可能藉由拒絕跟任何人親近，包括你，來逃避被拒絕的傷痛，不論你是多麼關懷他，多麼信守承諾。第三，他可能過度補償，疏遠你，否認自己連結的需求，或者以他自己受虐的同樣方式虐待你。

馬特和朱蒂這對三十來歲的夫妻童年時都曾遭人遺棄，然而成年後他們訴諸不同的應對策略。馬特藉由過度補償來克服自己未曾滿足的連結需求，讓妻子覺得自己無足輕重、可有可無——如同他童年時的感受。朱蒂的回應是屈從——容忍伴侶讓她覺得自己像以前小時候那樣無足輕重、可有可無。當馬特否認了對家庭的任何需求時，朱蒂則拚命追求美滿的家庭。

我遇見朱蒂時，她第一次懷孕，而且剛剛做了超音波檢查。胚胎發育得很好，朱蒂卻淚眼汪汪。「我要馬特陪我去檢查，」她說，「可是他是那麼厭煩，連眼睛都張不開。然後他開始跟技術員調情，或許他會讓她加入自己的征服清單。」

朱蒂大惑不解，自我懷疑：「我有什麼不對勁嗎？爲什麼對他來說我還不夠好？」當她探究他的過去時，找到了部分答案。

「馬特的父親是酒鬼，」她告訴我，「母親在他出生一個月後也棄他於不顧，喝酒喝到確診憂鬱症。馬特怎麼做都趕不走我，不過他不像自己裝得那麼冷漠。他只是嚇壞了，不敢相信我們、相信生命、相信兩個人能彼此相愛、忠於對方並且支持對方。我了解他飽受折磨的過去，眞心爲他難過。可是我的了解只能到此爲止——我不是他的治療師，而是他太太。我也不打算再讓他毀掉我對自己的感覺。我將會把孩子生下來，過自己的人生。我們的童年傷口或許類似，但是我們走向不同的道路了。」

最後，朱蒂終於接納馬特就是這個樣子，他如此待她並不是因爲她有什麼過失。在孩子生下來半年後，她也決定結束婚姻。她看清楚了，如實接納不一定非得重修舊好。

## 不信任和虐待

如果加害者受過身體或言語的虐待，他可能到最後相信關係是危險且不可預測的，人與人的界線會受到侵犯，於是長大後以不信任的態度對待任何人，包括你。順服於童年模式，他可能發現自己喜歡接近欺壓別人的人，他們讓他體驗到的熟悉感受吸引了他。或者，爲了避免更多的虐待，他可能會層層保護自己，拒絕讓你太靠近他。他也可能掩藏他受到的傷害。這就是我的個案莎朗的母親的做法。

莎朗在成長過程中受到同母異父的哥哥性虐待，因此痛恨母親沒有保護她。莎朗前來看我時，她才剛剛知曉母親童年時也受到性虐待，而她不去拯救莎朗，是出於根深柢固的防衛系統，她不得不否認和壓抑。

「我永遠無法原諒母親故意不去看發生在她眼前的事。」莎朗告訴我，「但是我終於能了解和接納，她以沉默來應對自己的童年創傷。至於我，我仍然在努力克服我不值得被愛和關懷的負面感受。」

有些人可能會過度補償自己不信任和虐待的童年經驗，於是認同了錯誤對待他的人，並且以同樣傷人的方式來對待你。由於厭惡別人的脆弱（酷似這是他自身的脆弱），他可能會利用需要他的愛或贊同的人，例如你。童年時受到的傷害可能會催生出具有殺傷力的權力意識，他以為自己獲得了許可，可以把類似的傷害加諸在你身上。

四十二歲的彼得就符合這個模式，直到他回顧自己的人生，領悟到他對自己及十幾歲的孩子造成的傷害。小時候，彼得是父親暴躁脾氣下的受害者。當了父親後，他重複相同模式，以無法穿透的沉默封閉自己，然後在餐廳或其他公眾場所突如其來地對兒子大發脾氣。

「當他們拒絕跟我共度感恩節時，」他告訴我，「我終於清醒過來，明白自己是個惡霸——威嚇他們、侮辱他們，如同我父親對待我的方式，而他的繼父也是如此待他。真的很可怕，不過也很有趣，看到一切事情是如何連結起來。我爸爸感覺受到威脅時，他認為他可以用他那令人憎恨的語氣打擊我，而我依然會尊敬他，希望跟他是朋友。我也用同樣的狗屎心態來對待孩子。當然，他們不會想要親近我。」

看出一代傳一代的模式，幫助彼得挑戰固有的想法，他以為父親挑中他作為虐待對象，是因為他活該。提醒自己父親也是受害者，幼年時遭到繼父拳打腳踢，讓彼得覺得情感上不那麼受踐踏，比較能接納父親的原貌——有缺點的男人，受制於自己可怕的童年經驗。具備了這些洞見，彼得努力去擁抱孩子，同時讓父親回到他的生活之中，不是全面開放接納，而是他覺得合適的限度。彼得學習到他不必重複不健康的模式。「暴力就此停止，在我身上結束。」他告訴我，「我不打算傳給下一代。」

## 情感剝奪

如果傷害你的人成長過程中沒有受到良好的照顧（溫暖和關注），沒有獲得同理心的對待（了解和情感交流），或是沒有得到保護（方向和指引），他可能帶著孤寂和無依無靠的感覺進入成年生活。童年時父母沒有讓他感覺到自己的獨特，也沒有因爲自己本身而受到珍視，反而只是被當成榮耀自戀父母的對象，這樣的孩子長大後，可能會覺得愛是騙人的，並且期待你塡補他童年的空白。

他可能以不同的方式來應對。順服過去，他可能尋找跟他父母一樣冷漠和疏遠的伴侶，這種策略讓他感覺沒有人愛，如同父母讓他感覺的。逃避過去的創傷，他可能離開你，不願冒險再度受到傷害。或是過度補償，他至少有三個方向可以轉進。首先，他可能變得自我放縱，追求奢華的物質享受，以彌補他從來沒有獲得的人際連結。其次，他可能變得像傑佛瑞·楊和珍妮·克露斯克（Janet Klosko）指稱的那樣，「依賴得理直氣壯」。有些人感覺自己受到剝奪，因此有權要求你照顧他，每當他認爲你沒有隨侍在側時，他就會大失所望，於是敵視你。第三，他可能以強迫的態度追求你的愛和關注，以補償童年時忍受的情感剝奪，你不管怎麼做都不會足夠。

李克在妻子小娟身上發現這種欲求的不滿。當時夜已深，地下室的門開著，他探頭窺視，發現妻子緊盯著電腦，穿著黑色小可愛。「我只能猜測她在寫信給誰。」他告訴我。「我什麼都沒說，不過我的信心消失殆盡。我狐疑這傢伙給了她什麼我做不到的。我一直以爲我們的性生活水乳交融——現在我甚至不舉了。這聽起來很可笑，不過我幾乎要替自己買威而鋼了。我心想：『我怎麼可能把我人生中最重要的關係搞砸了？』終於我跟她面質，她告訴我她的儀式——用油塗抹全身，穿上性感內衣，跟自稱爲傳教士的男子訴衷情。她發現整件事情不可思議地撩人。」

這番告白讓他們的婚姻陷入危機，不過也迫使李克和小娟多年來第一次開誠布公地談話。小娟承認，她是多麼空虛和寂寞。李克傾聽，面對自己應該承擔的責任。「我知道有一部分得怪我，」他告訴我，「有時候我也會沉浸在自己的世界裡。她需要我付出更多——更多的關注、情感和了解——我也願意朝這方面努力。但是我也清楚，她這一輩子都感覺孤單，父親是工作狂，從來不在家；母親有躁鬱症，怪罪孩子讓她的人生無法忍受。」

李克明白，並不是他一個人造成小娟欲求的不滿，至少有部分是沒有好好照顧她的父母引起的。這減輕了他良心的苛責，讓他再度覺得自己身爲丈夫是適任的，也幫助他接納小娟對連結的渴望，然而反對她在網路聊天室中不恰當的表達。「我不是妳的母親，也不是妳的父親，」他告訴她，「而且我不是差勁的丈夫。當妳寂寞時，我希望妳來找我，而不是去找網路上的陌生人。給我機會陪伴妳。」

李克也了解了小娟永遠無法領悟的，如果他們的關係要維持下去，她需要忍受一定程度的孤寂，那是沒有人能夠填補的。在逮到小娟好幾次在網路世界外遇後，他平靜接納了她的行爲，同時離開了。

## 個人差勁的感覺

傷害你的人或許曾經受過父母的糟蹋，由於父母過度批評或要求，讓他感覺毫無價值，也不配獲得別人的愛。童年時，他或許被拿來跟手足比較而不得寵，或者他可能有神經系統上的毛病，例如過動或閱讀障礙，使得他覺得自己能力不足。成年後，他可能持續以自己爲恥，並且害怕暴露自己的短處。他可能認爲自己內在有缺點（我很無趣；我很笨），或是外在有缺點（我沒什麼地方能吸引別人的目光；我在社交上無能）。如果他能說出自己的感受，他可能告訴你：「我是冒牌貨。如果你眞正認識了我，你就不可能喜歡我。」

一個人在如此糟糕的環境下成長，可能會以各種不健全的方式對待你。他可能順服於批評，加強了他對自己的負面看法，如同我的個案洛伊絲的狀況。「我父母向來都說我哥哥是唯一有腦袋的人。」她悲嘆道：「跟他比起來，我總是覺得自己很笨。事實是，我在大學中表現比他好，因爲我拚了命爭取好成績，而他蹺課、嗑藥，把自己搞得一塌糊塗。然而直到今天，我的父母談論他的聰明才智，以及我的『心智風格』，好像我是能力不足的人。悲傷的是，在某種程度上，我仍然相信他們。」

像洛伊絲這樣順服於無價值感的人，比較不會說什麼話或做什麼事來傷害你，可是他們的不安全感可能累死你。採取逃避策略的人，壓抑他們眞正的想法和感受，以避開你批評的眼光，也較不可能傷害你。不過你需要留意過度補償的人，他們會把自身的脆弱和不安全感投射在你身上。這種人喜歡凌駕你，試圖讓你覺得自己很笨、無能，永遠不夠好。以傲慢和優越的姿態行動，他可能會裝出完美的架勢，用堅硬的外殼保護自己，防止你或其他人摸清他的底細。

布萊德的母親太了解他了，因此對他沒什麼期待，最沒有指望的是同理心。布萊德打擊每個人，包括她，他相信自己比世界上任何人都要聰明、機靈和成功。他不明白的是，別人極度討厭他。不過，他的母親依舊接納他，因爲她了解他的自尊問題來自何處。「他的父親是白手起家的人，而且相當自豪。」她告訴我，「布萊德是我們的長子，繼承了父親蒸蒸日上的事業和祖父斑斑點點的皮膚。他的弟弟看起來像環球先生——運動能力強、身材壯碩，而且英俊。布萊德忍不住要跟家裡另外兩個男人相比，結果卻比不上。他仍然感覺芒刺在背。

無論他靠自己的力量完成了什麼，他永遠不覺得自己是贏家。所以每次他惡劣對待我，或是擺出高姿態時，我試著記住他的人生有多麼悲傷，因此就不計較了。」

## 社會排斥

童年時因為自己的經濟階層或種族遭遇過冷落或排斥的人，可能成長過程中在社交場合都會感覺焦慮和自卑。成年後，他對你的回應可能不一樣。如果順服於遭人拒絕的記憶，他可能相信他的確低人一等，於是對你表現出服服貼貼或阿諛奉承的態度。試圖逃避拒絕的人可能完全遠離社交場合。而過度補償的人企圖不受任何責難，因此他們所做的每一件事都要完美無缺，這樣就沒有人可以挑他任何毛病了。或者他們盡一切努力吸引別人，然後以拒絕對抗他們預期的拒絕，以他們受過的嘲弄方式嘲弄別人。

我的個案凱洛必須對付她丈夫約翰身上的這個模式，要忍受他的凌辱可不容易。約翰的父親在他兩歲時離家，母親再嫁名為藍道的波士頓名門。約翰拚命想要融入，可是他的同母異父弟弟待他如賤民。儘管心裡厭惡，他學打長曲棍球，試圖迎合在普林斯頓曾經是曲棍球明星的繼父。他的同學毫不留情地開他姓氏的玩笑，約翰極為渴望能改用繼父的姓。但是當他鼓起勇氣開口要求時，藍道回答：「我會考慮。」然後長達七年不再提起。等到他終於施恩時，約翰表示：「謝謝，心領了。」

「這是他典型的作風，拒絕對他意義這麼重大的事。」他懷孕的太太凱洛告訴我，「他一輩子都在做同樣的事。他的家人避他唯恐不及，而現在他不理我。他們讓他感覺像二等公民，而現在他待我態度輕蔑。昨晚在宴會上他唯一跟我講話的那一次，他叫我大白鯊，在我所有家人面前。」

我問凱洛爲什麼她留在他身邊。「因爲有時候他會坦承自己的問題，主動接近我。」她說，「他會告訴我：『我這一輩子都渴望獲得接納。有時候我會做一些愚蠢和不成熟的事，只是爲了引起關注，即使是負面關注。有時候我們跟朋友在一起時，我貶抑妳，是因爲我沒有安全感。我試圖表現得有趣，以爲這樣大家會喜歡我，可是我又會過了頭，說一些讓人皺眉的事，結果大家沒有更喜歡我，反而更不喜歡我了。跟別人在一起時，我不曉得如何展現自己，但是我會努力，拜託給我機會。』」

跟約翰生活在一起，就像生活在戰區。讓凱洛比較容易接納他，並且維持自己的尊嚴和自我敬重的原因是，她清楚他把自己早已形成且受損的自我帶入關係中，他的議題不是因她而起，也不會由她來終結。而他也了解這一點開啓了原諒之門。

## 核心情感需求二：自主、有能力，以及明確的自我認同

身爲小孩，我們都需要獲得鼓勵去探索，從我們的錯誤中學習，發展出獨立於父母或照顧者之外的清晰自我意識。如果傷害你的人曾受到過度保護，或是大人讓他感覺自己能力不足，他很可能長大後，懷疑自己獨立生存以及擁有成功人生的能力。在這麼不確定的世界中開創未來，可能讓他覺得到處都埋伏著危險，而且多半會以失望收場。

心懷這些疑慮和恐懼的人，很可能以我們之前討論過的三種方式與你建立關係。第一，他可能順服於過去自己習慣的方式，處處都仰賴你。第二，他可能藉由拒絕面對新挑戰，試圖逃避童年時代的感受。任何事情，從計畫假期到修好漏水的水龍頭，在他看來似乎都不堪負荷。第三，他可能過度補償，否認自己童年依賴別人的感受，變得「反依賴」。爲了不讓自己看起來像童年感覺的那樣軟弱或害怕，他可能永遠不會開口要求任何事情。對待你的態度，則彷佛你是累贅。

## 核心情感需求三：能自由表達正當的需求和情緒

在擁有自由表達合理的需求和情緒的環境中，我們比較容易將自己的潛力發揮得淋漓盡致。

由獨裁或需求太強烈的父母撫養長大的人，可能在很小的年紀就學會壓抑自我表達，而且過度負責。

順服或逃避這些熟悉模式的人比較不會做出需要你原諒的事——事實上，他們的手段是表現得讓你感謝他們，或者至少喜歡與他們相處。你從來不曉得他們眞心的想法或感受（或許他們自己也不知道），所以你比較可能覺得他們惱人或無趣，而不是找麻煩。你可能洞悉出你們的關係有幾分不眞實，並且發現難以判定自己是喜歡或不喜歡他們。或許你不會發現的是，儘管他們擺出無私和犧牲的姿態，內心深處，他們痛恨你讓他們覺得自己無關緊要和臣服於別人，一如童年的經驗——其實你並沒有這樣的居心。

第三種是以過度補償應對壓抑的童年模式。如果他小時候自我遭到扼殺（被迫違反本性，變成他父母需要他成爲的那個人），他可能長大成人後，採用了錯誤的方式反擊，而你成爲受害者。爲了從唯唯諾諾的乖孩子角色脫身，他可能做出完全超出常軌的事，自私自利又莽撞，例如外遇，或沒頭沒腦攻擊你。

## 核心情感需求四：自發性和玩樂

我們都需要有些時刻可以縱情於當下，隨順我們的天性，享受樂趣。如果加害者成長於規矩嚴格和強調控制衝動、要求完美的家庭，他可能永遠不懂得珍惜「不具生產力」卻能帶來快樂、創造力和親密的活動──例如性愛，或是與朋友社交。

順服於父母嚴峻標準的人可能不會傷害你──畢竟他的強制行爲懲罰自己的程度跟懲罰你的程度不相上下，而且他的批評大概主要是針對自己。但是跟他一起生活，多半會很緊張和枯燥。

生長在同樣主張嚴懲的環境裡，有些人可能會過度補償而變得嚴厲苛刻，不斷批評你達不到他匪夷所思的高標準，並且讓你覺得展現獨特而不完美的自己是不夠好的──換句話說，你應該跟他一樣。他相信他的職責是教導你，將你塑造成「比較好」的人，所以他可能試圖按照自己的形象改造你，讓你感覺遭到貶抑和壓迫。

## 核心情感需求五：現實的界線和自我控制

如果父母的教導是做事要負責，行爲高尙，並且同理他人，孩子多半成年後會懂得如何平衡個人的權利和對他人的義務。但是如果被溺愛的父母寵壞了──如果沒有人對他的行爲設定適當的界線，或是教導他互惠的重要性──這樣的孩子可能長大後以爲自己擁有特權，而且不受一般禮法的約束。他可能表現得高人一等，不是因爲他比別人優越，而是因爲他需要感覺自己有力量可以掌控你。他不懂得「不」是什麼意思，很可能膨脹了自己的權利意識，同時誇大了自己對你和對這個世界的重要性。

如我們已知，人會以不同的方式回應同樣的破壞性影響。如果傷害你的人成年後缺乏自制力，或者沒有意識到現實的界線，他可能會順服於目空一切的感受，對你如法炮製童年時對別人的不尊重。他無法控制自己的行爲或情緒，可能期待你伺候他，而當你有可能戳破他膨脹的自我意識時，他就會強烈抨擊你。

也有人會透過逃避來應對，可能是不斷轉換工作或關係，或是耽溺於性愛、酒精或非法藥物，尋求即時的滿足。

第三種人是過度補償，變得極端負責或是嚴守紀律，永遠取消自己的行程來配合你。這種人顯然不太可能傷害你，除非他怨恨自己的臣服，於是讓你付出代價。

一對姊妹花貝琪和蘿拉以截然對立的方式，應對父母親劍拔弩張的離婚。貝琪嬌縱成性而且不受拘束，操控她的父母，清楚不管自己做了什麼，都能平安無事。成年後，她順服於同樣自我中心的衝動。相反地，蘿拉過度補償，把自己的需求擺一邊，照顧除了自己之外的每一個人。

三十年後，大四歲的姊姊蘿拉前來接受治療。「我妹妹一輩子都在利用我，」她告訴我，「我希望看看能做什麼以求得和解——如果不是跟她，那麼就是跟自己和解。」

蘿拉說了她的故事。「父母分開時，我們每隔幾天就從媽媽家轉移陣地到爸爸家，來來回回。貝琪擅長玩『父母離婚的小孩』的遊戲。她會編造藉口留在家裡不上學，而媽媽擔心我們會更愛爸爸，於是任她擺布。貝琪會忘記她的午餐或運動鞋，媽媽就會火速送到學校來，彷彿她沒有別的事要忙。爸爸剛好相反。他是對任何事都不會內疚的專家。他會把我們留在家裡，塞給我們現金和保母。貝琪會邀請她的朋友來玩，把屋子搞得一塌糊塗。可憐的保母怕死了她會丟掉工作，就把一切清理乾淨。沒多久我們就明白了，如果我們在媽媽家做了什麼錯事，媽媽太需要我們了，或是太沮喪，所以不會懲罰我們。而如果我們在爸爸家做錯事，等到他發現時，哈！我們已經回到媽媽家了。」

蘿拉把故事帶到目前的狀況。「貝琪仍然沒有困擾，一切以自己為主。」蘿拉告訴我，「到目前為止，我從來沒有見過任何人是如此完完全全只專注在自己身上。她的座右銘是：『今天我可以為自己做些什麼？』跟她在一起很好玩，但是我不認為她在乎任何人——除了她自己。我告訴她，我很傷心，她從來不會在我生日時打電話來，只有當她有需要時——例如向我借衣服，或借用我的公寓讓她跟男朋友共度良宵，她才會跟我聯絡。她只是為自己辯護，告訴我我也沒必要在**她**生日時打電話給她。眞是令人抓狂。她不了解我希望我們能更親密，不過我需要先感覺到她是在乎我的。」

為了打破兩人之間的隔閡，蘿拉爬梳了她們的人生，試圖了解形塑她們自我的因素——她們的年齡差距、她們的個性和離婚的衝擊。她終於了解，「貝琪就是貝琪」，大概永遠會把自己擺在第一位。蘿拉接受或不接受，都不會改變她的妹妹，然而卻可能改變蘿拉。

「我永遠無法像我希望的那樣親近貝琪。」蘿拉告訴我，「但她是我妹妹，我唯一的手足，我寧可跟她維持某種程度的關係，而不是一刀兩斷。當她不考慮別人，只會要求時，我會提醒自己：『並不是她對我特別壞，她對每個人都一樣，而且是從第一天就開始。』於是我試著釋懷。我仍然不高興她對待我的方式，但是我不會再讓這件事打擊我了。」

當有人擴張自己，侵入你的空間，不留餘地給你時，很難不覺得自己受到擠壓了。不過如果你能跳出情境，看看加害者的行為有多大程度只是彰顯了自己，與你無關，你就強化了自己的能力，得以保持重心，維護自己的自尊，同時超越了侵犯。

【附錄二】

# 延伸閱讀

- 《如果不能怪罪你，我要如何原諒你？：從哭泣、怪罪到原諒，真實療癒你的內在創傷》（2022），彼得．沃克（Pete Walker），柿子文化。
- 《怨念的毒情緒，使你傷更重：學會原諒，把不對的人請出生命之外，才能找回內心平靜與自在》（2022），杉山崇，方言文化。
- 《你發生過什麼事：關於創傷如何影響大腦與行為，以及我們能如何療癒自己》（2022），歐普拉．溫芙蕾、布魯斯．D．培理（Oprah Winfrey & Bruce D. Perry），悅知文化。
- 《第一本複雜性創傷後壓力症候群自我療癒聖經：在童年創傷中求生到茁壯的恢復指南》（2020），彼得．沃克（Pete Walker），柿子文化。
- 《我想跟你好好說話：賴佩霞的六堂「非暴力溝通」入門課》（2020），賴佩霞，早安財經。
- 《假性親密：修復失衡的互動，走進真實關係》（2020），克．伯格、葛蘭特．柏連納、丹尼爾．貝利（Mark B. Borg & Jr Grant Hilary Brenner & Daniel Berry），心靈工坊。
- 《非暴力溝通：愛的語言（全新增訂版）》（2019），馬歇爾．盧森堡（Marshall B.

Rosenberg Ph.D.），光啓文化。

- 《媽媽，我原諒妳。：掙脫負面循環，撫平母愛枷鎖給的傷與痛》（2019），タツコ・マーティン，台灣東販。
- 《別人怎麼對你，都是你教的》（2019），黃啓團，寶瓶文化。
- 《原諒自己》（2018），張鴻玉，賽斯文化。
- 《從創傷到復原：性侵與家暴倖存者的絕望與重生》（2018），茱蒂絲・赫曼（Judith Herman），左岸文化。
- 《在親密關係中活出最好的生命：給基督徒夫妻的「抱緊我」對話》（2018），蘇珊・強森、肯尼・桑德福（Dr. Sue Johnson, Kenneth Sanderfer），張老師文化。
- 《深井效應：治療童年逆境傷害的長期影響》（2018），娜汀・哈里斯（Nadine Burke Harris），究竟。
- 《重建生命的內在模式：看明白過去的傷，生命就有新的出路》（2018），傑弗瑞・楊、珍妮・克露斯克（Jeffrey E. Young & Janet S. Klosko），天下雜誌。
- 《心靈的傷，身體會記住》（2017），貝塞爾・范德寇（Bessel van der Kolk），大家出版。
- 《依戀障礙：爲何我們總是無法好好愛人，好好愛自己？》（2016），岡田尊司，聯合文學。

- 《寬恕，原諒你自己：高山上的16堂人生智慧課》（2016），哈維．伊里翁多（Javier Iriondo），平安文化。
- 《這不是你的錯：對自己慈悲，撫慰受傷的童年》（2016），貝芙莉．英格爾（Beverly Engel, LMFT），心靈工坊。
- 《愛是有道理的》（2014），蘇珊．強森（Dr. Sue Johnson），張老師文化。
- 《治癒生命的創傷：圓滿走過寬恕，心靈不再痛苦》（2012），林瑪竇、林丹尼斯（Matthew Linn & Dennis Linn），啓示。
- 《與過去和好：別讓過去創傷變成人際關係的困境》（2012），大衛．里秋（David Richo），啓示。
- 《療傷的對話：怎麼說才能安慰他》（2011），南絲．格爾馬丁（Nance Guilmartin），商周出版。
- 《走出外遇風暴》（2010），珍妮絲．亞伯拉罕．史普林、麥可．史普林（Janis Abrahms Spring & Michael Spring），心靈工坊。
- 《抱緊我：扭轉夫妻關係的七種對話》（2009），蘇珊．強森（Dr. Sue Johnson），張老師文化。

- 《愛他，也要愛自己》（2002），貝芙莉・英格爾（Beverly Engel, LMFT），心靈工坊。

心靈工坊 PsyGarden

SH 040

# 教我如何原諒你？（全新增訂版）

**How Can I Forgive You?: The Courage to Forgive, the Freedom not to（2nd ed.）**

作者：珍妮絲・亞伯拉罕・史普林 Janis Abrahms Spring &
麥可・史普林 Michael Spring
譯者：許琳英

出版者—心靈工坊文化事業股份有限公司
發行人—王浩威　總編輯—徐嘉俊
責任編輯—黃心宜　封面設計—大樹　內文排版—旭豐數位排版有限公司
通訊地址—106台北市信義路四段53巷8號2樓
郵政劃撥—19546215　戶名—心靈工坊文化事業股份有限公司
電話—02）2702-9186　傳真—02）2702-9286
Email—service@psygarden.com.tw　網址—www.psygarden.com.tw
製版・印刷—彩峰造藝印像股份有限公司
總經銷—大和書報圖書股份有限公司
電話—02）8990-2588　傳真—02）2290-1658
通訊地址—242新北市新莊區五工五路2號（五股工業區）
二版一刷—2022年9月　ISBN—978-986-357-250-3　定價—480元



國家圖書館出版品預行編目資料

教我如何原諒你？ / 珍妮絲.亞伯拉罕.史普林(Janis Abrahms Spring), 麥可.史普林(Michael Spring)著 ; 許琳英譯. -- 二版. -- 臺北市 : 心靈工坊文化事業股份有限公司, 2022.09
面 ；　公分. -- (SH ; 40)
譯自 ：Towards an Ecopsychotherapy
譯自 : How can I forgive you? : the courage to forgive, the freedom not to, 2nd ed.
ISBN 978-986-357-250-3(平裝)

1.CST: 寬恕

176.56　　111014207

心靈工坊 PsyGarden 書香家族 讀友卡

感謝您購買心靈工坊的叢書，爲了加強對您的服務，請您詳塡本卡，
直接投入郵筒（免貼郵票）或傳眞，我們會珍視您的意見，
並提供您最新的活動訊息，共同以書會友，追求身心靈的創意與成長。

書系編號—SH 040　　書名—教我如何原諒你？（全新增訂版）

姓名　　是否已加入書香家族？ □是 □現在加入

電話 (O)　　(H)　　手機

E-mail　　生日　　年　　月　　日

地址 □□□

服務機構　　職稱

您的性別—□1.女 □2.男 □3.其他

婚姻狀況—□1.未婚 □2.已婚 □3.離婚 □4.不婚 □5.同志 □6.喪偶 □7.分居

請問您如何得知這本書？

□1.書店 □2.報章雜誌 □3.廣播電視 □4.親友推介 □5.心靈工坊書訊
□6.廣告DM □7.心靈工坊網站 □8.其他網路媒體 □9.其他

您購買本書的方式？

□1.書店 □2.劃撥郵購 □3.團體訂購 □4.網路訂購 □5.其他

您對本書的意見？

□ 封面設計 1.須再改進 2.尚可 3.滿意 4.非常滿意
□ 版面編排 1.須再改進 2.尚可 3.滿意 4.非常滿意
□ 內容 1.須再改進 2.尚可 3.滿意 4.非常滿意
□ 文筆／翻譯 1.須再改進 2.尚可 3.滿意 4.非常滿意
□ 價格 1.須再改進 2.尚可 3.滿意 4.非常滿意

您對我們有何建議？

本人同意＿＿＿＿＿＿（請簽名）提供(真實姓名/E-mail/地址/電話等資料)，以作為心靈工坊(聯絡/寄貨/加入會員/行銷/會員折扣等)之用，詳細內容請參閱 http://shop.psygarden.com.tw/member_register.asp。

廣 告 回 信
台北郵政登記證
台北廣字第1143號
免 貼 郵 票

心靈工坊 PsyGarden

10684台北市信義路四段53巷8號2樓
讀者服務組 收

免 貼 郵 票

（對折線）

## 加入心靈工坊書香家族會員
## 共享知識的盛宴，成長的喜悅

請寄回這張回函卡（免貼郵票），
您就成爲心靈工坊的書香家族會員，您將可以——

⊙隨時收到新書出版和活動訊息

⊙獲得各項回饋和優惠方案